看世界·强国教育

日本高等教育

陈晓清　朱安新　主编

中国科学技术出版社

·北　京·

图书在版编目（CIP）数据

日本高等教育 / 陈晓清，朱安新主编 . –– 北京：
中国科学技术出版社，2023.9
（看世界·强国教育）
ISBN 978–7–5236–0087–0

Ⅰ.①日… Ⅱ.①陈… ②朱… Ⅲ.①高等教育 –
教育研究 – 日本 Ⅳ.① G649.313

中国国家版本馆 CIP 数据核字（2023）第 037669 号

总 策 划	秦德继	
策划编辑	王晓义　赵　晖	
责任编辑	王　颖	
装帧设计	中文天地	
封面设计	锋尚设计	
责任校对	吕传新	
责任印制	徐　飞	

出　　版	中国科学技术出版社
发　　行	中国科学技术出版社有限公司发行部
地　　址	北京市海淀区中关村南大街 16 号
邮　　编	100081
发行电话	010–62173865
传　　真	010–62173081
网　　址	http://www.cspbooks.com.cn

开　　本	710mm × 1000mm　1/16
字　　数	312 千字
印　　张	19.5
版　　次	2023 年 9 月第 1 版
印　　次	2023 年 9 月第 1 次印刷
印　　刷	北京荣泰印刷有限公司
书　　号	ISBN 978–7–5236–0087–0 / G·1008
定　　价	89.00 元

丛书编委会

主　编：马燕生　张力玮

编　委：魏礼庆　车伟民　宗　瓦　宋晓枫　成协设
　　　　张地珂　陈　正　阚　阅　陈晓清　朱安新

本书编委会

主　编：陈晓清　朱安新

编　委：吴光辉　吉田文　杨　瞳　陈武元　金子元久
　　　　张　扬　王智新　严　平　张海英　剑重依子
　　　　蒋　妍　林子博　夏鹏翔　丁建洋　福留东土
　　　　吴　娴　黄福涛　窦心浩　臧佩红

总　序

　　欣悉马燕生老友——中国驻法国大使馆原公使衔教育参赞，近年来牵头主编了《法国高等教育》，将其纳入《看世界·强国教育》系列丛书，并诚邀笔者为本系列丛书作序。其实，笔者并非比较教育研究界专家，若给这一领域的学术专著作序肯定是很难的。不过，比较吸引笔者的是该系列丛书以"观察"为主旨，采用"通览"或"透视"的方式认识国外高等教育。由于专职从事宏观教育政策研究 30 余年，我一直十分关注世界各国及国际组织的教育政策走势，经常通过不同渠道了解教育动态信息，现在对非学术性的该系列丛书也发表些点评，还是可以尽些微薄之力的。

　　现代意义上的高等教育，在不同国家中的制度形态分化十分明显。暂不细议高等教育的法律定义和学界的主要共识，仅从联合国教科文组织 2011 年修订的《国际教育标准分类》来看，高等教育是建立在中等教育之上、为专业化教育学科领域提供的学习活动，以高度复杂和专业化的学习为目标，包括学术教育、高级职业或专业教育。实际上，这一集各成员国"最大公约数"的定位，还不是高等教育的全部功能，仅在 19 世纪至今的两百多年间，在高层次知识技能传授的基础上，就有很多显著的拓展，在许多领域发生了重大变革。因此，各国制定的高等教育政策，既在学制设置等方面参照了《国际教育标准分类》，又不仅限于上述定位。

　　综观全球范围内的高等教育，从 20 世纪八九十年代到 21 世纪前 20 年，普遍呈现规模显著增长的态势，至少在新型冠状病毒感染疫情暴发前，毛入学率超过50%、进入所谓的"普及化"阶段的国家和地区已经超过 60 个，几乎是 20 世纪

90 年代初的 10 多倍。在学龄人口及其他公民对高等教育的量与质的要求不断提高的形势下，许多国家，尤其是发达国家的高等教育，都在寻求适应本国乃至国际上多元多样需求的发展路径。其中，部分发达国家的高等教育，在布局结构、办学特色、育人模式、科研开发、社会服务以及国际交流合作等方面，进行了许多政策调整和实践探索，收到不同的成效，形成各具特色的经验，也为其他发展水平国家的高等教育提供了参考。

该系列丛书的各卷，分国别谋篇布局，沿着多方位视角，述介高等教育改革发展现状和经验，但因所涉国情不同，"通览"或"透视"维度不同，各卷的板块章节设置亦各异。该系列丛书遵循"兼收并蓄""海纳百川"的精神，既选取了长期关注某一国家或相关领域的学者的研究成果，又汇集了曾在外交一线工作过的专家的专题分析结论；部分文章系从直接观察和亲身经历概括而成，从而形成了有别于学术专著的特色与风格。特别在网络日益发达、信息早已过载的当下，在传统媒体、网络媒体、新媒体、自媒体纵横交错的生态中，该系列丛书各卷展示了理性分析和感性认识融洽交织的鲜明特点，相信会使读者朋友们感到开卷有益。

奋斗长征路、铸就新辉煌。中国特色社会主义进入新时代以来，教育事业在全面建设社会主义现代化国家中的基础性、先导性、全局性的作用更为突出，取得了新的历史性成就，发生了新的历史性变革，教育对外交流合作也迈上了新台阶。党中央、国务院发布的《中国教育现代化 2035》的战略规划，围绕"开创教育对外开放新格局"提出了总体要求，党的二十大报告对新时代新征程高等教育的使命任务作出了新的战略部署。总之，站在"两个一百年"奋斗目标的历史交汇点上，我国高等教育的现代化，对标的是中国式现代化，高等教育的改革发展，正在融入加快建设教育强国、科技强国、人才强国的洪流之中，奔向中华民族伟大复兴中国梦的宏伟目标。笔者希望，该系列丛书能够为专家学者从事国别教育研究提供参考，同时为社会各界人士了解有关国家和地区高等教育的基本面提供帮助。

国家教育咨询委员会秘书长

张 力

教育部原教育发展研究中心原主任

2022 年 12 月

序

关于日本高等教育我并不专研，但对于日本高等教育的历史与进展还是长期关注并深感兴趣的。因为我的好友中有一位被称为"日本通"的教授，他经常自觉不自觉地聊到日本高等教育。南京大学陈晓清博士和朱安新博士主编的《日本高等教育》是专门研究日本近现代高等教育的著作。该书汇集了国内外对日本高等教育颇有研究的专家学者的成果。阅读该书引发了我的思考和联想，使我对日本高等教育有了更进一步的了解。

对于日本高等教育，我对两件事情有非常深刻的感受。

第一件是近 20 年来日本诺贝尔奖获得者集中涌现。2001 年 3 月，日本内阁制定第二期《科学技术基本计划》。该计划明确提出了一个目标，即力争在未来 50 年使日本的诺贝尔奖获得者达到 30 人。在此之前的百年历史中，日本已有 9 位诺贝尔奖得主，其中 6 位是自然科学奖获得者；2001—2021 年，日本连续新增 19 位诺贝尔自然科学奖获得者。从出身来看，亚洲地区超半数的诺贝尔奖获得者为日本 7 所旧制帝国大学的毕业生或教职人员。其中，东京大学（10 位）、京都大学（7 位）和名古屋大学（3 位）的获得者占比高达 70%，成为迄今为止日本乃至亚洲诺贝尔奖获得者最多的 3 所大学。

第二件是我的个人观察，也是事实。1995 年，我在英国访学期间，第一次参观一流大学的一流实验室。我发现利物浦大学地质系的地震实验室设备并不都是新的，有部分设备看起来已经很陈旧了。让我感到不解的是，利物浦大学的地震实验室是当时世界最好的实验室之一。经询问才得知，这些看似陈旧的设备都是研究人员自己动手制作的，因为从事最前沿科学研究所需要的实验设备并没有那么多现成的。多年以后，我在日本的东京大学、东北大学、东京工业大学参观实验室，同样发现日本大学一流实验室的设备也不尽是新的。2015 年 8 月，我与从日本归来的厦门大学材料学院刘兴军院长聊天，他告诉我，在日本大学的实验室，几乎看不到从其他国家进口的实验设备，基本都是"Made in Japan"，主要是大学与企业合作自主研发的。

　　这两件事情让我强烈感受到近 20 年来日本日益强大的科技力量，并且也迫切想要了解，支撑日本科学技术突破性发展的高等教育究竟有何"过人之处"？今日日本强劲的科技力量，直接来源或受益于日本近代以来所建立起来的"帝国大学群"，这是一个非常明确的事实。1877 年，日本第一所帝国大学——东京大学 [①] 建立，20 年之后，第二所帝国大学——京都帝国大学建立。20 世纪初，东北帝国大学、九州帝国大学、北海道帝国大学陆续成立并发展起来，此时，日本最初的五大帝国大学已经形成。1931 年大阪帝国大学成立，1939 年名古屋帝国大学成立。到第二次世界大战结束前，日本本土的帝国大学发展到 7 所。从数量与速度来看，帝国大学数量少且增长较慢，7 所帝国大学前后历经 60 年；但从质量来看，水平很高且见效极快。进入 21 世纪之后，这些旧制帝国大学仍是支撑着日本科技世界的"半壁江山"。教育是一个"慢过程"，但日本近代大学却实现了人才的快速生长，好似一个神秘的"加速器"，完全契合了当代"加速社会"的发展要求。从这个角度来讲，近代日本高等教育的确是值得好好研究的。

　　我曾与多位自然学科领域的专家学者一起交流，也与专门的教育研究者、日本高等教育研究专家探讨，试图分析日本科学技术突破性发展背后的原因。从历史上看，日本近代高等教育起步于明治维新时期，与我国近代高等教育的起步并无显著的时间差，在形成方式上都属于"后发外生型"，即以移植与模仿西方大学模式为开端，前后不过百余年的历史。但日本却在近 20 年迎来了

---

① 1886 年，日本东京大学更名为帝国大学；1897 年，更名为东京帝国大学；1947 年，再次更名为东京大学。

科技发展的高峰期。在我看来，日本高等教育之所以能够引领日本社会发展，不仅归功于近 20 年来的日本高等教育改革，而且得益于近代以来日本高等教育的现代化转型过程。

近 20 年来日本科技力量的"大爆发"，是一种"果"，得益于之前所种下的"因"。如果说近 20 年是日本科技的收获季节，那么在此之前则是一个长期的累积过程。相比而言，我国并不缺乏百年名校，也并不是没有进入各种排行榜的一流大学。从世界各种大学排名到一流学科评估的很多指标来看，中国大学所取得的成绩也是非常显著的；但我们的一流大学与日本的老牌大学相比，并没有创造或培养出能够合乎其名的一流成果与一流人才。那些一流大学、百年老校，享有全国最为集中的经费支持与政策优待，又集聚了全中国最为优秀的学生与教师，但依然没有取得足以捍卫国家荣誉与地位的成果。这是一个非常值得反思的问题。

在研究日本高等教育的过程中，或许我们能够找到一些答案。实际上，我们对高等教育功能和价值的认识都是由"果"推"因"的过程。回过头来看，一国高等教育的成就与该国的高等教育历史高度相关，后发国家要缩短这样的历史进程，就是要适时进行"本土化"改造，减少路径依赖的惯性作用。迄今为止，就世界范围来看，比较成功的就是美国和日本。这两个国家紧紧抓住了时机，对移植来的高等教育进行改造。

从近代起源上看，日本近代高等教育与中国近代高等教育皆发轫于 19 世纪中后期，在现代化演进上是极为相似的。其一，在从传统高等教育向现代化转换的过程中，都没有明显的前后交接与历史传承的痕迹，这一点至少在制度层面是非常明确的；其二，在近代化演进模式上，皆选择了西化的道路，且不断转换与调整着借鉴的对象与范围。总体而言，两个国家的高等教育在近百余年的现代化进程中，都深受欧美大学模式的影响。

近代中国高等教育发端于晚清洋务运动时期，步于日本之后，受中日甲午战争之影响，早期的中国现代大学制度建设是以日本为参照的。京师大学堂第一份章程由梁启超"略取日本学规"而制定。1904 年颁布的《癸卯学制》

亦是以日本为主要参照。中华民国初年，蔡元培主持《壬子癸丑学制》改革，仿效德国制定并颁布了《大学令》。蔡元培在担任北京大学校长期间，还效仿欧洲大学推行了"教授治校""民主管理"。1922 年，中华民国政府颁布《壬戌学制》，标志着我国高等教育开始由效法日本、德国转向了学习美国模式。《壬戌学制》参照美国模式初步建立起中国现代大学制度，也成为晚清以来沿用时间最长、影响最大的中国近代教育学制。历史演进至此，近代中国高等教育体系基本确立。

近代日本高等教育发端于明治维新时期，1872 年日本历史上第一个统一的近代教育法令——《学制》颁布，标志着近代日本高等教育的起步。《学制》吸收了当时世界上最发达国家的先进教育制度，成为日本近代高等教育学习西方的里程碑。依《学制》而建大学，1877 年，日本第一所综合性大学——东京大学诞生，被视为"最早出现的欧美型大学"。进入 19 世纪 80 年代，日本渐从吸收欧美各国之长转向着重学习德国模式。1886 年，在时任文部大臣森有礼的主导下，日本政府颁布《学校令》，使日本近代高等教育制度得到进一步完善。其中《帝国大学令》主要吸收借鉴了德国大学的办学理念与模式，标志着日本帝国大学开始朝着建立兼具教学和科研职能的新型大学迈进。1918 年，日本大正政府颁布了修订的《大学令》，至此日本近代大学体系基本形成。

但从今日之结果来看，中国和日本的高等教育现代化演进虽走的是同一条西化之路，却并没有取得相似的成效，至少在高水平科技创新成果及人才培养方面，我们比日本还是明显不及的。由于不同的政治、经济及文化背景，尤其是面对近代以来复杂多变的国际环境与发展境遇，近代日本与中国高等教育现代化演进存在差异也是必然的。但我认为，日本能够在百余年的现代化变革中迅速成长为世界高水平科研人才与成果的培育基地，最根本的原因是强烈的自主意识及强大的本土化改造能力，而这种意识从一开始就已埋藏在近代大学的建设中，最终促使日本大学在不断移植与学习中完成了从作为西方的大学到作为日本的大学的本土化转型，成长为国家发展、科技进步的重要推动力。具体而言，近代日本高等教育改革与发展的优势特征可概括如下。

第一，对近代高等教育的建立与发展秉持着高度重视、优先发展、重点建设及不遗余力给予扶植的态度，这是贯穿日本近代高等教育改革的一个过程性特征。在近代化初期，日本明治政府为迅速培养高一级的管理人才和科技人才，打破了先小学、再中学、后大学的传统，在普及初等教育的同时，优先建立了一些专门的高等教育机构。这种对高等教育的重视还集中体现在对东京大学的重点建设与特殊关照上。在 1877 年东京大学初创时期，日本国内并没有能够教授西方新型科技知识的教师，为了能够保证教学质量，明治政府不惜重金从外国聘请教师，其中包括很多世界著名学者，这就使东京大学从一开始就能够拥有高质量的师资，起点是非常高的。此外，1880 年，日本明治政府给东京大学的拨款占据了当年全部文教经费的 40.49%。这在当时整个世界范围内是非常罕见的。

第二，在办学之初就极为重视办学自主权，并重点培育与发展大学独立教育的能力。独立与自主是近代日本大学办学的一个鲜明特征。在明治维新时期，日本积极学习西方高等教育模式并创办欧美式大学，虽然在日本也出现了教会大学，但办学权一直掌握在自己的手中。这一点与近代中国的情况是非常不同的。鸦片战争后，西方传教士凭借不平等条约的保护来华传教，把创办学校当作一种传教手段。他们所创办的教会学校不受中国教育部门约束、无须向中国政府报备，这也就意味着外国人享有在中国办学的自主权。

日本实现独立办学的另一个重要方面还体现为通过大力培养本土师资实现独立教育。这也是日本高等教育能够实现本土化改造的一个重要原因。在明治维新时期，日本一方面非常注重人才的引进，不惜重金从外国聘请专家、学者来日从事教学工作；另一方面派遣留学生出国深造以充实本土师资队伍。其结果也是显著的，大量留学生学成归国之后逐渐取代了外国师资。据统计，东京大学建校初期的师资基本上都是外籍教师，到了 1889 年，东京大学的外籍教师基本被归国留学生替代，而这个过程前后不过 10 多年。

第三，在移植过程中非常注重根据国家发展之需，及时调整移植对象并适时地进行本土化改造。日本对移植对象的选择有很大的自主选择性，从不专独于一个国家、一种形式的大学模式，注意适应国家发展之需，讲究实效性。1877年，东京开成学校与东京医学校合并，成立东京大学，成为日本引进西学的中心。东京大学成立时设立法学、理学、文学和医学四个学部，其中法学、理学、文学三个学部学习借鉴英美模式，医学部以原东京医学校为基础，学习借鉴了德国模式。1886年，东京大学更名为帝国大学，同时增加工科，之后又增农科，形成了综合性大学的六大学部。帝国大学新增两科并借鉴欧洲大学，是日本综合性大学之独创。正如有学者所言，日本的"选择性移植"博采众长而又擅长本土化改造，养成了一种"混血儿"的结构。例如，日本国立大学与欧洲尤其是德国的高等教育体制较类似；而私立大学又颇似美国的学院体制。

在我看来，作为日本近年来科技实力强大与日本大学模式成型之"果"的"因"，或许可以分为"远因"与"近因"两个部分。"远因"是指近代日本大学制度的建立与发展为150年来日本高等教育演进提供了坚实基础；"近因"则是指第二次世界大战后在美国模式影响下的日本大学制度改革提升了日本大学现代化的水平。现代日本大学制度主要由具有不同优势与功能的国立大学与私立大学共同组成。国立大学经过长期发展形成了注重拔尖创新人才培养（迄今为止日本诺贝尔自然科学奖获得者均本科毕业于国立大学）的特色及研究生教育和科学研究的优势，占大学数量与学生数量3/4的私立大学则是日本高等教育大众化与普及化发展的主力军。可以说，日本近20年来的科技成就大爆发是近现代高等教育改革与发展的历史累积效应，其特色与经验可以总结概括为五句话：其一，重视教育是日本创造经济奇迹、科技神话的基石；其二，与经济发展、国家需要的高度适配是日本高等教育改革的基点；其三，本土化改造是日本移植西方高等教育模式最为重要的经验；其四，持久的定力是日本学者不断取得突破性成就的内在支撑；其五，危机意识是深植于日本高等教育改革与规划并使其保持高等教育前瞻性的重要品质。

大学是知识传递与科学创新的主要场所，也是历史与文化传承的主阵地。近年来我喜欢鼓励学生"到历史与文化中去寻找答案"，因为历史之镜往往能够让我们发现一些被眼前一叶之美好所隐藏掉的真实与完整；历史的记忆或美好或苦涩，重新品尝皆可使我们自知、自省与自悟。从日本近代高等教育的发展史中，我们可以深刻地体悟到：21 世纪以来的日本科技腾飞并非一个偶然事件，将其作为近代日本高等教育改革的"历史之果"来审视，就会有更为深刻的感受。社会发展、科技进步、高等教育之崛起从来都不是一蹴而就、一朝兴起的，所有非同寻常的光辉与奇迹背后，都是历史的累积。日本科技腾飞的背后就是百年来的高等教育改革，有改革者的睿智、个人的坚定信念及为后人栽树的前瞻性。这些都是非常值得研究与借鉴的。

近年来，习近平总书记在多个场合强调要扎根中国大地办教育，走出一条建设中国特色、世界一流大学的新路，这为我们做好高等教育工作提供了根本遵循。与此同时，也有很多人提出了建设"中国式大学""中国大学模式"及"高等教育的中国模式"的命题，试图从不同学科领域与视角回应与分析这一历史性的时代议题。但中国大学何以"中国"？无论从历史还是现实看，中国高等教育似乎并没有很好地回答这个问题。我想，有些问题可以从他国经验中找到答案，而有些问题还需要到历史与文化中寻找答案；唯有如此，才能真正契合现实，完成高等教育助力科技之发展、服务国家之需要的时代使命。从这个意义上讲，南京大学两位学者主编的《日本高等教育》一书可以称作是"他山之石"，至于能否"攻玉"，还有待于我们的工作。基于此，我乐意把该书推荐给读者。

是为序。

2022 年 8 月 15 日

前　言

　　随着日本经济由高速增长转向稳定增长、新自由主义导向下的社会快速变革、全球化的推进和科学技术的发展及高龄少子化背景之下的人口规模缩小，新的国际国内形势对日本高等教育的发展提出了新的挑战。从日本国内形势来看，一是社会发展对高层次劳动力的需求大幅增加，二是高龄化和少子化的现状成为不可忽视的事实；三是遭遇2011年"3·11"日本地震前所未有的重创后，社会和经济的发展有待复苏。日本高等教育界也在思索如何通过高端人才培养，发挥有限人口的最大潜力，以帮助社会和经济恢复可持续发展的活力。如今，世界又面临着环境污染、能源枯竭等威胁人类社会可持续发展的问题。这些问题涉及人类、社会、自然三个方面，需要跨越现有的各领域专业知识的界限，从完整的知识体系上解决。这就需要培养具有全面知识、国际视野、俯瞰力和独创性的高端人才。高等教育位于国民教育体系顶端，是培养社会急需高端人才的主要途径。因此，分析研究日本高等教育结构及其变化过程具有理论意义和现实意义。

　　日本近代高等教育始于19世纪70年代，在东亚各国中拥有最长的历史。在这段摸索发展的历史进程中，日本高等教育从仿效德国模式到选择美国模式，其中充满波折。进入20世纪以后，世界高等教育出现三大趋势，即高等教育的普及化、市场化和全球化。日本大学毛入学率从20世纪七八十年代的36%~37%，快速升至2005年的52%，到2012年已为56%，日本高等教育快速完成了大众化、普及化的发展。随着大众化和普及化的推进，市场化也开始波及日本的国立大学。日本政府于 2004 年颁布《国立大学法人法》，并开始实施国立大学法人制度，即国立大学在经费筹措和大学经营方面引入市场机制。在东亚国家中，从外籍教师和留学生的占比等国际化水平相关的指标来看，日本高等教育的国际化水平是最高的。为了推动日本大学的国际化进程，日本文部科学省和学术振兴会发布了各类国际化发展的计划，包括"留学生 30 万人计划""大学的世界展开力强化事业"战略等。这些实践都表明，日本政府正在积极探索通过促进海外留学推动日本大学与外国大学开展多方合作，以提高日本大学的国际化水平和世界地位。

本书主要从教改政策、办学机制、科教育人、教师发展、社会服务、国际化战略六大视角出发，审视进入 21 世纪后日本高等教育的发展历程与特色。收入本书的是国内外在日本高等教育领域卓有建树的专家、学者的研究成果，涉及目前的最前沿讨论。全书六部分内容如下。

"教改政策"部分由高等教育政策的改革历程、动向、实践及通识教育等主题构成，回顾了 20 世纪以后日本高等教育改革政策的变化，深刻分析了教育改革政策带来的利和弊，并考察了日本大学改革及教育模式的构建情况。

"办学机制"部分由高校职能、发展与改革的最新动向、教育质量管理等主题构成，从高校职能与经费筹措能力、国立大学法人化的进程、高等教育普及化背景下的大学质量评价等角度出发，为读者剖析日本高校办学的经验与教训。

"科教育人"部分由科技教育、本科教育创新人才培养模式、研究生教育等主题构成，从本科生教育与研究生教育两个方面入手分析，并特别深入地分析了日本京都大学实施的通识教育体系和科教融合趋势下日本科技教育的发展。

"教师发展"部分由高校教师发展实践、教师专业化、教师国际化等主题构成，从教师的培养与发展等方面介绍日本的教师发展体系。

"社会服务"部分由服务性学习的动向、大学角色演化、区域性产学研集群发展等主题构成，分析了日本高等教育在产学研合作、合作研发、合作产业化及社会服务方面所发挥的作用。

"国际化战略"部分由世界一流大学建设、留学生接收政策等主题构成，为读者呈现全球化背景下日本政府和大学为实施高等教育国际化战略所采取的措施和做出的努力。

2012 年，我国高中毕业生的大学升学率为 30%，到 2021 年提高到 57.8%，说明我国高等教育在很短的时间里实现了从大众化阶段到普及化发展阶段的历史性跨越，并且正在从传统的人才培养模式转变为创新性的教育模式。希望本书各篇论文所提炼的日本高等教育发展经验，对我国研究高等教育和制定政策能有所助益。

作为本书主编，我们曾经在留学时期亲身体验日本高等教育现场，深切感知在生育率下降、人口规模缩小、就业环境变化、信息化程度加深，乃至全球化程度加剧等新的时代背景之下日本高等教育的动态变化。就在第一轮编辑工作完成之际，我们得知在日本政府主导之下，东京工业大学和东京医科齿科大学已达成合并意向，两校将通过融合医疗学科、理工学科的"医工合作"强化研究能力。在日本大学国际竞争力下滑背景下，此举旨在增强日本大学的国际竞争力。其背后的重要财政资源是日本政府的 10 万亿日元基金。该基金对日本国内大学的经费支持将于 2024 年开始，申请并获批通过的大学每年将收到数百亿日元的扶持经费。

围绕日本高等教育制度改革、高等教育现场的具体措施，以及如何提高大学的社会服务能力、国际竞争力等问题，本书的各位学者，包括日本著名教育学专家金子元久教授、吉田文教授，基于学术研究提供了翔实而前沿的信息。我们对他们的学术工作和不吝赐稿深表谢意。

日本的高等教育变革既带有日本社会的特性，也带有全球化时期东亚国家的共性。我们或许能从日本对高等教育的探索和研究中获益。对于中国科学技术出版社给予主编本书的机会，我们倍加珍惜，真切希望此次学术工作能够形成一定的社会价值。

在本书即将付梓之际，需要特别提及和感谢的是湖南省政协海外顾问、湖南师范大学潇湘学者客座教授李大清先生，中国教育国际交流协会原常务理事林佐平博士，厦门大学外文学院吴光辉教授，南京大学教育研究院·陶行知教师教育学院王运来教授和操太圣教授，以及《世界教育信息》主编张力玮女士。在他们的支持下，本书得以邀请到日本高等教育领域的诸多国内外知名专家学者撰稿，使得本书成为集众家之精髓的成果。另外，还要衷心感谢我国著名高等教育学家、厦门大学原副校长、中国高等教育学会副会长邬大光教授。邬大光教授在百忙中抽出宝贵时间，以渊博的学识、独特的视角、深邃的洞察力为本书作序，对此倍感荣幸。此外，还要感谢南京大学教育研究院·陶行知教师教育学院研究生史小双对本书的编校做出的贡献。

陈晓清　朱安新

2022 年 8 月于南京大学仙林校区

目 录
CONTENTS

教改政策篇

办学机制篇

科教育人篇

教师发展篇

社会服务篇

国际化战略篇

教改政策篇

日本的高等教育政策：动向与课题

20 世纪中叶以后，日本高等教育政策研究聚焦于"如何应对日益增长的升学需求"；进入 21 世纪后，政策研究又向"大学教育的创新及质量提升"转变。本文将对 1960 年以后日本高等教育的发展趋势及其背后的高等教育政策进行阐述，并对 2000 年以后的高等教育政策进行分析。

一、1960 年以后日本高等教育的发展趋势

日本的高等教育自 1960 年至 21 世纪 10 年代初期，大致可以分为三个时期。

（一）"大众化"时期

"大众化"时期指 1960 年到 20 世纪 70 年代中期，是日本高等教育规模前所未有的扩张时代。20 世纪 50 年代，日本 4 年制大学的入学率（4 年制大学入学人数 / 当年 18 岁人口数）约为 8%，但从 1960 年开始，入学率开始急速增长。日本 4 年制大学入学率在 20 世纪 60 年代中期超过 10%，1970 年上半年达到 20%，1975 年达到 27%。如果将短期大学和专门学校计算在内，日本大学入学率在 1975 年达到 40%。

"大众化"时期正是日本经济"高速增长"的时期。20 世纪 60 年代，日

本经济每年保持着 10% 以上的增速。这意味着日本家庭收入每年都上涨约 10%。因此，越来越多的家庭开始产生将子女送入大学的想法。同时，随着经济的高速发展，大学生的就业机会也在增加。

对于这一时期的日本高等教育来说，最大的难题是如何应对不断扩大的升学需求。20 世纪 60 年代初，日本大学的教育资源有限，日本政府对新设大学、扩大招生人数基本持消极态度。但是，升学需求的扩大使得日本政府感受到了不得不扩大大学容纳能力的政治压力，最终只能放宽新增设大学时必须满足《大学设置基准》的要求。其结果是日本私立大学的容纳能力迅速扩大，大学入学率随之增加。

（二）"抑制"时期

但是，大学入学率的急速增加也产生了各种各样的问题。最主要的问题是师资不足及教育设施不足等教育条件急剧恶化问题，这一问题在私立大学表现得尤其突出。此外，大学生的就业形势也变得很严峻。20 世纪 60 年代末期，国际上的学生运动蓬勃发展，接连发生了一些导致大学运营陷入困境的事件。在此背景下，日本政府迅速调整了高等教育政策。

新的政策主要包括三个方面。一是对私立大学的新建和扩张设置了苛刻的条件，严格限制它们再扩大规模。二是创设了短期职业教育机构"专门学校"制度，以满足大学无法容纳的升学需求。三是以"私立大学日常经费补助金"为名，对符合一定条件的私立大学提供政府补助。

新政策出台后，日本私立大学无法从制度上增加招生人数，甚至不少大型私立大学为了提高自己在大学中的相对地位，不惜削减招生人数。其结果是日本 4 年制大学的入学率在 20 世纪 70 年代中期达到峰值后，开始出现微降；但在 70 年代末期，包括新设的专门学校等在内的高等教育的整体入学率上升到接近 50%。

（三）"再扩大"时期

1990—2010 年是日本高等教育"再扩大"和"普及化"发展时期。在这一时期，4 年制大学的入学率持续增加，从 1990 年的 25%，到 2000 年的 40%，再到 2010 年的 51%，即适龄人口中有一半人可以进入 4 年制大学。此外，包括短期大学和专门学校在内的高等教育的入学率达到了 70%。也就是说，日本的高等教育实现了普及化。

在这长达 20 年的时间里，日本大学的入学率平稳上升，主要是两个因素发挥了作用。第一，1990 年前后泡沫经济崩溃后，日本经济发展呈现断崖式减速。但是，随着制造业向中国等国家转移，日本劳动力市场发生了巨大的变化，对高中毕业劳动力的需求持续减小，而大学升学需求增加。第二，虽然 4 年制大学的入学人数本身没有太大变化，但 18 岁人口从 20 世纪 90 年代中期开始减少，这是入学率持续上升的主要原因。

这一时期的日本高等教育政策并非为有意提高入学率。但是在 1970—1980 年，潜在的大学升学需求持续增加，社会不满情绪高涨。还有人批评说，对私立大学的限制阻碍了大学的创新。在 1980 年前后，"放宽限制"成为日本高等教育政策研究的重要课题。在这样的背景下，日本政府不得不放宽一直以来对新建大学的限制条件，这使日本大学的容纳能力得到提高，入学人数增加。

然而，入学率增加的趋势从 2010 年开始减弱，日本高等教育大众化、普及化，即以数量扩张为动力的发展似乎正在走向终结。

二、政策与市场

在此，我们从高等教育政策所发挥的作用这一观点出发再一次梳理上述过程。一般来说，高等教育政策在制定时不一定贯彻某一理论逻辑，也不一定能够实现其意图。相反，在不同的历史、社会、政治背景下，各种策略在实施时常常产生各种各样的结果，其整体结果才会被认为是政策所发挥的作用。这一点在思考日本的高等教育政策时非常重要。

19 世纪末明治维新时期的日本高等教育由两大派系组成。一是由日本明治政府设立的以东京大学为首的学校体系中最顶尖的国立大学。以现代化为目标的有志之士创办的庆应义塾大学、早稻田大学等高等教育机构，以及传教士和佛教界人士创办的机构。其中部分机构达到了一定标准，根据 1918 年日本政府颁布的《大学令》而被赋予"私立大学"的称号及大学地位。第二次世界大战以后，这样的组织结构也基本上被保留下来。但日本政府对私立大学的权限被进一步削弱，只要满足《大学设置基准》所规定的一定教育条件（硬件、人员），政府就无权直接干涉大学的设立。

因此可以说，日本的高等教育机构由国立大学和私立大学组成，具有二元性；与此相对应，日本高等教育政策也具有一定的二元性。其中，私立大学的设置由大学升学需求和私立大学的供给这一市场关系决定，政策和市场（对大学教育的需求和供给）的相互作用对高等教育的发展起到至关重要的作用。这不仅是在日本，在韩国、泰国、中国台湾等地，也存在类似的倾向。

基于以上分析，不难解释日本高等教育不同时期的变化。20 世纪 50 年代，日本高等教育资源匮乏，政府的目标是尽可能严格监控并保障教育资源。但是到了 20 世纪 60 年代，由于经济发展，家庭收入增加，加之经济结构的变化，劳动力市场对高学历劳动者的需求增加，大学升学的需求也急速增加。这使日本文部省①不得不改变以往的态度，放宽了《大学设置基准》所规定的新增设大学的条件，允许原有大学进行扩招的同时增设新的私立大学。其结果是大学招生人数在短短十几年内出现爆炸式增长。

同时，日本政府也推行了具有自身目的的政策。例如，为了培养能够承担经济发展重任的科学技术人才，在国立大学增设工学院或扩招。另外，20世纪 60 年代日本国立大学的学费一直非常低，这使更多学习能力强的高中生产生了升入国立大学工学部学习的愿望。日本这一高等教育政策采取了巧妙的

---

① 日本文部省为文部科学省的前身，2001 年 1 月 6 日与科学技术厅合并组成文部科学省。

策略。一方面通过减轻家庭负担扩大高等教育规模，实现了高等教育的大众化；另一方面，将有限的财政经费集中到国立大学，特别是理工科学院，培养能够承担经济发展重任的人才。这一策略并未以书面形式明确地发表出来，但如今看来，正是这一策略促成了日本高等教育的大众化。

然而，这样的政策也带来了许多问题，如入学人数急速增加导致的大学教学条件恶化、大众化给家庭带来的学费负担增大、国立大学和私立大学发展的不平衡及学生运动的高涨等，这些问题都引起了社会关注。要解决这些问题，显然需要对私立大学提供某种公共经济援助。另外，作为经济增长的结果，福利国家化也被认为是政策研究的下一个课题。然而，政府应该如何、在何种程度上对私立大学进行补助和管理，这一问题的解决方案还尚不明了。

在这种情况下，日本政府于 1974—1975 年采取了 3 项措施：①严格限制新私立大学的设立；②向私立大学提供补助金；③设立专门学校制度，以满足落榜学生的升学需求。对于私立大学来说，虽然无法进行扩招，但可以获得补助金；对于日本国民来说，进入 4 年制大学的机会虽然有限，但短期高等教育的机会增多了。以上 3 项措施在抑制日本高等教育规模扩大方面发挥了关键作用。

然而，这些政策也逐渐产生了一些意想不到的后果。例如，由于新的大学难以进入市场，原有大学对市场的垄断加剧，原有的私立大学开始逐渐提高学费。最终，政府补助金不但没能抑制私立大学的学费增加，反而使学费上涨。实际上，从私立大学的财政角度来看，比起政府的补助金，增加的学费收入更多。然而，从国民负担的角度看，政策的意图并没有实现。当然，私立大学财政状况的改善也有利于教学条件的改善。

这种状况持续至 1990 年前后，其负面影响也逐渐显现出来。一方面，由于日本政府对新增设私立大学的限制不断加强，来自私立大学的不满情绪逐渐加剧。另外，由于一直限制私立大学的扩招，大学升学竞争激烈，引发了社会不满。

在这种情况下，日本高等教育开始改弦更张，转向"自由化"。结果是过去规定得极其详细的《大学设置基准》被"大纲化"，教学条件的保障不再完全依靠政府的管制，大学自身的努力及相关资格认定团体的审查制度也发挥了重要作用。最终，日本通过建立新的私立大学，以及在原有大学成立新学院的方式完成了扩招。由此，在 20 世纪 90 年代到 2000 年的相当长的一段时期内，日本大学升学率呈现上升趋势。

三、结构的转变——从量变到质变

从 1990 年开始，日本社会对高等教育的需求发生了变化，即从数量的扩张向质量的提升转变。[①] 由于人口结构的变化，达到大学入学年龄的适龄人口数量急速减少，数量扩张达到极限。提高高等教育质量逐渐成为日本社会关注的重要研究课题。该研究课题主要基于以下三个背景。

第一，科学技术高度发展及社会革新提出了要求。自 20 世纪 90 年代开始，随着经济全球化的迅速发展和中国的崛起，提升国际竞争力成为各国最重要的发展战略，而国家竞争力主要取决于科学技术水平。同时，在激烈的竞争环境中，不仅是科学技术需要创新，企业和组织形态也需要不断革新。这些就对高等教育提出了较高的要求，即培养出堪当重任的人才。此外，日本的出生率呈下降趋势，劳动人口正在减少。为了保持原有的经济水平，必须要提高劳动者的生产效率。

第二，可用于高等教育的资源是有限的。这里所说的资源既指整个国民经济，也指政府支出。包括日本在内的经济合作与发展组织（OECD）各成员国的经济在 20 世纪中后期高速增长，但在 20 世纪末期增速减缓。这一点在日本表现得尤为显著，其结果是家庭收入不再增加，高等教育支出成了巨大的负担。另外，在政府层面，税收不再增长的同时，人口老龄化问题显现，福利、健康相关支出增加，最终导致能够用于高等教育的财政资源减少。

① Motohisa K. Japanese Higher Education and the State in Transition ［M］// Goodman R, Kariya T, Taylor J. Higher Education and the State. Oxford: Symposium Books. 2013:171–198.

第三，进入大学的年轻一代与以往的大学生不同。随着日本高等教育大众化、普及化发展，4年制大学的入学率超过了50%。如今入学的大学生的资质与以往的大学生有所不同。此外，随着日本产业结构的多样化、流动化，年轻一代的职业规划已变得多样化。这也会对大学生的学习动机产生影响。如何提高学生的学习兴趣，成为重要的课题。

要研究这样的课题，需要考虑的问题并不少。

最基本的问题是大学教育对学生的未来具有怎样的意义。实际上只有少部分学生毕业后能够直接使用在大学中学习到的知识。大学教育的意义在于教授给学生对社会和自然的思考方式及广博的知识。但实际上大学也并没有为了达到这样的效果而进行针对性设计。因此，大学教育的适用性受到了质疑。

在日本，很多企业的雇佣方式是终身雇佣制，其结果就是企业关注专业知识、技能的积累和传递。因此，企业在招聘时，往往考察大学毕业生的学习能力。至于大学毕业生在大学里学习了什么，企业并不太重视。这也间接地影响了大学教育和学生学习。但是，随着企业组织的流动化，一旦终身雇佣制瓦解，大学赋予学生怎样的能力，就不可避免地成为社会普遍的大问题。

如何保证大学教育的质量并使其高效化也是一个问题。为保证教育质量，大学通常要对课程、设施、组织等进行管理，并通过资格认定制度予以保证。这种方式基本上只对入口端进行管理。现在，我们要在了解大学教育给学生带来怎样的影响的同时，将其反馈给大学教育。也就是说，有必要形成一个评价反馈的机制。

从根本上来说，大学教育最终能够赋予学生怎样的学习能力和个人能力才是问题的关键。仅有热心的、亲切的教育是远远不够的。除了学习能力存在差异，现在的学生在学习欲望及对未来的展望等也是多样化的。对于这些学生，大学教育究竟能给他们带来怎样的影响呢？这个问题已经被正式提出来了。

大学和高等教育政策应该如何解决这一问题呢？自20世纪90年代开始，

这便成为高等教育政策的核心研究课题。①②③④⑤⑥这些问题无法利用以往的高等教育政策手段和方法来解决，原因主要有以下3个。

首先，1960年以后，日本社会的大学升学需求不断增加，高等教育政策的作用是对因顺应市场需求而不断扩大的私立大学进行法律上的限制。然而，由于20世纪90年代中期以后日本18岁人口开始减少，升学需求的规模缩小，出现了达不到政府所要求的入学人数标准（入学人数不足）的大学。在这样的环境中，基于管控的高等教育政策必然会失去影响力。

其次，在20世纪六七十年代，日本政府的预算不断增加，可以通过预算分配来影响大学，特别是国立大学。除了增设工学院和扩招之外，高等教育政策的主要功能还包括通过向符合社会新需求的学院、学科、教师、学生新增财政拨款来满足社会的要求。然而，一旦财源枯竭，这一措施就无法继续实施。⑦

最后，现有的规章制度和财政补助等政策手段只能对各所大学产生表面上的影响。大学教育的质量问题正在成为更加重要的新课题。大学教育的质量由各门课程、课程体系、大学教师的行为、学生的学习等微观维度的因素构成，现有的政策手段很难对其产生直接影响。

① 大学審議会.大学教育の改善について［EB/OL］.（1991-02-08）［2020-04-30］. https://www.mext.go.jp/b_menu/shingi/chukyo/chukyo4/gijiroku/attach/1411733.htm.
② 大学審議会.21世紀の大学像と今後の改革方策について：競争的環境の中で個性が輝く大学（答申）［EB/OL］.（1998-10-26）［2020-04-30］. http://m-ac.jp/education/administration/mext/shingikai/1998_10_toshin/whole/index_j.html.
③ 中央教育審議会.我が国の高等教育の将来像（答申）［EB/OL］.（2005-01-28）［2020-04-30］. http://www.mext.go.jp/b_menu/shingi/chukyo/chukyo0/toushin/05013101.htm.
④ 中央教育審議会.学士課程教育の構築に向けて（答申）［EB/OL］.（2008-12-24）［2020-04-30］. http://www.mext.go.jp/b_menu/shingi/chukyo/chukyo4/houkoku/080410.htm.
⑤ 中央教育審議会.新たな未来を築くための大学教育の質的転換に向けて～生涯学び続け、主体的に考える力を育成する大学へ～（答申）［EB/OL］.（2012-08-28）［2020-04-30］. https://www.mext.go.jp/ b_menu/shingi/chukyo/chukyo0/toushin/1325047.htm.
⑥ 中央教育審議会.2040年に向けた高等教育のグランドデザイン（答申）［EB/OL］.（2018-11-26）［2020-04-30］. https://www.mext.go.jp/b_menu/shingi/chukyo/chukyo0/toushin/1411360.htm.
⑦ 金子元久.经济增长放缓与高等教育：资本市场的出现［J］.北京大学教育评论，2019，17（1）：62-73，188.

四、2000 年以后日本的高等教育政策

为了解决上述问题，自 2000 年开始，日本政府根据实际情况制定了个别政策。虽然没有明确指出，但是从根本上来看，可以认为政策的"推进"本身正在发生变化。[①] 从高等教育政策"质变"这一角度出发对 2000 年以来日本的高等教育政策进行整理，可以发现它们大致有以下三大特征。

（一）大学经营自主化

部分大学的组织自主性和经营主体性得到了强化，日本国立大学法人化便是其主要表现。[②③] 在此之前，日本国立大学被定位为政府的一个机构，运营所需的经费原则上由政府保障。大学运营经费作为政府预算的一部分（国立大学特别款项）进行管理，学费等大学自身的收入也作为政府收入先纳入国立大学特别款项进行统一管理，必要时再拨给各个大学。日本大学的管理、运营的责任也属于文部科学大臣。虽然校长是由各大学的教师通过选举产生的，但其权力仅限于对教学和科研的管理，而对支撑教学科研的组织和预算的管理，几乎没有实质性权力。

与上述不同的是，日本国立大学的法人在法律上与企业等一样，在民法上都被定位为"法人"。各大学由校长和理事会管理和运营。此外，学费及来自外部的委托研究费等都被归为大学的收入，与政府的补助金一起用于大学运营。政府的补助金是以 2004 年的补助金为基准计算出来的。日本政府与国立大学法人就未来 6 年的"中期目标和中期计划"阶段的科研、教学活动目标达成协议，6 年后根据该目标的达成情况决定下一个 6 年的政府补助金。

---

① 金子元久 . 经济增长放缓与高等教育：资本市场的出现［J］. 北京大学教育评论，2019，17（1）：62–73.

② 金子元久 . 日本国立大学法人化：设计、实施和结果［C］// 施晓光，严军 . 全球知识经济中的高等教育 . 北京：北京大学出版社，2011：159–178.

③ Kaneko M. Incorporation of national universities in japan: an evaluation six years on［M］// Schuetze H G, Bruneau W, Grosjean G. University Governance and Reform. International and Development Education. New York: Palgrave Macmillan.

这样的机制并不是作为大学改革中的一环而设计出来的。法人化方向的改革也遭到了日本国立大学的强烈抵制。在这种对立中，日本政府利用了为整顿政府组织而推行"独立行政法人"时所采用的思维方式，使国立大学法人化成为可能。

日本私立大学也在推进组织独立化。最初私立大学在日本的法律中被定位为"学校法人"，其运营由各自的理事会、评议员会负责。日本私立大学在运营方面的自主权较大，这也造成各个大学管理运营的实际情况有很大的差异。在历史悠久、规模较大的大学，学院教授会的意见对经营决策有着重要的影响；但在一些小规模的大学，常常出现管理权限不明确而导致的决策迟缓问题，因而受到了一部分人的批评，他们认为这阻碍了私立大学顺应社会需求对大学的组织及功能进行更灵活的调整。因此，2004 年日本政府对规定私立大学治理框架的《私立学校法》进行了修订，进一步明确了运营决策和责任体制，同时还提出公开与运营相关信息的要求。另外，2014 年再次修订的《私立学校法》进一步明确规定，学校法人在运营上出现问题时，政府（文部科学大臣）有责令其改正的权限。

此外，随着 2015 年日本《学校教育法》的修正，大学校长在校内的权限得到了空前的扩大。这是国立大学及私立大学发展的一个重要里程碑。根据之前《学校教育法》的规定，与学生教育相关的决策应在学院教授会中进行。有关教学的决策也会受到预算、人员等多个因素的影响，结果可能会大大限制校长的权力。然而新的《学校教育法》明确规定相关决策由校长（以学院的决定为参考）做出，校长的权力得到了扩大。

以上具体措施对应各种各样的问题，但方向基本保持一致。也就是说，始终贯彻各个大学为经营主体的原则，并以此确立基础的治理体系，在治理过程中加强以校长为中心的执行部门的权限。

（二）竞争性政府补助金

改革日本国立大学、私立大学的政府补助金的计算标准。这一政策变化在拨付国立大学的补助金方面表现得尤为显著。在大学法人化之前，政府拨付给各国立大学的补助金的计算是将各大学的教师人数和学生人数机械地乘以对应的系数。也就是说，日本 90 多所国立大学的补助金额度基本是按照完全相同的标准计算出来的，各个国立大学都平等地得到了财政支持。

2004 年日本大学法人化以后，政府补助金计算标准发生了变化。2004—2012 年是日本政府补助金向竞争性经费转化的时期。也就是说，大学法人化开始时的政府补助金额度与前一年基本持平，但此后每年依次削减 1%，这相当于在 5 年内削减 5%，但通过科研项目获得的补助金逐年增加。从结果来看，虽然日本政府提供的补助金总额并没有太大变化，但以日本 7 所旧制帝国大学为首的在科研领域具有更强竞争力的大学获得了更多的补助金。

如果持续实施这一政策，经费势必会集中到一部分研究型大学，其他大学获得的经费会进一步减少，以至于难以维持正常活动。如果只考虑科研能力的绝对水平，那么科研能力强的大学将获得更多补助金。基于这一观点，从21 世纪 10 年代中期开始，日本政府将拨付给大学的一部分基础性补助金拿出来，对各大学的改革进展进行评估后再进行分配。为了避免出现使用同一标准评估所有国立大学的情况，日本政府将国立大学分为 5 个类别，在各自的类别中进行评比评估，并拨付相应的补助金。这种在基础性补助金内部推进的竞争仍在继续。

补助金竞争化同样也体现在日本私立大学中。原本向私立大学提供的日常经费补助金是将学生教育所需费用（主要是教师工资）乘以一定的系数算出的，这个系数因专业领域而异，但是在同一领域内，各大学之间并没有什么区别。在某种意义上，这种制度对大学来说是较为公平的。但是从 2002 年开始，日本政府对实行大学教育质量提升计划的大学增加了一定的经费。为了获得增额经费，大学需要针对改革制定一系列的项目计划，文部科学省会对项目计划书进行审查，最终被选定的大学将获得特别补助金。2010 年，特别补助金占日本政府给予私立大学补助金总额的 1/3。此后，特别补助金所占比例虽然有所缩小，但日常经费补助金会根据评估结果而有所增减。

（三）根据完成度指标评估分配补助金

日本政府在上述竞争性补助金的基础上进一步改革，根据完成度指标（key performance indicator, KPI）进行补助金分配。竞争型补助金是以一定的教学、科研改革项目为单位，由大学申请，经审查后拨发的经费。而根据 KPI 进行的补助金分配，则是以大学整体的教学科研功能的完成度为指标，根据评分增加或减少补助金的一种方式。

在这一政策中，最关键的是完成度及其指标构成。大多数情况下，完成度指标就是教学或科研活动的成果，如发表论文数量。然而，我们很难得到直接反映教学水平的指标。在这种情况下，可以考虑将为达到最终目标而采取的手段作为指标。例如，基于主动学习的授课法被认为是更有效的，因此可以把这种授课法开展到何种程度作为指标来进行考察。

一般来说，当实现目标的变量难以可视化时，则需要设想形成这一目标变量的逻辑过程，定义介于这一过程的中间变量，并将中间变量作为替代指标评估完成度。这在管理学中被称为"逻辑模型"。在高等教育评估中，提出明确的授课计划、开展教师发展（FD）活动、导入学习管理系统等多种项目都被作为替代完成度指标使用。

五、结论

日本高等教育的特色之一是私立大学拥有 70% 左右的学生。这一点在 1960—2000 年日本高等教育政策采取的双重战略中也有所体现，日本一方面通过具有法律性质的标准来控制高等教育规模，另一方面将国立大学作为经济增长的"摇篮"来培养。虽然日本高等教育政策在 20 世纪 70 年代中期有所调整，但基本结构并没有发生太大的变化。

2000 年以后，随着日本高等教育发展重点从数量扩张转向质量提升，高等教育的目标、方法发生了重大转变。其一是大学经营管理自主权的强化；其二是将政府补助金的分配，从按照统一标准进行计算并向大学整体拨付，转变为围绕教学和科研项目的竞争性分配；其三是大学日常经费补助金的分配也参考了完成度指标评估结果。

从第三点可以看出，以文部科学省为媒介，大学与政府之间的关系已经超越了以往那种以尊重大学自主权为前提的框架，政府的改革意图是对大学内部的教学和科研功能直接施加影响。这已远远超越了以往高等教育政策所涉及的范围。这种高等教育政策充分说明高等教育在社会中已成为前所未有的重要存在，并且日本将社会革新看作重要课题，期待大学能在其中发挥重要作用。

然而，改革政策最终能否达到预期的结果目前尚不明朗。在大学内部，决策的执行部门和普通教师之间容易产生矛盾，经常还会出现"改革疲劳"现象。另外，2010 年前后和 2020 年前后对大学生和大学教师进行的调查显示，这 10 年间，大学生的学习时间和态度并没有发生太大变化。[①] 这也说明，所谓的大学文化是很难因为政策手段的介入而轻易改变的。

但是，这并不意味着大学不会发生变革。在 2020 年开始的新型冠状病毒感染疫情中，政策在初期并没有发挥明显的作用，反而是大学教师提出了应对措施，这对我们是一个启示。高等教育政策要引导教师和学生产生主动求变的愿望，有哪些是必不可少的呢？这是政策制定者、大学领导及高等教育研究者都需要思考的课题。

（作者简介：金子元久，博士，筑波大学大学研究中心特命教授、东京大学名誉教授。译者简介：李佳泽，南京大学日语笔译专业硕士；汪平，南京大学外国语学院副教授，历史学博士）

---

① 金子元久. 大学教育 — 2010 年台の変化：大学生・教員調査の 2 時点間比較［EB/OL］.（2020-10-30）［2020-04-30］. https://ump.p.u-tokyo.ac.jp/crump/resource/2%E5%AD%A6%E7%94%9F%E3%83%BB%E6%95%99%E5%93%A1%E8%AA%BF%E6%9F%BB%E3%81%AE2%E6%99%82%E7%82%B9%E6%AF%94%E8%BC%83%20201006.pdf.

日本大学的教育是否有所改善

——近 30 年的改革历程 ①

1991 年日本大学审议会提交咨询报告《关于大学教育的改善》后，日本大学一直在进行着教育方面的改革。所谓改革，就是通过改善、改进当下的体制以应对和适应社会的变动。30 年过去了，是时候停下脚步，思考这些改革对日本大学的"教育"带来了怎样的影响。本文通过回顾近 30 年日本大学的改革历程，以期为重新思考大学教育提供参考。

一、以"政策主导"和"政策引导"推进日本教育改革

大学所提倡的大学自治和学术自由为其不受到外部环境的干扰提供了缓冲地带，日本文部省在过去也并不会直接干预大学的教育内容或方法。然而，自 1991 年起，日本文部省 ② 开始通过"政策主导"和"政策引导" ③ 的方式直接或间接干预大学的教育。政策主导是指文部省基于审议会向文部大臣提交的咨询报告，提议改革或修订《大学设置基准》 ④，这意味着进行相关改

---

① 日语原文刊发于日本《教育学研究》2020 年第 87 卷第 2 号，有删改。
② 2001 年 1 月 6 日，日本文部省与科学技术厅合并为文部科学省。
③ 日本发布的教育政策大多是基于文部省的咨询机构——1953 年成立的中央教育审议会、1984 年成立的临时教育审议会、1987 年成立的大学审议会及 2001 年中央省厅改组后成立的中央教育审议会经调查讨论后向文部大臣提交的咨询报告制定的。
④《大学设置基准》是日本文部省颁布的省令，用于规定普通高等学校的设置标准。该基准于 1956 年10 月颁布后，经历了多次修订。1991 年修订后的《大学设置基准》包括总则、教育研究的基本组织、教师组织、教师资格、招生计划、教学课程、毕业条件、学校（用地及校舍等）设施和设备、事务组织、杂则共 10 章 44 条，另有 1 个附则。

革成为大学的义务。政策引导是指文部省通过设立与教育相关的竞争性经费项目，引导大学进行相关改革。文部省通过这两种方式使改革渗透到大学的方方面面。

（一）政策主导：基于大学审议会咨询报告修订《大学设置基准》

1.教育方法：教和学双管齐下的教学管理

日本教育改革始于教育方法改革。在 1991 年日本大学审议会提交咨询报告中，"教师发展活动""教学大纲""课程指南""助教""高校自查自评"[①] 等新术语大量出现。随后，"学分上限制度"[②]"教职工发展""学期""平均学分绩点（GPA）"等术语也被写入咨询报告。如今，这些术语在大学里已无人不晓。大学审议会引进这些术语是为了"激发学生的学习欲望，让学生脚踏实地消化学习内容"[③]，这也正是大学教育改革的原点。

然而，将上述源于美国大学的"大学教育小工具"[④] 应用于日本的大学并非易事。因此，日本文部省将它们写入《大学设置基准》，将运用这些"小工具"规定为大学应尽的义务。例如，教师发展活动在 1999 年被规定为大学应努力开展的内容，而到 2007 年已成为大学应尽的义务。2007 年，制定教学大纲被规定为大学的义务。2019 年，《大学设置基准》规定大学有义务将教学大纲交至任课教师以外的校内第三方机构[⑤] 进行检查。高校自查自评从 1991 年首次被引入日本的大学起，就被规定为各校应努力开展的内容。1999 年，自查自评被规定为大学的义务。高校自查自评还促成了 2004 年日本认证评估

---

① 自查自评制度的日语原文是"自己点検·評価"，是日本大学保障教育质量的措施之一。大学对照本校的办学目的、目标，对教学、科研的实施情况进行检查，点评自身的优点和不足之处，公布自查自评结果，并依据结果改进教研工作、提升教育质量。

② 采用这一制度的大学或院系对其学生设置了每学期或学年选课的学分上限。日本的学分制度规定，1 个学分所对应的课内外学习时间总和应为 45 小时。学分上限制度旨在引导学生合理选课，并为修得学分付出足够的时间和精力。

③ 高等教育研究会.大学審議会全 28 答申·報告書：大学審議会 14 年間の活動の軌跡と大学改革［M］.東京：ぎょうせい，2002.

④ 中山茂.大学とアメリカ社会：日本人の視点から［M］.東京：朝日新聞出版，1994.

⑤ 这里的第三方机构一般是指大学为有效落实教育管理工作而成立的教育管理中心或相关委员会。

制度 ① 的确立。另外，学分上限制度也于 1999 年被规定为大学应努力开展的内容。

在放松政府管制这一改革浪潮的影响下，日本文部省于 1991 年对《大学设置基准》实施了大纲化改革，2003 年进行了准则化改革，大大简化了规定细则。但在教育方法上，文部省推行了更加严格的管理条例，力求使各校都达到一定的标准。可见日本政府对教育改革的重视。

日本教育方法改革风向的转变在 2012 年发布的咨询报告《为了创建新的未来——大学教育的质量转换》中有所体现。2012 年之前，日本文部科学省要求各大学开展"教师发展活动"等以授课方（教师）为对象的改革，而该咨询报告对授课对象（学生）也提出了新的要求。该咨询报告指出，大学有义务将学生培养成"有终身学习能力、主体思考力的人才"。因此，大学有必要推行"师生之间相互沟通，学生之间相互切磋、取长补短、凝聚智慧、共同成长的问题解决式自主学习方法"。② 同时，该咨询报告也首次提出了延长学生学习时间的改革议题，直至今日此议题仍属于日本大学审议会的讨论范畴。

为了使各种教育方法融合、发挥总体作用，日本大学审议会的咨询报告提出了"教学管理"的概念。2008 年发布的咨询报告《关于本科课程的构建》指出："在教学管理方面，大学需要公示本校所制定的'学位授予方针''教育课程的制定及实施方针'及'招生方针'"。③ 此外，该咨询报告认为有必要以 PDCA 循环 ④ 的形式推动教学管理，从而确立大学教学质量保障体系。其

---

① 经文部科学大臣认定的评估机构（认证评估机构）根据各自的评估标准，对大学、短期大学（2 年制大专）、高等专门学校（5 年制大专）及职业学院（也称为专门职大学院）的教学、科研工作情况进行评估。大学必须按照政府规定，定期选择相应的认证评估机构并接受其评估。

② 中央教育審議会. 新たな未来を築くための大学教育の質的転換に向けて ~ 生涯学び続け、主体的に考える力を育成する大学へ ~（答申）［EB/OL］.（2012-08-28）［2020-04-30］. https://www.mext.go.jp/b_menu/shingi/chukyo/chukyo0/toushin/1325047.htm.

③ 中央教育審議会. 学士課程教育の構築に向けて（答申）［EB/OL］.（2008-12-24）［2020-04-30］. https://www.mext.go.jp/component/b_menu/shingi/toushin/__icsFiles/afieldfile/2013/05/13/1212958_001.pdf.

④ PDCA 循环是将质量管理分为 4 个阶段，即计划（plan）、执行（do）、检查（check）和处理（act）。PDCA 循环就是按照这样的顺序进行质量管理，并且循环不止地进行下去的科学程序。

实，早在 2005 年，日本中央教育审议会就在咨询报告《日本高等教育的未来蓝图》①中提出了公示上述 3 个方针的必要性，只是在当时影响甚微，并未掀起改革波澜。

在咨询报告《关于本科课程的构建》和《在变幻莫测的时代建设培养终身学习能力和主体思考力的大学》出台后，2014 年发布的咨询报告《关于推进高中教育、大学教育、大学招生考试的一体化改革以顺应新时代对于高中大学衔接的要求》表示："必须在法令层面确立三项方针（招生方针、教育课程制定与实施方针、学位授予方针）的制定。"②2017 年，日本对《学校教育法实施规则》进行了修订，规定日本所有大学都有义务制定本校的"三项方针"。2018 年日本中央教育审议会公布的咨询报告《2040 年日本高等教育总体设计》进一步指出，应推动大学实施教学管理改革。③2020 年，日本中央教育审议会还汇总并公布了为大学提供改革指引的《教学管理指南》。④

2. 教育内容：与高中、劳动力市场的衔接

日本文部科学省对教育方法的改革要求逐渐呈现出多样化的趋势，而对教育内容一直没有给予重视。以往的咨询报告对大学培养学生应具备的整体素质和能力做出了说明。例如，1998 年公布的咨询报告《关于 21 世纪的大学蓝图和今后的改革方案》提出了"课题探究力"的概念，2008 年发布的咨询报告《关于本科课程的构建》也提出了"学士力"的概念，但二者都没有提及各个学科领域如何改革的问题。2008 年，日本中央教育审议会在对本科课程改革的"学士力"进行审议之际，文部科学省认为特定学术领域（如经济学领

① 中央教育審議会 . 我が国の高等教育の将来像（答申）［EB/OL］.（2005–01–28）［2020–04–30］. http://www.mext.go.jp/b_menu/shingi/chukyo/chukyo0/toushin/05013101.htm.

② 中央教育審議会 . 新しい時代にふさわしい高大接続の実現に向けた高等学校教育、大学教育、大学入学者選抜の一体的改革について（答申）［EB/OL］.（2014–12–22）［2020–04–30］. https://www.mext.go.jp/b_menu/shingi/chukyo/chukyo0/toushin/__icsFiles/afieldfile/2015/01/14/1354191.pdf.

③ 中央教育審議会 . 2040 年に向けた高等教育のグランドデザイン（答申）［EB/OL］.（2018–11–26）［2020–04–30］. https://www.mext.go.jp/component/b_menu/shingi/toushin/__icsFiles/afieldfile/2018/12/20/1411360_1_1_1.pdf.

④ 中央教育審議会 . 教育マネジメント指針［EB/OL］.（2020–01–22）［2020–02–23］. https://www.mext.go.jp/content/20200206–mxt_daigakuc03–000004749_001r.pdf.

域）的质量保障问题并不属于中央教育审议会的讨论范畴，转而咨询如何构建大学各学科质量保障体系的问题。此举被认为是出于对学术自由的考量。

那么，日本文部科学省是通过怎样的方式来主导教育内容的改革呢？方式有两种，即新生教育和职业规划教育。前者是为了解决高中教育与大学教育的衔接问题，后者则是为了使大学毕业生更顺利地进入劳动力市场。学生进出大学的入口及出口如何与高中教育、劳动力市场衔接的问题原本不属于大学教育研究的范畴，但从 20 世纪 90 年代起，高中、大学、劳动力市场三者之间的关系发生了改变，为了应对此变化，大学开始承担起衔接教育的任务。

首先解决的是高中与大学的衔接问题。1991 年日本大学审议会发布的《关于平成 5 年（1993）后高等教育计划性的完善》认为，有必要"优化高中教育和大学教育在内容上的衔接"，建议"根据学生的学习需求提供教育课程"。①1997 年大学审议会发布的咨询报告《关于高等教育的进一步改善》首次提出了"补习教育"概念，提出了大学应当在必要时根据学生的高中学业情况开展补习教育，以帮助学生顺利完成从中等教育向高等教育的过渡。②2005 年的咨询报告《日本高等教育的未来蓝图》列举了高等教育机构功能分化的 7 个方向，并建议致力于培养知识渊博的职业人才、开展文理综合的通识教育、为当地居民提供终身学习机会的大学这 3 个方向发展的大学实施"充实的补习教育"。③

咨询报告《关于本科课程的构建》除了补习教育也提出了"新生教育"的概念。所谓新生教育，就是"以新生为主要授课对象开设的综合性教育课程。该类课程旨在帮助学生从高中或其他大学顺利过渡至本校，并在学业和人格上有所成长，在校期间积累学术和社会交往方面的有益经验"，是"帮助新

---

① 高等教育研究会. 大学審議会全 28 答申·報告書：大学審議会 14 年間の活動の軌跡と大学改革 [M].東京：ぎょうせい，2002.

② 同①.

③ 中央教育審議会. 我が国の高等教育の将来像（答申）[EB/OL].（2005–01–28）[2020–04–30]. http://www.mext.go.jp/b_menu/shingi/chukyo/chukyo0/toushin/05013101.htm.

生成为真正大学生的一系列课程"。①虽然该咨询报告中并未阐明新生教育与补习教育之间的区别，但此后的咨询报告却沿用了"新生教育"这一术语。其实二者最显著的区别在于是否采用学分制。一般而言，补习教育的课程无学分，而新生教育是正课体系的一部分，有学分。新生教育采用学分制对学生、学校和教师都大有裨益，这或许就是咨询报告最终采用"新生教育"代替"补习教育"的原因。

那么，日本文部省为何从20世纪90年代初就开始推行补习教育或新生教育呢？咨询报告《关于本科课程的构建》称："补习教育主要是为了解决大学入学考试人才选拔功能退化的问题，以及报考学生学习热情低下的问题。"该咨询报告还指出："超六成教师注意到学生'学业水平低下'的问题，认为学生欠缺逻辑思维能力、表达能力及主动性等能力"。②在大学招生规模不缩减的情况下，逐渐下降的生育率必然会导致大学录取率的上升，入学考试开始逐渐丧失人才选拔的功能。也就是说，为了完成招生计划，大学不得不录取学业水平较低的考生。基于这种情况，日本文部科学省建议大学引入"补习教育"或"新生教育"，为学生提供"帮助"。

几年后，日本文部科学省开始着手解决大学与劳动力市场的衔接问题。1997年，《关于平成12年以后高等教育的未来构思》首次提及了这一问题。当时文中仅有"大学今后越来越需要根据学生未来的职业规划设计教育内容"等寥寥数语，但到了1998年，咨询报告《关于21世纪的大学蓝图和今后的改革方案》提出了更加深入和具体的建议："在课程中加入校外体验环节，如让学生参加与所学专业或未来求职意向相关的实习等"。③

1999年发布的咨询报告《关于初中等教育和高等教育衔接的改善》提出了"职业规划教育"这一概念，并规定"职业规划教育应帮助学生树立正确的

① 中央教育審議会. 学士課程教育の構築に向けて（答申）[EB/OL].（2008-12-24）[2020-04-30]. https://www.mext.go.jp/component/b_menu/shingi/toushin/__icsFiles/afieldfile/2013/05/13/1212958_001.pdf.
② 同①.
③ 高等教育研究会. 大学審議会全28答申・報告書：大学審議会14年間の活動の軌跡と大学改革[M]. 東京：ぎょうせい，2002.

职业观、劳动观，掌握职业相关的知识、技能的同时，也帮助学生了解自身个性，培养他们自主选择未来职业发展道路的能力及态度"。① 职业规划教育在以往被称为"就业指导"或"职业规划指导"，属于初中等教育的范畴。但上述规定将职业规划教育的范围拓展至高等教育阶段。2000 年发布的咨询报告《关于全球化时代所需要的高等教育》强调了大学将职业规划教育"纳入正课体系并给予实施"的重要性，并要求大学"安排学生参加较长时间的实习"。② 另外，咨询报告《关于本科课程的构建》也表示，大学"作为人才输出的端口，需要应社会及经济之需，让学生具备职业人士应有的基础能力，进而培养创新型人才"。③ 因此，大学须明确职业规划教育"在教育课程中的合理定位，将其视作培养学生终身就业能力的途径"。④ 除此之外，职业规划教育应当"为产业界与大学之间的沟通创造机会，增进校内各方对推进学生实习制度的理解"。这样一来，职业规划教育，即大学与劳动力市场之间的衔接教育便成了日本大学正课体系的一部分。

2011 年，日本中央审议会公布的咨询报告《关于今后的学校职业规划教育》讨论了从初等教育到高等教育各阶段的职业规划教育，特别规定高等教育必须"将职业规划教育纳入正课体系"⑤，实施贯穿大学 4 年的职业规划教育，将职业规划教育的实施范围拓展至 4 年大学课程。

由于《大学设置基准》大纲化改革放宽了对教育课程的限制（取消了"通识教育"与"专业教育"课程的大类划分），日本文部科学省基本上已无法通过《大学设置基准》对教育内容做出强制性的规定。然而，在职业规划教

---

① 中央教育審議会. 初等中等教育と高等教育との接続の改善について（答申）[EB/OL].（1999-12-16）[2020-02-23]. https://www.mext.go.jp/b_menu/shingi/chuuou/toushin/991201.htm.
② 高等教育研究会. 大学審議会全 28 答申・報告書：大学審議会 14 年間の活動の軌跡と大学改革[M]. 東京：ぎょうせい，2002.
③ 中央教育審議会. 学士課程教育の構築に向けて（答申）[EB/OL].（2008-12-24）[2020-04-30]. https://www.mext.go.jp/component/b_menu/shingi/toushin/__icsFiles/afieldfile/2013/05/13/1212958_001.pdf.
④ 同③.
⑤ 中央教育審議会. 今後の学校におけるキャリア教育・職業教育の在り方について（答申）[EB/OL].（2011-01-31）[2020-02-23]. https://www.mext.go.jp/component/b_menu/shingi/toushin/__icsFiles/afieldfile/2011/02/01/1301878_1_1.pdf.

育方面，文部科学省通过《大学设置基准》提出了唯一一项强制性要求，即大学必须实施"就业指导"。2009 年，中央教育审议会的《关于中长期大学教育的第二次报告》提议应在法令层面明确实施就业指导。[①] 第二年，《大学设置基准》的第 42 条第 2 款将就业指导确定为大学的义务。

大学与劳动力市场之间的衔接之所以会成为大学亟须解决的课题，是因为 20 世纪 90 年代以后，日本泡沫经济的崩溃导致大学毕业生的求职人数远远高于岗位空缺数（求人倍率低迷的问题），进而出现非正式雇佣劳动者和失业者增加等经济问题。1996 年，"就业协定"[②] 的废除使大学生求职活动的启动时间更早、耗时更长，大学生就业逐渐成为一大社会问题。因此，大学不仅要让就业指导中心或以此为母体成立的职业规划中心等事务部门继续给大学生提供介绍工作及就业辅导服务，还要在正课体系中开展职业规划教育。

新生教育和职业规划教育都没有学科属性，却以"帮助"学生的名义慢慢侵蚀着大学教育的领地。究竟哪些学科领域的教师要肩负起这两部分的教育任务？任课教师自身的专业与任教的课程是否存在着冲突？

（二）政策引导：竞争性经费 [③]

在 21 世纪之后的教育改革中，日本文部科学省及其关联机构开始向大学公开征集改革项目，并为获批项目提供经费。这一举措具有划时代的意义。毕竟，在传统的观念里，教育与竞争、评估无关，只是教师个人层面的工作。然而，竞争性经费项目的推出使教育成了大学机构层面的工作，大学需要参与竞争并公开接受政府的评估。竞争性经费在教育改革上具有了导向性作用，开启了日本大学教育改革的新篇章。

---

① 中央教育審議会. 中長期的な大学教育の在り方に関する第二次報告［EB/OL］.（2009-08-26）［2020-02-23］.https://www.mext.go.jp/b_menu/shingi/chukyo/chukyo4/houkoku/1283827.htm.
② 就业协定是指日本大学与招聘单位就招聘时间等事项达成的协议。1990 年之后日本进入了泡沫经济时期，大学毕业生的就业环境严重恶化。企业开始全面遏制新员工，争夺优秀人才。在此背景下，日本经济联合会于 1996 年宣布终止就业协定。——译者注
③ "特定国立大学及私立大学综合改革帮扶项目"等也属于政策引导措施，但由于实施对象并未覆盖所有国立、公立和私立大学，故不在本文的讨论范围之内。

为引导大学的教育改革，日本文部科学省于 2003 年推出了首个竞争性经费项目——大学教育特色化助力项目（简称"特色GP"，GP 即 "good practice" 的缩写）。此后，文部科学省等政府机构又陆续推出多个竞争性经费项目（包括学生指导项目）（表 1）。这类项目具有以下特征。

表 1　教育相关的竞争性经费项目 ①

项目征集年度	项目名称	申报项目数 / 项	项目通过率 / %
2003—2008	大学教育特色化助力项目（简称"特色 GP"项目）	1632	12.3
2004—2007	现代教育需求解决项目（简称"现代 GP"项目）	1728	18.7
2008	高质量大学教育推进项目（简称"教育 GP"项目）	745	15.7
2014—2016	大学教育革新促进项目（简称"AP"项目）	330	16.6
2007—2008	指导学生应对社会新需求项目	372	17.2
2009	大学教育及学生指导工作推进项目"主题 A"：大学教育推进项目	231	10.0
2009	大学教育及学生指导工作推进项目"主题 B"：学生指导工作推进项目	347	90.8
2009	大学教育及学生指导工作推进项目（就业指导工作推进项目）	65	69.2
2010	大学生就业能力培养指导项目	341	46.0
2012	应对产业界需求的教育优化及体制完善项目	162	93.2

第一，学生指导是经费资助的重点，就业指导更是重中之重。在 2006—2007 年的"现代 GP"项目中，项目征集的主题之一便是"推行具有综合实践性的职业规划教育"。② 此举的目的是鼓励各大学引入职业规划教育。2014 年，"应对产业界需求的教育优化及体制完善项目"设置了新的模块，即"主题 B"学生指导工作推进项目的进一步落实，这既是为了让学生实习制度普遍化、常

① 资料来源：笔者查阅日本文部科学省、日本学术振兴会及日本学生支援机构的官方网页后整理而成。表中后面 6 项为学生指导专项项目。
② 文部科学省 . 平成 18 年度「現代的教育ニーズ取組支援プログラム」全申請・選定状況一覧表［EB/OL］.（2006—07—27）［2020—02—23］. https://warp.ndl.go.jp/info:ndljp/pid/286184/www.mext.go.jp/b_menu/houdou/18/07/06072402/001.htm.

态化，也是为了保证"自 2015 年起大学生求职活动及企业录用时间推后"这一制度的顺利实施。[①] 绝大多数大学面临的学生就业问题都很相似，但日本文部科学省采用竞争性经费项目进行引导，就意味着只有获得立项的大学才能得到资助。

另外，在"特色 GP"项目推行的 5 年里，越来越多的日本大学申报了新生教育项目，每年的立项数也在增多。[②] 这种对大学教育改革具有导向性的竞争性经费大多专用于学生指导教育，因而促进了学生指导教育在大学的常态化。

第二，项目征集年限和资助年限都在逐渐缩短。最初，"特色 GP"项目和"现代 GP"项目的征集年限都比较长，但从 2005 年起，征集年限设定为 1 年、资助年限设定为 2 年左右的项目逐渐增多。大学的教育周期最短为 4 年，一个教育项目的成效无法在立项 2 年后就接受检验。大学需要在资助结束后用自筹经费继续推进该项目。换言之，在政府控制预算的背景下，大学需以自筹经费延续项目的方式推进政府所要求的教育改革。

第三，申报此类项目的日本大学众多。GP 项目的通过率都比较低，不超过 20%，但申报数却非常多。对大学而言，项目申报本身或许比项目获批更有意义。换言之，各大学担心自己会因不积极申报而被贴上消极应对改革的标签，于是纷纷参与申报。

第四，此类项目与中央教育审议会的提议及《大学设置基准》之间的联系日益密切。"特色 GP"项目启动之初，日本文部科学省就在其官网上指出："为进一步深化大学教育改革，面向国立大学、公立大学、私立大学征集教育改革项目，择优立项。"[③] 但不知从哪一年开始，文部科学省将竞争性经费项目

---

① 文部科学省. 平成 26 年度「産業界のニーズに対応した教育改善・充実体制整備事業【テーマ B】インターンシップ等の取組拡大」の選定状況について［EB/OL］.（2014–06–05）［2020–02–23］. https://www.mext.go.jp/a_menu/koutou/kaikaku/sangyou/1347814.htm.
② 吉田文. 特色 GP の制度設計と大学の戦略［C］// 絹川正吉，小笠原正明. 特色 GP のすべて. 東京：ジーアス教育新社，2011：53–64.
③ 文部科学省. 国公私大学を通じた大学教育改革の支援［EB/OL］.（2004–11–11）［2020–02–23］. https://warp.ndl.go.jp/info:ndljp/pid/283151/www.mext.go.jp/a_menu/koutou/kaikaku/index.htm.

更名为"促进国立大学、公立大学、私立大学教育革新的战略计划",并在官网上明确表示,竞争性经费是"具有引导性的专项补助经费,主要用于解决中央教育审议会所提出的政策课题"。①

日本政府对大学的引导从"教育 GP"项目的启动可初见端倪。"教育 GP"项目的申报指南就项目的启动背景和目的做出了解释,即"文部科学省根据咨询报告《日本高等教育的未来蓝图》中的建议,修订了《大学设置基准》,增加了大学须制定明确的人才培养目标、实施教师发展活动等新规定"②,进而启动"教育 GP"项目,以鼓励大学响应新规的号召。"AP"项目的申报指南也明确表明,该项目的实施遵照教育革新实施会议(第 3、第 4 次提议)等相关会议上所提出的国家教育改革方向。③此外,"大学生就业能力培养指导项目"的申报指南也表明,该项目的实施是因为"文部科学省修订了《大学设置基准》,规定大学应在正课体系内外'开展就业指导,以引导学生成为独立的社会成员、职业人士'"。④可见,竞争性经费项目的实施,最初是为了促进大学进行自主改革,后来却逐渐成为政府主导改革的有力工具,大学自主改革的空间被进一步压缩。

第五,项目申报的要求越来越细致,大学在申报项目时必须设定定量目标。"特色 GP"项目最初设置了 5 个项目征集主题,即"综合性教育改革项目""教育课程优化项目""教育方法优化项目""学生课堂学习及课外活动支援的优化项目"及"大学与社区 / 社会合作促进项目"。与这 5 个主题相关的项目都可申报。与"特色 GP"项目不同,"AP"项目的征集主题更精准地落实了咨询报告《关于本科课程的构建》《在变幻莫测的时代建设培养终身学习能

① 文部科学省 . 国公私立大学を通じた大学教育再生の戦略的推進［EB/OL］.［2020-02-23］. https://www.mext.go.jp/a_menu/koutou/kaikaku/index.htm.

② 文部科学省 . 平成 20 年度質の高い大学教育推進プログラム公募要領［EB/OL］.［2020-02-23］. https://www.jsps.go.jp/j-goodpractice/data/yoshiki/01youryo.pdf.

③ 文部科学省 . 平成 26 年度「大学教育再生加速プログラム」公募要領［EB/OL］.［2020-02-23］. https://www.mext.go.jp/component/a_menu/education/detail/__icsFiles/afieldfile/2014/04/08/1346355_1.pdf.

④ 文部科学省 . 平成 22 年度大学生の就業力育成支援事業公募要領［EB/OL］.［2020-02-23］. https://www.mext.go.jp/a_menu/koutou/kaikaku/shugyou/__icsFiles/afieldfile/2011/09/26/1293000_1_4.pdf.

力和主体思考力的大学》的建议，如"主动学习""学习成果可视化""入学考试改革"及"高大衔接"。另外，"AP"项目还规定了申报条件：全校及各学院须制定本校的"三项方针"；教学大纲应包含课程目标、授课方式、预习与复习内容、成绩评定方式及标准；须设定学分上限；全体专任教师须参与教师发展活动；须实行学分绩点制度等。大学还必须在项目申报书中设置定量和定性目标。

本就带有引导性质的竞争性经费项目越来越具有强制力，日本大学必须按文部科学省所规定的方向进行改革，还要自筹资金，在资助年限结束后继续推进项目。如此一来，大学不再拥有自由改革的权利。不过，申报项目的大学并不少，竞争性经费项目的实施可谓是相当成功。获得立项的大学还需提交中期报告、结项报告。从这些情况来看，大学的的确确是在推进教育改革。

二、日本大学的应对措施和教职员工的引领作用

面对由政策主导或引导的教育改革，日本大学是怎样应对的呢？如果说日本《大学设置基准》等法律文件中对大学义务的规定是一种显性压力，那么竞争性经费项目的推行就是一种隐性压力。可以这么说，日本文部科学省"恩威并施"，把控着日本大学的教育改革方向。本节主要以大学教育改革情况的调查报告及大学教育相关学会的动向为切入点展开论述。

（一）日本大学的"阳奉阴违"与积极改革

1. 教师发展活动——日本文部科学省所倡导的教育方法

从 2001 年起，日本文部科学省通过实施大学教育（教育内容等）改革情况调查，持续性地对日本大学的改革情况开展调查。历年调查问卷回收率都接近 100%。[①] 因此，通过此项调查既能全面掌握日本大学改革的整体概况，也

---

① 虽然不排除大学在回答问题时有刻意迎合文部科学省改革意愿的可能性，但这样的迎合也是其自身意愿的一种体现。

能了解大学自身的改革意愿。①

1991 年，日本文部科学省面临最大的教育改革课题就是教师发展活动的普及问题。1999 年，文部科学省通过《大学设置基准》要求大学尽力开展教师发展活动。2001 年，对日本大学教育改革情况的首次调查报告显示，2000 年实施教师发展活动的日本大学占比仅为 52.5%。2004 年，开展教师发展活动的大学占比超过了 70%，2006 年超过了 80%。到了 2007 年，教师发展活动在《大学设置基准》中升级为大学的义务，当年开展教师发展活动大学占比便达到了 87.8%。2008 年，教师发展活动正式成为了各大学的义务，履行该项义务的大学占比达到 97.3%。

之后，日本文部科学省不再调查大学是否已实施教师发展活动，而是对具体实施情况展开调查。2016 年的调查结果显示，多达 87.5% 的日本大学成立了教师发展中心等相关机构。日本文部科学省推荐的"教师间相互听课"这一研修方式的普及率仅为 56.5%，还不及"讲座、专题研讨会"这一不被推荐的形式高（普及率 65.4%）。此外，专任教师的教师发展活动参与率达 100% 的日本大学只有 16%；在 46.8% 的日本大学，专任教师的教师发展活动参与率为 75%~99%。总体来说，专任教师的教师发展活动参与率约为 60%。换言之，即使大学开展教师发展活动且全体任课教师都参与其中，大学开展相关活动的方式也不一定与文部科学省的倡议吻合。从整体上看，既有积极参与的大学，也有消极应对的大学，同一大学的教师参与积极性也存在着两极分化的现象。

2. 学生指导——日本大学新设的教育内容

新生教育是日本大学新设的教育内容。2006 年，日本大学教育改革情况调查首次将大学开展新生教育的情况纳入调查问卷。调查结果显示，当年有 67.3% 的大学开展了新生教育。2008 年，开展新生教育的大学占比为 76.8%；2011 年占比达到 85.7%，2014 年占比达到 96.1%。新生教育的主要内容包括"学术报告、论文的写作方法指导"（普及率为 89.9%）、"口头发表、课堂讨论

---

① 文部科学省 . 日本の大学では、教育内容・方法等の改善がどれくらい進んでいるのでしょうか [EB/OL].［2020-02-23］. https://www.mext.go.jp/a_menu/koutou/daigaku/04052801/005.htm.

的方法指导"（普及率为 83.3%）及"提高学生对学习及校内所有活动参与积极性的系列课程"（普及率为 78.7%）。

在新生教育出现之前，调查问卷中一直使用的是"补习教育"一词。2001 年，有 25.1% 的大学开展"补习教育"；2006 年，开展补习教育的大学占比为 31.5%，而此时新生教育已被纳入调查问卷；2013 年，开展补习教育的大学占比为 51.2%，但几乎所有的大学都开展了新生教育。相比之下，补习教育的普及速度较慢。2014 年，日本文部科学省调整了调查项目，发现在"根据学生高中学业情况提供指导"的大学中，仅有 34.5% 的大学开展了"入学之后的补习教育"。导致补习教育无法常态化的原因：一方面，对于补习教育究竟是对高中教育的补充，还是学生在接受正式大学教育之前的准备教育，文部科学省没有给出明确定义；另一方面，各大学对是否将补习教育当作正课计算学分也持不同意见。与补习教育不同，新生教育已被纳入正课体系，成为大学课程的一部分。

职业规划教育也是大学新增的教育内容。2008 年，职业规划教育的开展情况首次成为日本文部科学省的调查项目，当年即有 93.2% 的大学开展了职业规划教育，有 84.6% 的大学在正课体系内开设了职业规划教育的相关课程。2016 年，在正课体系内开设职业规划教育课程的大学占比为 96.6%，略多于在正课体系外开展职业规划教育的大学（占比 95.2%）。正课体系内的职业规划教育包括"引导学生树立正确劳动观、职业观的课程"（占比 87.3%）、"资格考试指导及就业指导课程"（占比 82.6%）、"企业人员、毕业生讲座"（占比 79.5%）、"包含实习环节的正课课程"（占比 78.0%）。可见，大学已将职业规划教育视为帮助学生就业的有效措施。

由上面的分析可知，在日本大学教育改革的实施过程中，教师发展活动与新生教育、职业规划教育的普及情况截然不同。教师发展活动的广泛开展需要较长的时间，但新生教育、职业规划教育很快就成了正课体系中不可或缺的一部分。

在教师发展活动成为日本大学的义务之后，仍有部分教师未参与其中。

不同大学、不同教师的参与积极性也存在较大的差异。可见，在教师发展活动方面，日本大学采取了一种"阳奉阴违"的方式应对文部科学省的改革要求。而新生教育和职业规划教育与大学的发展息息相关，所以才没有太多反对的声音。仅从二者已成为大学正课体系的组成部分这一点来看，日本大学的教育的确在发生变化。

（二）日本大学教育相关学会对改革的促进作用

日本大学教育改革始于 1991 年。在此之前，日本并没有专门研究大学或大学教育的学会。日本教育学会、日本教育社会学会、日本比较教育学会等学会虽然也开展了相关研究，但这些研究很少触及大学教育改革的核心问题。

在 2000 年前后，日本出现了几个以大学教育为研究对象的学会（表 2）。由于《大学设置基准》不再采用"一般教育"[①] 这一说法，一般教育学会因此更名为大学教育学会。同样，日本职业规划教育学会的前身与初中等教育的就业指导有一定关系，在 1999 年中央教育审议会的咨询报告提出"职业规划教育"的概念后，更改为现名。其他在 2000 年前后成立的学会的名称反映了文部科学省所要求的改革项目，说明上述学会的成立与大学教育改革之间存在着不同寻常的关系，具有以下三个特征。

表 2　日本的大学教育相关学会 [②]

年度	学会名称	会员数量
1997	日本高等教育学会	721（个人）
1997	大学教育学会（前身是 1979 年成立的一般教育学会）	1284（个人）、133（团体）

① 美国的"general education"被引入日本后，曾被译为"普通教育""一般教养教育"，后统一为"一般教育"。1991 年《大学设置基准》大纲化改革之后，又改称为"教养教育"。本文将"一般教育""教养教育"统一翻译为通识教育。
② 表中大部分学会的会员数量均来自学会 2019 年的数据，大学行政管理学会、新生教育学会的会员数量数据分别来自对应学会官网。

续表

年度	学会名称	会员数量
1997	大学行政管理学会	1364（个人）（2018 年数据）
2004	大学评价学会	196（个人）、1（团体）
2005	日本补习教育学会	653（个人）、67（团体）
2005	日本职业规划教育学会（前身是 1953 年成立的就业指导学会、1978 年成立的日本就业出路指导学会）	919（个人）、17（团体）
2007	新生教育学会	约 600（个人）、98（团体）[①]

第一，学会成立的主要目的并不是基于某个特定学科的方法论来深化该领域的研究，而是为各类相关学术及经济团体提供一个共同解决问题的跨学科平台。从"知识生产模式论"来看，这种学会开展的研究属于知识生产模式 2 的范畴。[②③]

第二，上述学会的使命是促进改革实践的发展。例如，大学教育学会在其官网上表示，该学会的使命是"促进大学教师自我改进和自我发展"的活动（即教师发展活动）。日本补习教育学会的活动方针是"通过研究成功案例，发布补习教育的实践报告，向社会提出建议"。新生教育学会设置了实践交流会和教育实践奖。

第三，上述学会成立的时间较晚，但会员数量相当可观。1941 年成立的规模最大的日本教育学会约有 2800 名个人会员、280 个团体会员。而上述学会在较短时间内便吸纳了不少会员。桥本矿市[④]以日本高等教育学会为例，分

---

① 新生教育学会的会员数量为 2018 年数据。

② 迈克尔·吉本斯（Michael Gibbons）的"知识生产模式论"认为，模式 1 的知识生产是基于单一学科的，而模式 2 的知识生产是跨学科的。在模式 1 中，特定的科学家共同体基于学术兴趣，设置并解决问题，从而生产知识；在模式 2 中，不固定的、多领域的知识生产者基于实际的社会需求，在实际应用中产出知识。——译者注

③ マイケル・ギボンズ．現代社会と知の創造：モード論とは何か［M］.小林信一，訳．東京：丸善，1997.

④ 橋本鉱市．高等教育学会の 10 年：組織編成と知識形成［J］.高等教育研究第 10 集，2007：7-29.

析了这些学会吸纳会员速度快、数量多的原因。他研究发现，在这些学会中，相当一部分会员是大学的教职员工，他们在以推进相关改革工作为目的而成立的校内专门机构工作，从自身所参与的改革实践活动中总结经验或教训并在学会刊物上发表。不少会员将校内工作当作研究项目发表，并通过学会收集有益于拓展自身业务的信息。因此，有的教职员工加入了不止一个学会。会员规模的扩大也是大学自身具有相关需求的表现。

上述学会绝不是为了紧跟日本文部科学省的政策制定步伐而成立的，而是教职员工根据大学的改革需要自发组织起来的。这些学会对改革过程中取得成效的实践活动给予了高度的评价，学会活动也成为交换改革实践信息的重要平台。因此，这些学会暗合了文部科学省所主导或引导的教育改革方式，为大学改革提供指引，以促进相关改革在大学内部生根发芽、落地开花。就结果而言，这些学会的研究方向逐渐与文部科学省的教育研究政策步调接近并保持一致。

这样的关系也佐证了日本大学及其研究人员服从（或者说不得不服从）文部科学省所主导的教育改革这一现状。在这样的环境下，从反省现实或批判性的视角对教育改革进行探讨并非易事。

三、结论：日本大学教育的更新

从 1991 年开始，日本大学的教育改革走过了 30 年的历程。这 30 年来的教育改革更新了大学教育的内涵，使教育改革的相关工作成了大学不可或缺的组成部分。在这期间，日本文部科学省以教育方法的改革为起点，鼓励大学开设新的教育内容以衔接高中、大学与劳动力市场，同时还推行各种竞争性经费项目，鼓励更多的大学进行改革。

日本文部科学省推行教育改革是为了让大学教师关注教育，使大学的各项教育活动更具整体性。教育活动的整体性是如何受到重视的？1994 年公布的咨询报告《关于教师聘用工作的改进》要求大学教师提升教学能力。该咨询报告针对大学教师的聘用工作指出："以往只重视发展教师的科研能力，但以学生为主体的教育功能的完善也同样重要，大学今后须更加重视评价教师的教学能力。"[1] 随后，1997 年的咨询报告《关于高等教育的进一步改善》提出，要"进一步完善以学生为主体的教育功能"[2]，强调大学教育活动的整体性。《关于平成 12 年以后高等教育的未来构思》表示，高等教育的"'质量'反映在学生质量、教学质量（教师、教育课程、教育方法、设施设备等的质量）、毕业生能力"等与学生有关的方方面面，而教育质量的提高是大学不可推卸的责任。

综上所述，如果回归到日本大学教育改革的原点，就能发现教育改革的目的是促进学生学习、提升学生的素质及能力。

日本文部科学省通过修订《大学设置基准》及实施教育相关的竞争性经费项目推动了日本大学的教育改革。无论积极性如何，日本的大学都参与了这一改革过程。一方面，生育率的下降及就业环境的恶化等变化让大学面临生存压力，不得不进行改革；另一方面，与教育改革项目相关的学会也推动了改革的开展。也就是说，正因为大学的教育正在接受前所未有的来自各方面的考验，教育界才发现了大学教育的新内涵和新功能。那么改革至今，日本大学的教育真的改善了吗？

可惜的是，目前还未能从咨询报告中发现大学教育有所改善的迹象。1991年，日本大学的改革刚启动时，大学审议会在咨询报告中表达了对大学教育改革的期待和决心，指出："在教育方面……大学要不断检查和改善课程编排、教育内容及方法、教育组织机构的情况等。希望大学致力于培养学生，使之成为在社会各界大有所为的人才，使其拥有足够的能力，以应对时代的新变化、学术的新发展。"[3]

然而，日本中央教育审议会在 2008 年的咨询报告中指出，"大学教育的一

---

[1] 高等教育研究会. 大学審議会全 28 答申・報告書：大学審議会 14 年間の活動の軌跡と大学改革 [M]. 東京：ぎょうせい，2002.

[2] 同[1].

[3] 同[1].

大问题是，从教育内容和方法到学生的学习成绩评价标准，大学都没有实施严格的质量管理"①，直言大学此前的改革没有取得明显的成效。

2020 年，日本中央教育审议会在《教学管理指南》中对大学进行了更加严厉的批评："认真提升教育质量的大学和并未尽力改善教育的大学两极分化现象严重。总体而言，大学的教育质量仍然无法获得社会各界的充分信任。此外，很难对学生在正课外的学习活动的改善效果给出正面的评价。可见，大学在成功培养自律学习者的道路上，还有很长的路要走。"② 于是，日本文部科学省进一步要求大学加快改革的步伐。

在大学教育的改革要求下感到身心俱疲的教职员工撰写了一系列批判改革的文章，但总体而言，反对改革者并非主流，毕竟大学的领导层和高校联盟（如国立大学协会、日本私立大学联盟、日本私立大学协会等）并不能公然地反对文部科学省的改革政策。因为一旦表现出对改革的消极态度，大学的常规经费及竞争性经费就有可能被缩减，导致出现财政困难。此外，在评价体系下生存的大学已习惯于竞争。抢占先机获取胜利，抑或是扭转劣势避免失败已成为各大学的战略重点。在这样的环境下，各大学很难团结起来公开反对现行政策和改革项目。

如此一来，在日本大学教育改革的影响及效果未能得到充分探讨的情况下，在将改革收效甚微的现状归结于改革不到位的主流观点中，改革仍在继续。大学教育的改革已不再是改善教育的途径，而是为了改革而改革，这样的改革今后还会继续下去。

既然如此，已失去改革自由的大学真的能培养学生的学习主动性吗？在教育改革的工作中，日本文部科学省与大学的主从关系越强，大学就越难将学生培养成为"自律的学习者"。因此，笔者认为，日本大学陷入了一种极其尴

---

① 中央教育審議会 . 学士課程教育の構築に向けて（答申）［EB/OL］.（2008—12—24）［2020—04—30］.
https://www.mext.go.jp/component/b_menu/shingi/toushin/__icsFiles/afieldfile/2013/05/13/1212958_001.pdf.
② 有实证研究表明，大学生的能力并没有得到提升。见：溝上慎一 . 大学生白書 2018［M］. 東京：東信堂，2018：2.

尬的境地。能否破解这个困局，就要看各个大学如何培养学生的批判性思维了。

（作者简介：吉田文，日本早稻田大学教育与综合科学学术院教授，日本教育社会学会会长。译者简介：杨瞳，东南大学外国语学院副教授，东京大学教育学博士）

日本大学 30 年的政策与实践 [①]

  中日两国有着相似的高等教育体制，本科以专业教育为主，学科之间壁垒森严，横向联系偏弱。随着全球化进程的加快，国际市场对学生能力的要求更高，仅凭单一具体的专业知识已难以应对复杂的社会问题。为培养学生的跨学科思维能力，提高就业潜力，从西方引进和推广通识教育 [②] 以带动本科教育的变革创新，是中日两国相同的改革课题。

  然而，以专业教育为主的学术"部落"对通识教育往往是敬而远之，想要处理好专业教育和通识教育的关系可谓是困难重重。因此，中日两国均将此问题提升至国家政策的高度，大力推进通识教育和专业教育结合。例如，我国《国民经济和社会发展第十三个五年规划纲要》提出，应实行"学术人才和应用人才分类、通识教育和专业教育相结合"的制度，培养一流本科人才。日本早在 1946 年就引入了通识教育，一直致力于调解通识教育和专业教育之间的矛盾。日本于 1991 年对《大学设置基准》实施了大纲化改革，取消了通识教育和专业教育在课程设置上的大类区分，提倡将二者有机融合在本科教育体系中。

---

① 原文刊发于《外国教育研究》2022 年第 1 期，有删改。

② 美国的"general education"被引入日本后，曾被译为"普通教育""一般教养教育"，后统一为"一般教育"。1991 年《大学设置基准》大纲化改革之后，又改称为"教养教育"。本文将"一般教育""教养教育"统一翻译为通识教育。

咨询报告是本文分析日本教育政策走向的一个重要切入点。因为日本近年来发布的教育政策，大多是基于文部科学省的咨询机构——1987 年基于临时教育审议会的咨询报告成立的大学审议会及 2001 年中央省厅改组后成立的中央教育审议会——经调查讨论后向文部科学大臣提交的一系列咨询报告制定的。本文将这些咨询报告与全日本的调研数据相结合，从政策及实践两个角度探讨日本在理念、内容和体制这三个方面缓解通识教育和专业教育之间矛盾的方法和策略，以及在教育改革过程中暴露出的主要问题，以期为中国大学探索通识教育和专业教育结合、推进本科课程改革提供借鉴。

一、理念重塑："能力"政策引导下的通专理念梳理

在日本大学教育理念中，专业教育与通识教育从对立关系转变为融合关系的转折点是咨询报告中"能力"概念的提出和大学管理者对能力培养的重视。

（一）政策层面：通识教育内涵与"能力"培养的对接

日本大学审议会应文部大臣咨询，先后共提交了 4 份咨询报告，分别是《关于高等教育的改善》《关于高等教育的进一步改善》《关于 21 世纪的大学蓝图和今后的改革方案》和《关于全球化时代所需要的高等教育》。2002 年，日本中央教育审议会发布了日本第一份以通识教育为主题的政策咨询报告《关于新时代的通识教育》，明确了各教育阶段通识教育的发展方向。这 5 份咨询报告基于日本社会的发展变化，针对日本大学对通识教育的模糊认知开出了相应的"处方"。

首先，重新划定通识教育和专业教育之间的界限。第一份咨询报告撤销了对通识教育和专业教育在课程大类上的区分，指出通识教育的理念为"培养广泛而深厚的教养和综合的判断力，涵养丰富的人性"，以区分于专业教育对知识的重视。第二份咨询报告指出了通识教育被当作专业教育的预备课程而受到轻视的问题，提出"应明确通识教育的目的，即通过通识教育使学生掌握一

定的知识或能力"。①②

其次，将通识教育的目标定义为"能力"的培养。第三份咨询报告提出，大学教育改革的基本理念为"高等教育机构的多样化和个性化"，本科课程应培养学生的"课题探究力"。此外，为了"强化国际竞争力"，通识教育应培养的能力包括"用高度的伦理感与责任感去判断和行动的能力""对本国文化与世界多样文化的理解""外语交流能力""信息素养""科学素养"等，这些都是国际化社会必需的基本能力。③

最后，强调通识教育和专业教育在能力培养上的共同责任。第四份咨询报告强调"应重视通识教育，确保二者的有机衔接"，指出"应重新考虑专业教育的课程编排"。④ 日本中央教育审议会在第五份咨询报告中将通识教育的目标确立为"心灵的充实"和"为国际社会做贡献"两大方面；基于此目标，提出 21 世纪公民应具备"智、德、体、与社会成员相处时应具备的资质（价值观、想象力等）、信息素养、外语交流能力、构想力"等。这与日本产业界对职业人士能力的期待相符。为有效培养这些能力，日本中央教育审议会建议课程内容"没必要局限于通识教育这一课程大类，也需涵盖专业教育领域"。⑤

由上可见，5 份咨询报告循序渐进，先表明通识教育的理念区别于专业教育，然后把通识教育的重点定位于能力培养，最后针对通识教育应培养怎样的能力、专业教育是否共同参与能力培养进行了补充说明。通识教育的目的之一是培养课题探究力，以更好地衔接专业教育；目的之二是培养身心健康和心灵

---

① 大学審議会. 大学教育の改善について［EB/OL］.（1991-02-08）［2020-04-30］.https://www.mext. go.jp/b_menu/shingi/chukyo/chukyo4/gijiroku/attach/1411733.htm.

② 大学審議会. 高等教育の一層の改善について（答申）［EB/OL］.（1997-12-18）［2021-05-31］. https://warp.ndl.go.jp/info:ndljp/pid/11293659/www.mext.go.jp/b_menu/shingi/old_ chukyo/old_dai.

③ 大学審議会. グローバル化時代に求められる高等教育の在り方について（答申）［EB/OL］. （2000-11-22）［2020-04-30］.https://warp.ndl.go.jp/info:ndljp/pid/11293659/ www. mext.go.jp/ b_menu/ shingi/ old_chukyo/old_daigaku_/index/toushin/1315960.htm.

④ 大学審議会. 21 世紀の大学像と今後の改革方策について：競争的環境の中で個性が輝く大学（答申）［EB/OL］.（1998-10-26）［2020-04-30］. https://warp.ndl.go.jp/info:ndljp/pid/www.mext.go.jp/11293659/b_menu/shingi/ old_chukyo/old_daigaku_index/toushin/1315932.htm.

⑤ 中央教育審議会. 新しい時代における教養教育の在り方について（答申）［EB/OL］.（2002-02-21）［2020-04-30］. https://www.mext.go.jp/b_menu/shingi/chukyo/chukyo0/toushin/020203.htm.

充实的社会成员，为国际化社会做贡献。

（二）实践层面：侧重"能力"和"技能"的培养

在大学确立自身发展理念时，上述咨询报告中强调的各种能力中有哪些受到大学管理者的关注？各大学又是如何落实咨询报告中的建议的呢？

2003 年以全日本大学管理者为对象进行的问卷调查结果显示，针对 1998 年提出的"课题探究力"，有 36.3% 的管理者认为应通过本科课程整体培养，有 40.0% 的管理者认为应通过专业课程培养，二者占比基本持平。可见，虽然仍有管理者认为专业教育对学生能力培养所起的作用是通识教育不可替代的，但部分管理者正在改变，努力寻求通识教育和专业教育结合的培养策略。其中，"外语交流能力""信息素养"和"身心健康的生活能力"被认为是通识教育培养的重点；与此相对，"专业领域的相关知识"被认为应主要通过专业教育培养。[①] 也就是说，通识教育与专业教育相比，培养的是学生"能力"，这与 2000 年的咨询报告《关于全球化时代所需要的高等教育》提出的要求相符。

2011 年以全日本通识教育管理者为对象开展的调查（包含新生教育、通识教育和外语教育）结果显示，通识教育应培养的能力中认可率最高的是"构筑正确的世界观和人生观"（占比为 57.4%）；其次是"增进对专业教育社会意义的理解""增进对各学科的广泛了解""跨学科整合能力""跨学科主题研讨能力""增进对各学科差异性的理解"，占比为 30%~45%，这些能力都可概括为"跨学科理解能力"。[②]

此外，40%~50% 的管理者认为，以下能力应不分课程大类让学生掌握，并写入本科教育的目标：①自主判断与行动的能力；②批判精神；③逻辑思考能力；④跨学科知识；⑤高尚的伦理观、强烈的责任感；⑥对未来职业规划的

---

① 吉田文.学際的カリキュラムの陥穽：人文・社会系学部の学士課程カリキュラム［J］.名古屋高等教育研究，2008（8）：155–172.
② 吉田香奈.教養教育のカリキュラムと実施組織に関する一考察：実施組織代表者全国調査（2011年）の分析より［J］.大学論集，2013（44）：195–210.

展望。^①其中，前面 3 种能力是对学生个性发展的期待，后面 3 种能力是对学生作为国际社会成员的期待。这与 2002 年咨询报告《关于新时代的通识教育》对通识教育提出的目标相符。

综合以上分析，可得出两个重要结论。其一，咨询报告中强调的多种能力在实践中最突出的是外语交流能力、信息素养。也许正因为对现有的专业内容难以进行大幅度的变革，大学对能力的培养主要还是依托通识教育，对知识的掌握则交给专业教育。相比能力，技能的培养更容易立竿见影，也更有实施动力。其二，在通识教育和专业教育融合发展的道路上，大学管理者期待通识教育能弥补专业教育的不足。也就是说，通过通识教育培养学生的跨学科理解能力，以搭建通识教育与专业教育之间的桥梁，同时提高学生身为个人及社会成员的价值^②。

二、课程重塑："学士力"政策引导下的多样化通专结合

通识教育与专业教育在课程上重新分配和走向融合主要是基于日本中央教育审议会提出的以"学士力"培养为核心的一系列咨询报告而展开的。日本政府对大学发挥特色、自由构建本科课程寄予了厚望。在此背景下，各大学积极调整课程内容，通识教育和专业教育融合的方式也趋于多样化。

（一）政策层面："学士力"的提出与通识教育内容范畴的重新界定

一方面，在欧美国家重视高等教育学习成果评估、日本产业界呼吁培养职业人士基础能力的语境中，日本中央教育审议会提出应重视学习成果的测量，将通识教育和专业教育结合，培养"学士力"。2005 年，中央教育审议会在咨询报告《日本高等教育的未来蓝图》中建议"各学科发挥特性，在本科和研究生课程中将通识教育和专业教育灵活多样地结合在一起"。2008 年，中央

---

① 中央教育審議会 . 我が国の高等教育の将来像（答申）[EB/OL] .（2005–01–28）[2020–04–30].
http://www.mext.go.jp/b_menu/shingi/chukyo/chukyo0/toushin/05013101.htm.
② 同①.

教育审议会的咨询报告《关于本科课程的构建》围绕本科课程的重塑，正式提出了"学习成果"这一关键词。为了便于测量学习成果，通识教育无疑会倾向于能力或技能的培养。[①] 之后，日本中央教育审议会在 2012 年的咨询报告《为了创建新的未来——大学教育的质量转换》中指出，学习成果可通过"学修时间"[②]和"学习主体性"进行测量；为综合测量学习成果，应"通过各专业领域培养学士力"，通识教育和专业教育在内容上不再分开。"学士力"包括知识与理解、问题解决能力、通用技能、态度与志向四个方面。[③] 然而在实践中出现了分化现象，前面二者主要由专业教育负责，后面二者仍是通识教育的范畴。[④] 于是，日本中央教育审议会在咨询报告《2040 年日本高等教育总体设计》中再次强调，大学应按学习成果重塑本科课程，根据自身特色分类实施发展路线。[⑤]

另一方面，基于改善大学与初中等教育及与企业衔接关系的必要性，日本中央教育审议会重新定义了"学士力"的内容范畴。[⑥] 其实，自 2007 年《学校教育法》修订以来，学力三要素[⑦]的概念就被广泛应用于初中等教育。随着 2012 年"学士力"概念的出现，初中等教育和高等教育便有了共同的衡量标准。2016 年，日本中央教育审议会以职业人士的培养和职业教育的发展为议题发布咨询报告《以充分调动个人能力与潜力及实现全民参与解决社会问题为目标，发展教育多样化和构建教育质量保障体系》。该咨询报告将大学毕业生的必备能力归为"从事特定行业所需的能力"和"学士力"

① 中央教育審議会.学士課程教育の構築に向けて（答申）[EB/OL].（2008-12-24）[2020-04-30].
https://www.mext.go.jp/component/b_menu/shingi/toushin/__icsFiles/afieldfile/2013/05/13/1212958_001.pdf.
② 学修时间指学生花在课程内容上的课堂内外学习时间的总和。
③ 中央教育審議会.新たな未来を築くための大学教育の質的転換に向けて~生涯学び続け、主体的に考える力を育成する大学へ~（答申）[EB/OL].（2012-08-28）[2020-04-30].https://www.mext.go.jp/b_menu/shingi/chukyo/chukyo0/toushin/1325047.htm.
④ 東北大学教養教育院.教養と学問[M].仙台：東北大学出版会，2018：23.
⑤ 中央教育審議会.2040 年に向けた高等教育のグランドデザイン（答申）[EB/OL].（2018-11-26）[2020-04-30].https://www.mext.go.jp/b_menu/shingi/chukyo/chukyo0/toushin/1411360.htm.
⑥ 中央教育審議会.新しい時代にふさわしい高大接続の実現に向けた高等学校教育、大学教育、大学入学者選抜の一体的改革について（答申）[EB/OL].（2014-12-22）[2020-04-30].https://www.mext.go.jp/b_menu/shingi/chukyo/chukyo0/toushin/__icsFiles/afieldfile/2015/01/14/1354191.pdf.
⑦ 学力三要素包含基础知识与技能，解决课题所需的思考力、判断力、表现力，主动学习的态度。

两类（图1）。①

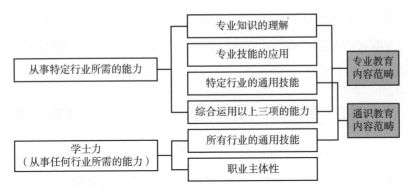

图1 日本中央教育审议会咨询报告中"学士力"的定义与通识教育和专业教育内容范畴的关联性②

相比2012年，"学士力"的内涵发生了两点变化。其一，2016年的咨询报告精确定义了"学士力"的范畴。"知识与理解""问题解决能力"被纳入专业教育的范畴；原属于通识教育范畴的"通用技能"被进一步细化为针对"特定行业"和"所有行业"；"态度与志向"则接近"职业主体性"，也就是个人能够主动选择和规划自身职业的能力。其二，通识教育和专业教育的内容范畴也被重新划分，二者有了重合之处。专业教育更注重知识与技能的应用能力，并且强调融会贯通不同知识的综合能力；通识教育的内容得到了拓展，除了承担原有的使命，又被赋予了低年级宽口径教育（即特定行业的通用技能）和高年级提升综合运用能力这两项任务，以更好地衔接专业教育。

综上所述，出于高等教育质量提升和学习成果测量的需要，"学士力"的概念应运而生；为更好地区分初中等教育的学习成果，其概念又被重新定义。通识教育在内容范畴上与专业教育有了更多的重叠，承担的任务也更重了。这

① 中央教育審議会 . 個人の能力と可能性を開花させ、全員参加による課題解決社会を実現するための教育の多様化と質保証の在り方について（答申）[EB/OL].（2016-05-30）[2020-04-30]. https://www.mext.go.jp/b_menu/shingi/chukyo/chukyo0/toushin/1371814.htm.
② 中央教育審議会 . 個人の能力と可能性を開花させ、全員参加による課題解決社会を実現するための教育の多様化と質保証の在り方について（答申）（中教審第 193 号）[EB/OL].（2016-05-30）[2020-04-30]. https://www.mext.go.jp/b_menu/shingi/chukyo/chukyo0/toushin/1371833.htm.

可能是因为尽早结束通识教育薄弱局面的有效办法便是让其更好地服务于专业教育，并且"通用技能"与"态度与志向"作为职业人士的核心能力，其培养也需专业教育的配合才能事半功倍。至此，通识教育和专业教育结合因政策支持得到了进一步深化。

（二）实践层面："通识课程的专业化"和"专业课程的通识化"趋势

日本各大学通识教育的总学分自 1991 年《大学设置基准》大纲化改革以来虽然一直在缩减，但仍占毕业要求总学分的 30% 左右，说明通识教育在本科教育中始终占据重要地位。① 除东京大学采用前 2 年通识教育、后 2 年专业教育的分段式课程外，日本其他大学几乎都采用的是"楔形"课程，即通识教育和专业教育贯穿于本科 4 年的课程方式。

楔形课程按通识教育和专业教育结合的方式又分为两种。一种是以专业教育为主的课程形式。这种形式的通识教育集中于低年级完成，同时开展少量的专业基础教育，高年级以专业教育为主，如日本北海道大学、名古屋大学、九州大学。另一种是通识教育的课时占比按学年逐步减少，专业教育课时占比逐步增加的课程形式，如日本京都大学。②

2003 年之后，以上楔形课程呈现出两大发展趋势。一是通识课程的专业化趋势，普遍做法是将低年级的专业基础课直接设为通识必修课或选修课，以便在高年级开展高层次的专业教育，维持高水准的专业教育。在此趋势中，通识教育被专业教育所侵蚀，承担了新生补习教育和未来职业所需实用技能培训的功能。二是专业课程的通识化趋势，即在高年级增设综合研讨课，以实现学科交叉，拓宽专业维度，同时在低年级开设基础技能类的通识课程，与专业教

---

① 吉田文．大学と教養教育：戦後日本における模索［M］．東京：岩波書店，2013：229–231，217–237，256–257.

② 刘爽，李曼丽．日本大学之通识教育变革（1991–2015）：进步抑或倒退：七所综合性基干大学改革与实践的回顾与反思［J］．清华大学教育研究，2016（1）：39–46.

育建立更多连接，提高学生的跨学科学习能力。[①]

无论是哪一种趋势，都反映了以专业教育为本的思想。这与日本企业在招聘文科毕业生时不看重硕士、博士学位，以及近年来越来越多的日本大学管理者认为专业教育应在本科 4 年内完成，而非放到硕士阶段实施不无关联。

此外，专业化和通识化在各类学院中都得到了推进。医学、艺术和家政类等以培养特定职业人才为目标的学院在推进通识教育和专业教育结合时，倾向于先维持专业教育的水准，再扩大专业维度；人文、教育和跨学科类学院更重视通识教育和专业教育的平衡与交叉；理工农类等对专业水平要求较高的学院则倾向于维持现状。[②]

综上所述，通识课程在低年级被专业基础课替代，基础技能课、新生补习课大量开展（专业化趋势）；高年级增设综合研讨课，以扩展专业教育的维度（通识化趋势）。这是日本大学通识教育和专业教育结合的两种方式。在实践过程中，受就业环境等各种客观因素的影响，专业教育强势"守城"，通识教育主要承担的任务依然是衔接和提升专业教育质量。

三、体制重塑：集中与分散的利益博弈

日本的情况与中国类似，大学先按专业教育的学科领域成立了学院，后从美国引入了需要各学科协作才能完成的通识教育。因此，学校内部难免会出现专业教育与通识教育之间的矛盾。这些问题与其说是教育问题，不如说是不同利益团体的博弈问题。即使积极进行改革，也容易引发新的问题。

（一）政策层面：有放有收的校内管理体制的构建

为解决通识教育专任教师的身份歧视问题，日本大学审议会提议撤销

---

① 杉谷裕美子. 学部調査にみる日本の教養教育の動向［J］. IDE 現代の高等教育，2019（5）：35–40.
② 吉田文. 大学と教養教育：戦後日本における模索［M］. 東京：岩波書店，2013：229–231，217–237，256–257.

"教养部"这一专门负责通识教育的组织机构,并建议"拥有多个学院的大学开展通识教育,可采取由教养部承担[①]、由教育学院等特定学院承担、由多学院教师共同承担、各学院独立承担等方式"。[②] 基于以上建议,实践过程中先后产生了 5 种通识教育的管理体制(表 1)。前面 2 种均是将通识教育的授课和管理权集中于某个学院或部门。这样的管理方式易于统筹协调、师资充足,但同时也易导致通识教育和专业教育分离及通识教育师资地位低下。第 3 种是将通识教育的管理权分散给各学院,学院可按自身需求和师资优势开设通识课,但也易产生各自为政、课程规划缺乏系统性等问题。后面 2 种则属于有放有收的管理方式。第 4 种指的是校内成立专门负责通识教育宏观运营的中心或机构,聘请部分专任教师,与学院教师共同承担通识教育的授课;第 5 种则是把通识教育授课任务交给学院,由各学院选出代表成立委员会,负责宏观协调。

表 1 日本大学的通识教育管理体制类型[③]

序号	类 型	功 能
1	教养部承担	通识教育的专门机构,拥有独立的专任师资和人事权
2	特定学院承担	由文理学院(旧制高中改制而来)或学艺学院(旧制教员养成学校改制而来)承担
3	各学院独立承担	各学院拥有自己的通识教育师资,按本学院需求开设通识教育课
4	中心 / 机构管理	机构负责通识教育的企划、运营、师资调整、评估和研究等事宜
5	委员会管理	学院选出合适人员加入委员会,负责通识教育的调整、策划、充实和完善

---

① 虽然大学审议会提议撤销"教养部",但一方面是出于对大学自主权的尊重,另一方面是由于日本教育相关咨询报告的约束对象主要是是国立大学,因此不太可能在短时间内达到所有大学都撤销教养部的教育改革目标。因此,大学审议会在这里采用了较为婉转的措辞方式,主要希望大学今后能够根据自身情况,采用不限于教养部的多种管理体制实施通识教育。

② 一般教育学会.大学教育研究の课题:改革动向への批判と提言[M].町田:玉川大学出版部,1997:19.

③ 文部科学省.国立大学法人における教養教育に関する実態調査報告书:総括、FD 関係抜粋[EB/OL].(2017-09-30)[2020-12-30].https://www.mext.go.jp/b_menu/shingi/chukyo/chukyo4/003/gijiroku/attach/1416283.htm.

1991 年前，日本各大学通识教育所采取的管理体制并无明显的倾向性。国立大学和公立大学大多采取的是"教养部承担"（约 50%）和"中心 / 机构类、委员会承担"的方式（20%~30%），仅有约 10% 的大学采取"特定学院承担"的方式，极少数大学采取"各学院独立承担"的方式。私立大学中，采取"各学院独立承担"方式的约占 10%，采取其他方式的都各占 20%~30%。[①]

然而，随着政策的调整，以上情况逐渐发生了变化。日本大学审议会在咨询报告《关于高等教育的进一步改善》中规定："通识教育的责任应由包括学院教师在内的全体教师共同承担，应明确校内实施和运营通识教育的责任机构，以避免通识教育的授课负担过度集中在部分教师身上，或者由于学院、学科之间联系不到位给学生的教育和研究带来不便。"可见，由于 1991 年《大学设置基准》大纲化改革，日本大部分国立大学撤销了教养部，日本政府的宏观指导方向从原有的集中式管理，转变为由各学院负责授课的同时建设全校宏观责任机构这一有放有收的管理方式。

（二）实践层面："中心 / 机构管理"和"委员会管理"体制的增多

1991 年《大学设置基准》大纲化改革后，日本大学通识教育的管理体制出现了向"中心 / 机构管理"或"委员会管理"方式转型的趋势。国立大学以前者居多，公立大学、私立大学以后者居多（图 2）。可见，尽快建立通识教育的宏观责任机构，由全校各学院共同开展通识教育是改革趋势。截至 2017 年，约 50% 的国立大学已建立了完善的通识教育责任体制，并在通识教育建设方面赋予校长强有力的领导地位。[②]

---

① 文部科学省 . 国立大学法人における教養教育に関する実態調査報告書：総括、FD 関係抜粋［EB/ OL］.（2017-09-30）［2020-12-30］. https://www.mext.go.jp/b_menu/shingi/chukyo/chukyo4/003/gijiroku/ attach/1416283.htm.

② 一般教育学会 . 大学教育改革に関する各大学の取組状況［J］. 一般教育学会誌，1994（1）： 43-50.

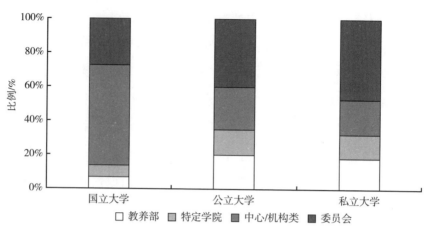

① 吉田香奈. 教養教育のカリキュラムと実施組織に関する一考察：実施組織代表者全国調査（2011 年）の分析より［J］. 大学論集，2013（44）：195–202.

图2　国立、公立、私立大学通识教育责任体制的类型分布 ①

　　毋庸置疑，在以专业教育为主的利益团体中，设置"教养部"或"特定学院"这样以通识教育为主体的利益群体，可能导致通识教育边缘化。而"各学院独立承担"的分散机制又容易导致通识教育理念很难在校内得到普遍认同，通识教育的课程内容被专业教育进一步吞噬。因此，建立全校的协调机制，将"教养部"分散为小型的群体，重新置于专业教育的框架中去，被认为是比较有效的缓冲矛盾的办法。

　　虽然进行了种种改革，但是日本大学还是未能完全解决通识教育和专业教育在管理方面的矛盾，这主要体现在3方面。第一，教师身份不平等的问题。教养部被撤销后，通识教育的专任教师被分流至各个学院。这虽然缓解了通识教育专任教师地位低下的问题，但与专业教育教师的身份差距意识依然存在。第二，通识教育责任意识淡薄的问题。直至2017年，只有12.5%的国立大学认为已在全校范围内完成了通识教育理念的普及。无论采用何种管理体制，通识教育都很少被提上教务会议的议程，课程设置上也缺乏学院之间的互动及全校视角的宏观调整。第三，教学任务分配不均的问题。在采用"中心/机构管理"或"委员会管理"等方式的大学中，虽然名义上每名教师都有义务承担通识教育，但实际上通识教育仍集中于部分教师，导致其教学任务过重。[①]

参考 2018 年"日本大学通识教育的改革动向"的问卷调查可知，通识教育管理体制转型后，前两个问题已得到改善，说明新的管理体制确实有利于通识教育的开展和地位提升；但第三个问题却没有明显的改观，这可能是大学整体偏向专业教育所致。

综上所述，每一种管理体制都有两面性，"中心／机构管理"或"委员会管理"方式虽能强化通识教育的实施义务，但毕竟学院才是课程提供的主体，通识教育夹杂在以专业教育为中心构成的学院"部落"中，在人力、财力、物力等受限的条件下强行实施，反而会加剧教师的负担。因此，在以专业教育为主的体制之下，日本以专业教育为框架，重塑通识教育机构，力图破解二者的紧张关系，让通识教育在专业教育的夹缝中找到生存空间。

四、日本的经验及启示

将通识教育和专业教育结合是日本大学在日本社会发展需求和大学职能变化的宏观背景下采取的应对策略。其经验对我国大学建设一流课程、将通识教育和专业教育结合具有一定的借鉴意义。回顾日本大学通识教育的改革历程，不难发现通识教育和专业教育结合的三个关键点。

第一，在理念层面，日本大学审议会 1991—2000 年发布的 4 份咨询报告及中央教育审议会发布的咨询报告《关于新时代的通识教育》中"能力"概念的提出和大学管理者对能力培养的重视是通识教育和专业教育结合的契机。美国哈佛大学于 2004 年公布了题为《21 世纪美国的高等教育与通识教育》课程改革方案，阐明了通识教育应该培养的各种能力，掀起了欧美大学评估学习成果的浪潮。受此影响，日本中央教育审议会从 2005 年起发布了一系列以能力培养为核心的咨询报告。同时，日本产业界也期待大学能培养学生适应社会工作的思维方式和能力，日本经济产业省于 2006 年提出了"职业人士基础能力"

---

① 吉田文.大学と教養教育：戦後日本における模索 [M]. 東京：岩波書店，2013：229-231，217-237，256-257.

培养框架。两股改革浪潮合流，发展形成了以"学士力"为主轴、以通识教育和专业教育结合为目标的日本本科教育改革。

第二，在课程层面，日本中央教育审议会于 2012 年、2014 年、2016 年发布的 3 份咨询报告循序渐进地定义了"学士力"的含义及内容范畴，使通识教育和专业教育既有共同的任务和目标，又有各自的侧重点，指出了通识教育和专业教育结合的有效途径。3 份咨询报告先梳理了二者在培养"学士力"方面应发挥的作用，然后将大学培养的知识、能力和技能与初中等教育严格区分开来，并通过"学力"这一主线进行衔接。然而，在各大学将通识教育和专业教育结合的过程中，尤其是在应用学科性质的学院，始终难以避免专业教育对通识教育的强势吞噬，表现为课程趋向于专业化；而在与特定职业无明确关联的学院中，其课程往往向通识化方向发展。

第三，在体制层面，整合通识教育和专业教育的管理体制，使负责二者的教师达到利益博弈平衡，是实现通识教育和专业教育结合的关键。通识教育由谁来承担？怎样的组织机构才能有效保证通识课程的开展？这始终是日本大学的改革难题。日本通识教育的专任教师长期受到歧视，直至 1991 年《大学设置基准》大纲化改革后才有所改观。至此，日本国立大学的教养部几乎全被撤除，通识教育的专任制也随之取消，大学采用中心/机构或委员会作为通识教育课程的宏观管理机构。在以专业教育为中心的体制框架中，建立一个在权力集中与分散之间收放自如的通识教育管理体制，是日本缓解二者矛盾的重要举措。

通过以上对日本大学 30 年来通识教育和专业教育结合的政策导向及改革趋势的梳理，我们可以发现，理念目标统筹全局，课程内容是实施途径，管理体制是质量保证和实施保障，三者相互融合，形成一个有机的整体。中国大学在进行通识教育改革之际，可参考日本的经验，重新审视这三方面的内容，并关注日本大学教育改革过程中出现的问题，吸取教训。

首先，在理念层面，应建立适合我国国情的通识教育理念及适合于各学校的特色化教育理念。我国的通识教育以传播中国传统文化与普及人文社会科学素养为重心，注重培养健全人格和创造力，在提升大学生就业竞争力和陶冶人格方面起到了专业教育不可替代的作用。目前，各学校在实施通识教育方面存在千篇一律的问题，缺乏特色化的人才培养定位。

其次，在课程层面，应重视通识课程的质量提升，发展多样化的通识教育和专业教育结合路径。我国应借鉴日本的经验教训，在将通识教育和专业教育结合的过程中，避免通识课程被专业基础课吞噬或沦为语言和信息等基础技能培训的工具。此外，通识教育和专业教育结合并不意味着二者是平分秋色的关系，我国大学可根据学科优势采取多样化的通识教育和专业教育结合路线，根据课程需要侧重专业教育或通识教育，让二者在本科课程中的分配更符合学生需求。

最后，在体制层面，应建立可打破森严学科壁垒的通识教育组织机构和管理体制。我国应根据中日两国大学在结构上的差异，更多地考虑如何将通识教育有机融入已有的专业教育框架。为此，不仅需要确立委员会或中心/机构这样的虚体或实体机构，对全校通识教育课程的开设和质量评估进行有效的宏观管理，也需要对校内人力、财力进行整合，对通识教育相关机构进行职能的重新规划，建立合理的分工协作关系。

（作者简介：杨瞳，东南大学外国语学院副教授，东京大学教育学博士。吉田文，早稻田大学教育与综合科学学术院教授，日本教育社会学会会长。）

办学机制篇

日本高校三大职能与经费筹措能力的关系研究 [①]

从表面上看，高校经费筹措是高校筹措办学经费的事情；但从深层次上看，高校经费筹措与其职能作用发挥的强弱有着密切联系。高校作为一个社会组织，其使命是通过教学（人才培养）、科学研究和直接为社会服务三大职能的履行来实现的，而高校履行这三大职能需要政府和社会为其提供必要的资源。政府和社会对高校职能作用发挥的期待，决定他们对高校的资源投入。这里的"资源"既包括经费，也包括相应的制度或政策供给。本文拟探讨日本高校三大职能与经费筹措能力的关系问题，并在此基础上提出建议。

一、高校教学职能与经费筹措能力

日本高校由国立大学、公立大学和私立大学构成。国立大学、公立大学提供的是公共产品或准公共产品，因而支撑其教学职能的经费主要由中央政府和地方政府承担；而私立大学提供的是私人产品，因而支撑其教学职能的经费主要来自学生及其家庭。与美国不同，日本是一个捐赠文化比较缺乏的国家，因而支撑国立大学、公立大学、私立大学履行教学职能所需的经费很少来自社会捐赠。下面从日本高等教育不同发展阶段切入，探讨高校经费筹措能力与教学职能作用发挥的关系问题。

---

① 原文刊发于《现代大学教育》2019 年第 2 期，有删改。

（一）精英教育阶段（1877—1962 年）

第二次世界大战以前，被迫进行明治维新的日本政府在实施新政时便十分重视发展近代高等教育，但当时日本政府财力十分拮据，能够投入高等教育的资源极其有限。在这种条件下，日本政府采取了以资源倾斜配置和"官学"本位主义为中心的政策方针，即把资源投入的重点放在以人才发展为主、以满足"国家需要"为目的的"官学"（日本国立学校在第二次世界大战结束前称为官立学校，简称"官学"）。《官立学校及图书馆会计法》（1890 年）、《帝国大学特别会计法》（1907 年）和《学校特别会计法》（1944 年）等法律制度，都是为官立大学尤其是帝国大学能够获得稳定的政府财政拨款而制定的。以东京帝国大学的预算为例，该校 1908 年收入总额为 170 万日元，其中政府定额支出金 130 万日元，占 76%[①]；另有研究报告显示，1900 年、1910 年、1920 年、1930 年、1940 年、1960 年，东京（帝国）大学支出额在官（国）立高等教育机构总支出额中的占比分别是 36%、27%、25%、14%、16%、12%，而其他旧制帝国大学的占比是 52%、52%、63%、48%、52%、42%[②]，因为帝国大学及 11 所官立大学[③]的目标是培养政府官僚和产业社会精英，政府高比例的财政拨款凸显了高等教育的"公共性"。与此同时，随着近代化和产业社会的发展，日本社会强烈要求高等教育机构培养更多的专门人才，于是在官立、公立大学无法充分供给的情况下，一批私立大学应运而生。这些私立大学在获得举办者一次性捐赠建立后，由于没有政府和社会慈善机构的资金支持，不得不依靠学生缴纳的学费来维持生存。私立大学培养的人才几乎都被输送到产业部门，而且接受过高等教育的人能够从劳动力市场中获得更多的就业机会和更高的报酬，彰显了私立大学的"私人性"，因而社会也愿意向私立大学提供资金

---

① 天野郁夫.日本高等教育改革：现实与课题［M］.陈武元，译.厦门：厦门大学出版社，2014：175.

② 浦田広朗.国立大学间の资源配分［R］//天野郁夫.国立大学の财政・财务に関する総合的研究.東京：国立学校财务センター研究報告第 8 号，2003：359.

③ 第二次世界大战后，日本官立大学改称国立大学。

支持（通过学生及其家庭支付学费）。私立大学为了获取社会资金支持，围绕学生资源展开激烈的竞争，最主要的表现便是扩大学生规模以争取获得更多的学费收入。

日本高等教育在学习西方先进国家成功经验的同时，也在特定的历史环境下形成了自身的特点，即始终围绕国家利益发展教育并以发展应用学科为主。例如，将西方国家轻视的工学放在与理学同等重要的位置，在培养学生时十分重视学生的社会服务能力，为日本经济、军事、文化的发展提供了大量人才。日本政府克服种种困难，围绕国家目标发展教育是颇有远见的。

（二）高等教育大众化阶段（1963—2003 年）

20 世纪 50 年代末之前，由于在第二次世界大战中战败、国力凋敝，日本政府对国立大学的财政投入暂时处于停滞状态（一度废除《学校特别会计》，1964 年重新制定并实施《国立学校特别会计》）。但是，从 20 世纪 60 年代起，日本经济开始高速发展，日本政府在风靡世界的"人力资本"理论的影响下，加大对国立大学的投入。此时来自中央政府财政拨款在国立大学总收入中的占比基本保持在 70%~80%。[①] 受美国"高等教育机会均等"理念的影响，日本在 1971 年之前一直实施"低学费"政策。20 世纪 80 年代以后，受控制财政支出相关政策的影响，中央政府财政拨款在国立大学总收入中的占比下降到 60% 左右。[②] 同时，受布鲁斯·约翰斯通（D. Bruce Johnstone）提出的成本分担与补偿理论的影响，日本国立大学放弃长期实施的"低学费"政策，向学生征收学费，且学费水平不断提高。[③] 统计数据显示，1971 年日本国立大学学费标准为 1.6 万日元，1980 年为 26 万日元，1990 年为 54.56 万日元，2000 年为 75.58 万日元，2003 年

---

① 東京大学. 東京大学現状と課題 1990–1991 [M]. 東京：東京大学出版会，1992：74.

② 同①.

③ 小林雅之. 高等教育機会と高等教育政策：国立大学低授業料政策の意味 [R]// 天野郁夫. 国立大学の財政·財務に関する総合的研究. 東京：国立学校財務センター研究報告第 8 号，2003：102.

为 80.28 万日元，32 年间学费增长了 49.18 倍。[①]1992 年以后，受日本经济不景气的影响，中央政府财政拨款的占比进一步下降，在国立大学法人化改革之前一般约为 50%。[②]

与此相对，在对国立大学规模扩张采取抑制政策、第二次世界大战后第一次人口高峰期及经济高速发展急需大量中高级专门人才等多种因素叠加的情况下，日本政府将私立大学的发展问题纳入《国民收入倍增计划》，为其发展提供贷款，使私立大学急剧扩张。鉴于私立大学在日本高等教育大众化发展过程中所做出的巨大贡献，以及出于维持私立大学稳健经营和减轻学生家庭负担的考虑，日本政府于 1970 年开始对私立大学实行补助金制度，并于 1975 年颁布了《私学振兴助成法》，使政府资助私立大学法制化。数据显示，1975 年，来自政府的补助金在私立大学总收入中的占比达到 20.6%，1980 年达到 29.5%，此后逐步下降，20 世纪 90 年代末维持在 10% 左右。[③]

综上所述，在高等教育大众化阶段，日本国立大学、公立大学的教学职能在高等教育的公共性方面所发挥的作用逐渐减弱，尽管政府财政拨款仍然是其经费筹措的主要渠道，但是学费收入逐渐成为其经费筹措的主要渠道之一。而私立大学的教学职能在提高高等教育的公共性方面所发挥的作用开始受到政府的关注。

（三）高等教育普及化阶段（2004 年至今）

日本高等教育普及化阶段正是日本国立大学法人化改革全面实施之时，也是日本《国立学校特别会计》被废止之时。日本国立大学法人化改革原本是要确保政府对高等教育的财政支出，以维持高水平的教学与科研。但是，在日本经济发展持续受阻、税收收入停滞不前、国债发行数额快速增加的背景下，

---

① 広島大学高等教育研究開発センター . 高等教育統計データ集（総合データ編）[EB/OL].（2017-12-31）[2018-09-10]. https://rihe.hiroshima-u.ac.jp/center-data /statistics/.
② 合田隆史 . 国立大学の課題 [J]. IDE 现代の高等教育，2003（8/9）：13.
③ 陈武元 . 日本政府资助私立大学的现状及存在的问题 [J]. 高等教育研究，1999（4）：103-106.

日本各项财政预算大幅缩减，这也使日本国立大学法人运营费交付金持续减少。日本政府发布的《2006 年经济财政改革的基本方针》明确指出："国立大学法人运营费交付金逐年减少 1%"。这一政策虽然在实施 3 年后被废除，但日本政府并没有改变减少国立大学法人运营费交付金①的做法。②由于政府拨付的运营费交付金每年削减 1%，而且允许国立大学法人以政府确定的学费标准在 10% 的范围内上下浮动调整学费，学费普遍上涨。数据显示，2005 年私立大学的平均学费是国立大学的 1.6 倍，与 1985 年相比，私立大学的学费提高了 4.42 倍，国立大学的学费却提高了 14.47 倍。③这说明在国立大学法人化改革深入推进的背景下，国立大学提高学费是必然趋势。与此相对，私立大学在高等教育普及化阶段面临的最大挑战是少子化问题进一步加剧，这使私立大学普遍存在生源不足的问题，因而在筹措办学经费方面面临以下两个问题：一是政府财政拨款无法增加，二是在私立大学处于"买方市场"的情况下，学费收入是很难提高的，私立大学生存面临很大的困境。

综上所述，在高等教育普及化阶段，日本国立大学和公立大学的教学职能在教育的公共性方面所发挥的作用进一步减弱，尽管政府财政拨款仍然是其经费筹措的主要渠道，但是学费收入逐渐成为其经费筹措的主要渠道之一。而对私立大学来说，学费收入仍然是其经费筹措的主要渠道，日本政府由于其在高水平人才培养方面的贡献也给予一定的财政拨款。社会捐赠在日本政府积极的政策引导下及一些大学的努力下有明显的成效，说明高校教学职能所发挥的作用正在为社会所承认。

二、高校科学研究职能与经费筹措能力

在日本，无论是国立和公立大学还是私立大学，大学教师的科研费基本

① 运营费交付金是政府年度教育经费拨款。
② 刘牧，阿曾沼明裕. 日本国立大学借贷融资问题研究［J］. 清华大学教育研究，2012（3）：51-56，74.
③ 広島大学高等教育研究開発センター. 高等教育統計データ集（総合データ編）［EB/OL］.（2017-12-31）［2018-09-10］.https://rihe.hiroshima-u.ac.jp/center-data/statistics/.

都由四个部分构成，即人均经常费①中的科研费、科学研究费补助金、来自民间的科研费捐助及委托研究费。这也是日本高校通过其科学研究职能筹措办学经费的渠道。但是，大学教师人均经常费中的科研费自高校成立之日便有，而科学研究费补助金、民间的科研费捐助及委托研究费则是高校发展到一定历史阶段后才有的。下面从日本高等教育不同发展阶段切入，探讨高校经费筹措能力与其科学研究职能作用发挥的关系。

（一）精英教育阶段（1877—1962 年）

日本近代意义的高等教育以 1877 年建立的东京大学为开端②。东京大学是以倡导"教学与科研相统一"的德国柏林大学为模式设立的，因此，科学研究作为高校的一项职能在创建东京大学时就已确立。《帝国大学令》的第一条规定（"帝国大学以教授适应国家需要之学术技艺并探究其蕴奥为目的"）就是例证。这说明大学既要培养人才（教学），又要从事科学研究。

尽管日本的大学制度是从欧美国家引进的，大学具有教学和科研两大职能，但日本科学研究对大学的依赖程度从开始就比欧美国家大得多。东京帝国大学之后建立的其他 6 所旧制帝国大学和 11 所官立大学按照"同型繁殖"的方式设立。1893 年东京帝国大学引入讲座制和设立研究所，这是日本政府强化大学科学研究职能的制度安排。讲座是大学教学科研的基层组织单位，也是财政预算的基本单位。日本没有国家科学院制度③，也极少在大学外设置研究所（1891 年通信部设置的电气研究所是一个例外），④奉行"官学"本位主义的日本政府正是通过这样的制度安排使日本的基础研究全面倚靠国立大学，并为国立大学科学研究职能作用的发挥奠定了财力和制度基础。

---

① 人均经常费是教育经费拨款中分配给每位教师的经费。
② 东京大学于 1886 年更名为"帝国大学"，1896 年设立"京都帝国大学"后，再次更名为"东京帝国大学"，第二次世界大战后恢复最初成立时的校名。
③ 日本仅有学士院。该机构主要对本国研究成果进行评价，对学术上取得显著成绩的学者颁发荣誉奖，如"日本学士院恩赐奖""日本学士院奖"及"爱丁堡公爵奖"。
④ 宫原将平. 日本大学的科学研究 [J]. 刘云翔，译. 辽宁高教研究，1985（3/4）：83-84.

两次世界大战对日本的科研体制产生了重要影响。战时日本以科学、技术自主为目标，在大学外设立了研究所，如临时理化学研究所（1915 年）、盐见理化学研究所（1916 年）、理化学研究所（1917 年）等，但是这些研究所却与大学有着密切的联系。临时理化学研究所设于东北帝国大学内，盐见理化学研究所对大阪帝国大学理学部的成立起了重要作用。[①] 战争一方面把大学卷入军事研究，使其沦为战争工具；另一方面也使大学的科学研究职能得到加强，并引发了日本政府于 1918 年设立的旨在推进大学学术研究的"科学奖励金"（后来发展成为科学研究费补助金制度）。有关资料显示，在两次世界大战期间，众多研究所不断从大学的学部独立出来改为直接附属大学，其地位与学部相等，如东京帝国大学的传染病研究所、航空研究所、地震研究所、天文台，京都帝国大学的化学研究所，东北帝国大学的金属材料研究所等。这些研究所不仅地位得到大幅提升，而且也获得了巨额的资金投入。1942 年，日本科学研究的投入已达 3.5 亿日元，为 1935 年的 2 倍多。[②] 正如日本著名高等教育学家天野郁夫所指出的，这 7 所帝国大学一直享受着国家的优厚待遇，甚至可以说，国家的科学研究职能全部集中在这 7 所帝国大学。只有这 7 所帝国大学采用讲座制，在所有学部之上设立大学院研究科，附属研究所也被其垄断。[③]

由此可见，在第二次世界大战结束前，日本的科学研究主要在帝国大学进行，其中讲座和研究所发挥了重要的作用，讲座和研究所为帝国大学获得了政府的巨额投入。正是这样的制度安排和财力支持，使日本与欧美国家在科学研究方面的差距迅速缩短，其标志是日本在第二次世界大战后不久便收获了 2 项诺贝尔物理学奖。[④] 但是，这里必须指出的是，大学通过科学研究职能筹措办学经费是国立大学的"专利"，私立大学则与此无缘。

---

① 宫原将平 . 日本大学的科学研究 [J]. 刘云翔，译 . 辽宁高教研究，1985(3/4)：83-84.

② 张先恩 . 科技创新与强国之路［M］. 北京：化学工业出版社，2010：214-215.

③ 天野郁夫 . 日本高等教育改革：现实与课题［M］. 陈武元，译 . 厦门：厦门大学出版社，2014：116.

④ 汤川秀树和朝永振一郎分别于 1949 年和 1965 年获得诺贝尔物理学奖，他们的重大发现时间分别是 1935 年和 1941—1948 年。

第二次世界大战结束后不久，日本政府在美国占领军当局的强制主导下，按照美国州立大学的模式实施学制改革，将战前各类型的高等教育机构整编升格成单一的 4 年制新制大学。但是，与第二次世界大战前日本教育资源投入存在着过度倾斜不同，日本新制大学是在探究各类学校之间资源再分配的基础上，在难以缩小彼此差距的一个状态下而建立起来的。新制大学是在原封不动地继承前身校之人力、物力或有形、无形的资产下建立的，此后的资源分配也是基本沿袭以前的倾斜模式进行的。[①] 具体而言，旧制大学（帝国大学及官立大学）向新制大学过渡后仍采用讲座制，而旧制高等学校、专门学校、职业学校和教员养成学校在整编升格成新制大学后则采用学科目制；讲座制被定位为教学和科研的组织，而学科目制则被定位为教学的组织，继续沿袭第二次世界大战结束前已经建立起来的高校"等级结构"。正是因为不同定位，讲座制大学与学科目制大学在教师人均经常费方面存在差异。有关数据显示，1963 年，讲座制大学的教师人均经常费是学科目制大学的近 3 倍[②]，而且随着时间的推移，这种差距还在进一步扩大。

这里需要指出的是，国立大学与私立大学的经费来源不同，办学方针也不同，国立大学更加重视科学研究，私立大学则以教学为主，因此国立和公立大学与私立大学的教师人均经常费中包含的科研费数额存在着明显差异。

（二）高等教育大众化阶段

由于朝鲜战争带来的"特需景气"[③]，日本经济发展很快，并于 1955 年恢复到第二次世界大战结束前的最高水平。1955—1973 年，日本经济持续保持了高速增长态势，在世界经济发展史上创下了"日本奇迹"。1968 年，日本国

---

① 天野郁夫 . 高等教育的日本模式［M］. 陈武元，译 . 北京：教育科学出版社，2006：153.
② 天野郁夫 . 日本高等教育改革：现实与课题［M］. 陈武元，译 . 厦门：厦门大学出版社，2014：185.
③ 1950 年 6 月，朝鲜战争爆发。在"和平宪法"的框架下，日本没有国家交战权，但实际上它又是美国的军火后方基地，美军在战争中所需的不少战争物资由日本供给。突然到来的大量需求即为"特需"，这个景气即为"特需景气"。

民生产总值超过联邦德国，成为仅次于美国的第二经济大国。

在日本经济由战败时的国力凋敝到高速发展并长期保持着世界第二经济大国地位的近半个世纪里，由于经济发展的周期性特点、欧美国家对日本技术的限制及世界新技术革命等原因，日本高校通过科学研究职能筹措办学经费呈现出阶段性特征。

在日本经济高速增长的 20 世纪 60 年代，国立大学运营费交付金中的教师人均经常费①及设施设备预算的增长都很显著，可以说是国立大学的"整体性扩张"。尽管 20 世纪 70 年代日本政府对国立大学的财政拨款仍在继续扩张，但是主要是对医学部、医科大学及培养教师的大学等特定部分的扩张；教师人均经常费表面上是增长，但实质额（考虑物价上涨因素）却在减少。20 世纪 80 年代后期是日本泡沫经济时代，虽然日本经济状况良好，但是国立大学日益贫困化。贫困化的直接原因是 20 世纪 80 年代初的行政财政改革及因"财政重建"导致的财政紧缩。具体而言，尽管国立大学运营费交付金中的教师人均经常费总额从 1980 年的 821 亿日元增至 1990 年的 1101 亿日元，但实质额（2000 年价格水平）从 1980 年的 1066 亿日元增至 1990 年的 1169 亿日元，增加不到 10%。②在这个过程中，国立大学运营费交付金中的特别教学科研经费③一直在增加。从 1980 年仅为 46 亿日元增至 1990 年 350 亿日元，规模相当于教师人均经常费总额的 1/3。④

与此相对，在 20 世纪 80 年代以前，虽然日本的科学研究费补助金长期持续增长，但是 60 年代教师人均经常费的大幅度增长使科学研究费补助金总额与教师人均经常费总额的比值却持续下降，60 年代中期比值不到 0.2。因此，国立大学科研经费主要由教师人均经常费支撑的这种结构在 1970 年前后变得

① 教师人均经常费指的是政府教育经费拨款以教师人数为基准计算的那部分经费。
② 阿曾沼明裕.国立大学ファンディング—1990 年代以降の变化の位置づけ［R］// 国立大学财务・经营センター.国立大学における授业料と基盘的教育研究经费に关する研究.东京：国立大学财务・经营センター研究报告第 11 号，2009：91.
③ 特别教学科研经费由"特别研究经费"和"教学方法改善经费"等构成，由于很少限制用途，但属于竞争性经费。
④ 同②.

十分显著。此后，科学研究费补助金不断增加，其与教师人均经常费总额的比值在 20 世纪 70 年代呈现逆向持续增长，从 1970 年的 0.2 增至 1980 年的 0.4。随着"科学技术立国"战略的深入推进，科学研究费补助金增额进一步提升，其预算额从 1980 年的 325 亿日元增至 1990 年的 558 亿日元，增加了 72%，即使实质额也增长了 40%。到了 20 世纪 80 年代末，科学研究费补助金总额与教师人均经常费总额的比值增至 0.5。[①]

另外，对日本高校科学研究职能起促进作用的还有从 20 世纪 80 年代开始增多的民间捐赠。20 世纪 70 年代以前民间捐赠很少进入高校，进入 80 年代后，民间捐赠和委托研究费急剧增加。1980 年，民间捐赠和委托研究费合计 89 亿日元，1990 年增至 570 亿日元，10 年间增长了 5.4 倍，规模超过教师人均经常费总额的 1/2，与科学研究费补助金同等规模。科学研究费补助金与民间资金（民间捐赠和委托研究费）之和相当于教师人均经常费总额。这个变化既是政府奖励产学研合作的结果，也是大学为应对严峻的财政紧缩形势向民间寻求财源的结果。总体上看，20 世纪 80 年代科学研究费补助金、民间捐赠、委托研究费等较教师人均经常费等增长更快。1992 年教师人均经常费只占教师科研经费需要额的 40%~50%[②]，因此有学者指出，科学研究费补助金与其说是资助特别的研究项目，不如说是为了填补经常性的研究费。

20 世纪 80 年代，随着世界经济一体化趋势的不断增强和知识经济时代的到来，日本政府为应对本国经济发展的困境及国际新形势的压力与挑战，发展并丰富了"科学技术立国"战略，提出了"科学技术创新立国"的新口号，强调要更加注重基础研究和基础技术的研究开发，用具有创造性的科学技术持续推动经济发展。1995 年 11 月，日本颁布《科学技术基本法》并制定了第一期

---

① 阿曽沼明裕．国立大学ファンディング—1990 年代以降の変化の位置づけ［R］//国立大学財務・経営センター．国立大学における授業料と基盤的教育研究経費に関する研究．東京：国立大学財務・経営センター研究報告第 11 号，2009：91.
② 同①．

《科学技术基本计划》(1996—2000 年)。《科学技术基本法》标志着日本科技政策进入到重视基础研究和强调创新的新阶段，因而也成为日本实施 21 世纪科技战略的纲领。针对第一期《科学技术基本计划》，日本政府实际投入了17.6 万亿日元，大幅度增加博士后奖学金资助名额，加大对年轻研究人员的支持力度，提高研究人员的流动性，增加竞争性研究经费。2001 年 3 月，在总结第一期《科学技术基本计划》经验教训的基础上，日本又制定了第二期《科学技术基本计划》(2001—2005 年)，为此日本政府实际投入了 25 万亿日元，超出第一期的投入。第二期《科学技术基本计划》还提出了在未来 50 年内诺贝尔奖获得者达到 30 人的具体目标。正是在《科学技术基本法》的推动下，日本政府加大对科学研究费补助金的投入力度，使科学研究费补助金的预算额在第一期和第二期《科学技术基本计划》实施期间作为竞争性经费有了较大的增长，从 1995 年的 924 亿日元增至 2005 年的 1880 亿日元，10 年间增长了103.46%。[①]

（三）高等教育普及化阶段

2004 年是日本高等教育进入普及化阶段的起始年，同年日本全面实施国立大学法人化改革，这是第二次世界大战后日本新制大学建立以来最大的制度改革。在国立大学法人化改革之前，为了更有效地推行第二期《科学技术基本计划》，日本政府于 2001 年进行了一系列体制改革，将文部省和科学技术厅合并为文部科学省，文部科学省制定的科学政策旨在改善大学的科研环境与条件，促进国立大学和国立研究所的合作，消除二者之间的竞争和分离及由此导致的对基础研究的不利影响。2002 年，日本学术振兴会也改制为独立行政法人，目的是促进日本基础研究的竞争性经费能够得到更好的利用。

日本国立大学法人化改革后，国立大学法人运营费交付金因效率化系数

---

① 文部科学省，日本学術振興会 . 科学研究费助成事业 2015［EB/OL］.（2018—02—14）［2018—09—10］. http://www.jsps.go.jp/j-grantsinaid/index.html.

而被逐年削减，运营费交付金总数由 2004 年的 12415.7 亿日元减至 2016 年的 10945 亿日元，12 年间共减少了 1470.7 亿日元，即每年削减了约 1%。[①] 但是，日本政府通过第二期、第三期和第四期《科学技术基本计划》加大了对竞争性经费的投入力度，科学研究费补助金从 2004 年的 1830 亿日元增至 2017 年的 2284 亿日元，增长了约 25%，其中 2011 年的经费高达 2633 亿日元。[②] 除了科学研究费补助金之外，科学技术振兴调整费、未来开拓学术研究推进事业、战略性创造研究推进事业、产学官相关技术创新事业等文部科学省的竞争性经费及其他省厅的竞争性经费均有大幅增加。21 世纪卓越中心（COE）计划作为竞争性研究经费的代表于 2002 年启动，当年拨款额是 167 亿日元，2003 年为 158 亿日元，2004 年为 307 亿日元，2005 年为 351 亿日元，2006 年为 349 亿日元，2007 年为 218 亿日元。该计划的经费总额虽远远不及科学研究费补助金（2007 年预算额为 1913 亿日元），但是这笔经费是为建设 30 所世界一流大学而重点投入的。[③]

此外，日本政府认识到为了更有效果、更有效率地使用竞争性经费，有必要随着研究的实施给予研究机构等一定的管理经费。2001 年，间接经费补偿制度正式启动。据此，在一部分科学研究费补助金中，增加了相当于直接经费 30% 的间接经费。

2002 年、2004 年、2006 年、2008 年、2010 年、2012 年、2014 年的统计数据显示，大学是科学研究费补助金最主要的获得者，因为它们承担了约 90% 的立项项目；其中国立大学占据着主导地位，立项项目占比一直在 55% 以上；私立大学的科研能力在逐步增强，立项项目占比均超过 21%（表 1）。

2017 年，国立大学的申报项目占比为 48.2%，立项项目占比为 53.6%，获

① 文部科学省 . 国立大学法人等の決算について［EB/OL］.（2018-03-30）［2018-09-10］. http://www. mext.go.jp /a _ menu /koutou /houjin /detail /1402732.htm.

② 日本学術振興会 . 科学研究費助成事業 2017［EB/OL］.（2018-02-14）［2018-09-10］.http://www. jsps.go.jp/j-grantsinaid/index.html.

③ 阿曽沼明裕 . 国立大学ファンディング—1990 年代以降の変化の位置づけ［R］// 国立大学財務・経営センター . 国立大学における授業料と基盤的教育研究経費に関する研究 . 東京 : 国立大学財務・経営センター研究報告第 11 号，2009：95.

得的拨款也远远高于公立大学和私立大学（表2），体现了其在基础研究方面的强大实力。

表1 国立、公立、私立大学立项数在科学研究费补助金立项总数中的占比（2002—2014年）[①]

（单位：%）

大学类别	2002年	2004年	2006年	2008年	2010年	2012年	2014年
国立大学	64.20	61.90	61.30	58.90	57.80	56.90	55.40
公立大学	6.50	6.70	6.70	7.00	7.20	7.40	7.40
私立大学	21.30	21.70	21.30	22.80	24.00	25.00	26.10
合计	92.0	90.30	89.30	88.70	89.0	89.30	88.90

表2 2017年科学研究费补助金项目申报数、立项数及拨款总额（新立项＋续拨款）[②]

大学类别	申报项目		立项项目		拨款（直接经费）		拨款（间接经费）		拨款合计	
	数量／项	占比／%	数量／项	占比／%	金额／万日元	占比／%	金额／万日元	占比／%	金额／万日元	占比／%
国立大学	48819	48.2	13578	53.6	4041552	62.8	1212466	62.8	5254018	62.8
公立大学	7903	7.8	1911	7.5	355050	5.5	106515	5.5	461565	5.5
私立大学	32051	31.7	6883	27.2	1226130	19.1	367839	19.1	1593969	19.1

在2017年科学研究费补助金项目立项数排名前15位的日本大学中，除了庆应义塾大学和早稻田大学为私立大学外，其余均为国立大学，其中排在前10位的国立大学获得的拨款额占国立大学拨款总额的60%以上，占所有大学获得拨款总额的40%左右。数据一方面显示了日本国立大学尤其是7所旧制帝国大学的科研实力，另一方面也说明国立大学和私立大学的科研实力存在着显著差异（表3）。

总之，科学研究费补助金作为日本政府选择性资助大学教师开展科研活动的一项代表性制度，已成为日本大学教师科研经费的主要来源之一。随着

---

① 根据日本学术振兴会相关网页（https://www.jsps.go.jp/j-grantsinaid/）提供的2012—2014年的数据整理而成。

② 根据日本学术振兴会相关网页（https://www.jsps.go.jp/j-grantsinaid/）提供的2017年的数据整理而成。

学术研究的发展，科研所需的研究设备更趋高精尖化，仅靠运营费交付金中所包含的科研经费，很难进行研究设备升级更新。因此，增加科学研究费补助金的呼声高涨，科学研究费补助金在大学教师科研经费中的占比也越来越大。数据显示，国立大学教师获得科研经费的 65% 来自科学研究费补助金等政府机构的竞争性经费，来自大学的科研经费即教师人均经常费中的研究经费仅占19%。① 正如日本大学教师们所说，如果没有科学研究费补助金和民间捐赠，大学的研究活动是很难维持的。②

表3　2017 年科学研究费补助金项目立项数排名前 15 位的日本大学③

序号	大学名称	新立项 + 续拨款			
		立项数量 / 项	直接经费 / 万日元	间接经费 / 万日元	合计 / 万日元
1	东京大学	3787	1685393	505618	2191010
2	京都大学	2948	1037785	311336	1349121
3	大阪大学	2511	826030	247809	1073838
4	东北大学	2428	753675	226103	979778
5	九州大学	1908	562063	168619	730682
6	名古屋大学	1773	567490	170247	737737
7	北海道大学	1649	475740	142722	618462
8	筑波大学	1248	317045	95113	412158
9	神户大学	1145	233290	69987	303277
10	广岛大学	1105	204265	61280	265545
11	庆应义塾大学	1040	270520	81156	351676
12	早稻田大学	964	190590	57177	247767
13	东京工业大学	900	353413	106024	459436
14	金泽大学	888	179690	53907	233597
15	千叶大学	871	178880	53664	232544

① 阿曽沼明裕 . 国立大学ファンディング―1990 年代以降の変化の位置づけ [R]// 国立大学財務・経営センター . 国立大学における授業料と基盤的教育研究経費に関する研究 . 東京：国立大学財務・経営センター研究報告第 11 号，2009：98.
② 李春生 . 日本大学的科学研究费补助金制度［J］. 辽宁高等教育研究，1996（5）：83–85.
③ 根据日本学术振兴会相关网页（https://www.jsps.go.jp/j–grantsinaid/）提供的 2017 年的数据整理而成。

三、高校社会服务职能与经费筹措能力

日本高校履行社会服务职能，迄今已 100 多年的历史，它不仅推动了日本经济发展走向繁荣，成为世界经济与科技强国，而且也极大地促进日本高校的快速发展，催生了一批世界一流大学。下面从日本高等教育不同发展阶段切入，探讨高校经费筹措能力与其社会服务职能作用发挥的关系问题。

（一）精英教育阶段

日本政府在创建近代大学时并没有明确将社会服务职能作为高校的职能，1886 年颁布的《帝国大学令》提出"帝国大学以教授适应国家需要之学术技艺并研究其蕴奥为目的"便是例证。但是，日本明治政府为了快速实现近代化，在移植欧美大学模式时，开创了在世界综合性大学中设置工学、农学之先河，从而创造性地构建起以实学（实用科学）为中心的产学官合作系统（通过培养工科和农科人才为日本工农业发展提供人力资源支撑）。当时欧美各国认为工学、农学比法学、理学、医学低一等，而日本明治政府却把工学、农学放在了与理学、医学同等的地位，这在制度和组织上为日本国立大学移植西方科学技术奠定了基础。

这一时期，日本大学发挥技术移植的功能主要体现在大学成为国外先进技术供给和本土企业需求之间的桥梁，教师成为科学技术交流的载体，发挥着技术理解、技术筛选、技术应用、技术本土化这样的"二次创新"功能。[①] 日本政府把大学作为吸收欧美国家先进技术并向民间进行技术转移的组织，把科学研究作为产业振兴的手段，使日本国立大学形成了在国家领导下"国家化大学"的功能定位。与此同时，以依靠学费收入来维持运营的私立大学则主要通过举办非学历教育（如夜校教育）来筹措更多的办学经费，同时向民间提供大量的技术人员。

---

① 丁建洋 . 从知识本位走向能力本位：大学本质的回归——基于政策的视角看日本大学在产学合作中的特征［J］. 中国高教研究，2011（8）：72–76.

由此可见，由于日本政府不同的制度安排，国立大学与私立大学在履行社会服务职能方面呈现出显著差异。这种差异不仅体现为服务方式和服务内容不同，也体现为大学通过社会服务职能筹措经费的渠道不同。国立大学的经费已包含在政府的财政拨款中，受国家和政府政策的影响大；私立大学通过挖掘自身潜力来满足社会的需求，通过市场机制来补充办学经费的不足。这种制度安排在客观上促进了第二次世界大战前日本产业的快速发展，实现了国家的崛起，而且为第二次世界大战后日本经济的快速复兴乃至经济高速发展奠定了雄厚基础。

（二）高等教育大众化阶段

在高等教育大众化阶段的40年，日本经历了经济高速增长期和泡沫经济崩溃后的经济低速增长期。面对波澜起伏的经济发展及世界科技革命和国际竞争带来的外部挑战，日本高校社会服务职能相关的制度和理念也发生了变化，即从固守"传统"走向变革，从封闭走向开放。

在20世纪90年代之前，日本高校社会服务职能仍然沿袭第二次世界大战前的传统，在产学官合作方面继续发挥着技术理解、技术筛选、技术应用、技术本土化这样的"二次创新"功能。产学官合作经历了两个不同时期，即20世纪60年代、70年代的"蜜月时期"和80年代的"暗淡时期"[1]，并形成了分工明确的显著特点，即国立大学从事基础研究，企业从事应用开发研究，政府主要负责政策引导、资金支持和制度设计。在日本全部研发经费中，民间投入的经费基本保持在70%以上，政府部门投入的经费不到30%。研发经费的使用也呈现出各自为政的特征，企业经费主要用于企业内部研发，政府经费则主要投向大学和政府研究机构。[2]

但是，为适应新科技革命的要求，日本政府还是对传统的科研体制进行

---

① 20世纪80年代，由于日本大型企业的研究实力不断增强，开发研究主要由大企业进行。见：王幡.日本大学产学合作的现状［J］.世界教育信息，2007（5）：60–64，94.

② 张先恩.科技创新与强国之路［M］.北京：化学工业出版社，2010：232.

了改革。例如，文部省于 1983 年建立了大学与民间企业共同研究的制度，目的是促进大学与民间企业开展合作研究，促进优秀成果的产出。此外，日本政府又先后建立了委托研究制度（企业委托大学进行研究）、委托研究员制度、奖学捐赠制度等。1986 年颁布《研究交流促进法》后，一些大学也相继建起了与产业合作的"共同研究中心"。尽管如此，由于大学和企业在产学研合作目标、研发经费使用和专利权处理方式上仍存在不同，以及国立大学教师身份的限制，反对产学研合作及消极对待产学研合作的教师仍占绝大多数，热心于推进产学研合作的教师只是少数。

进入 20 世纪 90 年代后，日本的经济发展水平已经赶上欧美国家，这意味着技术引进时代的结束，日本必须依靠自己开展原创性研究，提高自主创新能力；同时，高速增长的经济衰退后，产业界再次将技术创新的希望寄托于大学。因此，日本的产学官合作出现了新的模式、特点，并获得政策制度保障。在制度供给方面，日本政府制定并颁布了《科学技术基本法》（1995 年）、《大学技术转移促进法》（1998 年）、《产业活力再生特别措施法》（1999 年）、《知识产权战略大纲》（2002 年）、《知识产权基本法》（2002 年）等各项法规，鼓励产学研合作，保障了产学研合作各方的合法利益。在资金供给方面，通过实施两期《科学技术基本计划》（第一期投入 17.6 万亿日元，第二期投入 25 万亿日元），极大地改善了研究经费不足的状况。但是，这些改革举措所取得的成效并不明显。统计数据显示，1999 年日本大学的研发经费总额为 32091 亿日元，其中产业界向大学提供的研发经费仅有 716 亿日元，日本大学约一半的研发经费都来自政府。[①] 由此可见，从根本上促使日本大学尤其是国立大学履行社会服务职能只有国立大学法人化改革了。

（三）高等教育普及化阶段

2004 年，日本高等教育进入普及化阶段，同时国立大学法人化改革全面

---

① 王玲，张义芳，武夷山. 日本官产学研合作经验之探究［J］. 世界科技研究与发展，2006，28（4）：91–95.

实施。日本通过国立大学法人化改革，进一步理顺了政府、大学和社会三者的关系，彻底破除了长期制约大学为社会服务的各种体制机制障碍。一是大学的属性发生了根本性变化，国立大学由文部科学省的直属机构转变为面向社会自主办学的独立法人实体，在经费预算、校内机构设置、管理运营等方面拥有更多的自主权。例如，国立大学由校内外人士组成的理事会和经营协议会直接负责管理运营；国立大学实行有弹性的"非公务员型"的人事制度，教职员不再属于国家公务员等。二是政府根据独立于政府和大学的第三方评价机构对大学的教学科研绩效进行评价，并依据评价结果确定对国立大学的资金投入。三是国立大学必须遵循"以服务求支持、以贡献求发展"的原则，积极回应社会需求，谋求自身发展。

日本国立大学法人化改革对国立大学的直接影响是运营费交付金的减少，出现的资金缺口迫使国立大学通过自筹经费的方式来解决。高校自筹经费的方式通常包括提高学费水平、争取竞争性研究经费、争取社会捐赠等。但在学费上调幅度受限、争取竞争性科研基金和社会捐赠存在不确定因素的情况下，国立大学只能通过服务国家经济社会发展、服务区域创新发展来筹措办学经费。围绕自筹经费，高校社会服务职能发生了深刻变化。高校与外界的合作更加紧密，通过社会服务筹措办学经费的能力明显增强了。根据日本文部科学省统计，日本高校与企业等进行的共同研究和委托研究项目在改革后的 10 年里大幅增加，共同研究项目由 2005 年的 13020 项增至 2015 年的 24617 项，投入经费由 2005 年的 390 亿日元增至 2015 年的 614 亿日元，分别增长了 89.07% 和 57.44%；委托研究项目由 2005 年的 16960 项增至 2015 年的 25763 项，投入经费由 2005 年的 1265 亿日元增至 2015 年的 2266 亿日元，分别增长了 51.90% 和 79.13%。与此同时，2015 年日本大学创办的风险企业达到 2406 家。这些风险企业不仅将自己的技术商品化，还与大中小企业建立合作网络，形成了以大学为核心的创新集群。[①] 另外，由于私立大学的生存与发展主要依靠与市场的

① 科学技術振興機構. 産学官連携データ集 2016 — 2017 [EB/OL]. [2018-09-10]. https://sangaku-kan.jst.go.jp/top/databook_contents/2016/cover/2016-2017_databook_ALL.pdf.

各种联系，即开展各种形式的社会服务来获取资源。面对激烈的市场竞争，它们更加愿意与企业和社会形成正式或非正式的长期合作关系，以确保资源的稳定获取。①

现在，国家和社会对大学的期待越来越高，办学资源的有限性与社会需求不断扩大的矛盾十分突出，大学筹措经费的任务十分艰巨。日本高校通过社会服务职能筹集办学经费的能力越来越受到重视。

四、日本高校三大职能与经费筹措能力的关系之特征

综上所述，日本高校三大职能与经费筹措能力的关系可以概括为以下几点。

首先，日本国立大学的教学职能作用之所以能够充分发挥，是因为其提供高等教育具有公共性，政府通过"官学"本位主义为中心的政策对国立大学的教学职能提供了财政支撑，经费多且稳定。而私立大学主要提供私人产品，因而支撑其教学职能的经费则主要依靠学费收入。但是在学费水平受到抑制的情况下（因为国立大学长期实行低学费政策，且教育质量高），私立大学只能通过扩大办学规模来增加学费收入，这导致私立大学无法通过提高人才培养质量来增加学费收入，只能是大众教育乃至普及教育的主要承担者。社会捐赠无论是对国立大学、公立大学还是对私立大学，始终都只是支撑其教学职能的辅助经费渠道，这与先天缺乏捐赠文化有关，也与政府管理国立大学、公立大学的方式和私立大学社会声望不高有关。

其次，日本国立大学尤其是研究型大学（前身校主要是旧制帝国大学和旧制官立大学）的科学研究职能之所以能够充分发挥作用，是因为它们从事的基础研究具有公共性、政府对国立大学的职能定位是教学科研并重，政府通过教师人均经常费和科学研究费补助金等支撑其发挥科学研究职能。而私立大学的职能定位是人才培养，科学研究职能长期得不到经费支撑，因此，除了极少数私立研究型大学（如庆应义塾大学、早稻田大学等）外，私立大学无法与国

---

① 刘晓光，郭霞，董维春 . 日本高校社会服务：形式、特点及启示［J］. 现代教育管理，2011（10）：122–125.

立大学抗衡。基金会、私人捐赠无论是对国立大学、公立大学还是对私立大学来说，目前还未成为支撑它们科学研究职能的经费来源，其原因同样是先天缺乏捐赠文化。

最后，日本国立大学、公立大学与私立大学因办学理念、政府的制度安排不同，社会服务职能作用的发挥也存在着一定的差异。相对而言，国立大学社会服务职能的作用尚未充分发挥出来。随着日本国立大学法人化改革的深入推进，尤其在国立大学运营费交付金持续削减的背景下，国立大学社会服务职能的作用将会得到进一步释放。

（作者简介：陈武元，厦门大学教育研究院教授）

日本大学发展与改革的最新动向

——基于对第四期《国立大学法人中期目标大纲》的分析

一、研究背景和研究目的

第二次世界大战后，日本进行学制改革。1947 年，日本政府颁布《学校教育法》，同时参照美国大学模式筹备建设 4 年制大学，依据该法成立的大学即新制大学。其中，日本本土的 7 所旧制帝国大学 [①] 被重组为新制国立大学，原设于各都、道、府、县的高中、教员养成学校等也被合并改建成新制国立大学。同时，第二次世界大战前由个人出资设立的私立大学和专门学校转型和升级为新制私立大学，由地方政府设立的专门学校则升级为新制公立大学。20 世纪 50 年代又一批私立大学和地方政府主导的公立大学成立，由此形成了日本国立大学、公立大学、私立大学并存的局面。

此后，日本大学的改革步伐从未停止。江原武一把日本大学改革进程划分为改革期、发展期、转型期三个阶段 [②]：从 1949 年实施《国立学校设立法》和新制大学被认可开始到 1955 年是改革期；从 1956 年公布《大学设置基准》开始到 1984 年内阁总理府成立临时教育审议会是发展期；从 1985 年至今则为

---

① 日本帝国大学按照被认定的时间顺序依次为帝国大学（东京帝国大学）、京都帝国大学、东北帝国大学、九州帝国大学、北海道帝国大学、大阪帝国大学、名古屋帝国大学。

② 江原武一. 大学は社会の希望か：大学改革の実態からその先を読む［M］. 東京：東信堂，2015：36.

转型期。在转型期，2004 年国立大学法人化改革具有极为重要的意义，因为它不仅改革了国立大学原有的组织运行规则，而且彻底改变了国立大学作为行政单位的性质，改革后的国立大学法人不再是国家行政组织、不受传统行政预算和人事制度的约束，具有相对独立的经营自主权。

根据《国立大学法人法》规定，日本所有国立大学法人都需要以 6 年为一个建设周期，在建设周期之初确定大学发展目标、拟定发展方案。国立大学法人通过向文部科学省提交该大学的"中期目标和中期计划"来公开大学发展目标和具体实施步骤；同时，文部科学省通过审核"中期目标和中期计划"以确保大学的发展方向符合政府教育方针和宏观政策。之后，国立大学法人需要在该建设周期的每一年度末接受年度评价，并在"中期目标和中期计划"实施的第四年结束时与最终结束时接受国立大学法人评价委员会[①]的业绩评价，分别称为"第四年结束时评价"与"中期目标周期结束评价"，评价结果会用于经费分配。例如，在第三期"中期目标和中期计划"阶段，文部科学省会基于评价结果给各大学补助一定的国立大学法人运营费交付金[②]，具体补助金额不定，额度为原定基础教育经费的 80%~120%，以此确保和激励国立大学法人按照所提交的"中期目标和中期计划"有步骤地推动大学发展。[③]

因此，虽然日本国立大学法人在法人化改革之后建立了以董事会为核心的新型大学运营体制，拥有了大学运营自主权和决策权，但依然受制于文部科学省的教育方针。有学者指出，现有制度下的文部科学省与国立大学法人依旧是"司令部与实战部队"的关系[④]。截至 2023 年 1 月，日本国立大学法人有 82

---

① 日本《国立大学法人法》（2021 年修订 /2022 年执行）第九条规定，从事对国立大学法人等的业务成绩评价及其他本法律所赋予权限的事务的委员会为国立大学法人评价委员会。
② 2004 年日本国立大学法人改革后，日本政府为维持国立大学法人的正常运营而拨付给各大学法人的财政预算，原则上作为大学运营基础经费，其用途由大学自行决定，后经改革根据用途运营费交付金被细分。在第三期"中期目标和中期计划"阶段，国立大学法人运营费交付金由基础经费、大学功能强化促进费、大学共通政策课题对应费和特殊原因运营费交付金 4 部分构成。
③ 文部科学省高等教育局国立大学法人支援课.国立大学法人運営費交付金を取り巻く現状について［EB/OL］.（2020-10-30）［2022-05-15］. https://www.mext.go.jp/content/20201104-mxt_hojinka-0000010818_4.pdf.
④ 山本真一.質保証時代の高等教育（経営・政策編）［M］.東京：ジアース教育新社，2013：124.

所 ①，事实证明，日本国立大学所提交的"中期目标和中期计划"指明了未来几年日本高等教育发展趋势，在不同层面影响着其他公立大学或私立大学的发展战略，成为日本大学改革的风向标。

而如此重要的"中期目标和中期计划"，其制定基准和流程却从 2021 起发生了重大变化。日本国立大学法人需从文部科学省于 2021 年 6 月公布的第四期《国立大学法人中期目标大纲》所列的中期目标中选择适合本校的目标，然后依照大纲要求结合本校实际来制定中期计划。另外，由文部科学省于 2020 年 12 月公布的《关于国立大学法人第四期"中期目标和中期计划"的项目等（提案）》可知，第四期中期计划必须同时符合以下两个条件：第一，中期计划的制定水平和实施方法必须能够通过实践检验；第二，中期计划的实施项目原则上不得超过 50 项。

上述改革貌似突然，但实际酝酿已久。因为第二期后半期和第三期都在为第四期的改革做铺垫。本文基于第二届安倍政府以来加速推行的大学改革和近年文部科学省的动态，在梳理大学改革背景和主要教育政策的基础上，分析第四期《国立大学法人中期目标大纲》，探讨日本大学改革推行方法存在的问题，展望日本大学改革和发展的未来方向。

二、日本大学改革背景与政策现状

（一）改革背景

近年来日本大学改革加速，围绕大学改革的政策层出不穷，但是各种改革都没有脱离以下背景：第一，新自由主义所引发的教育全球化；第二，伴随新保守主义而蔓延的新国家主义思潮；第三，少子化带来的人口减少问题加剧。

1. 新自由主义下的教育全球化

20 世纪 80 年代，新自由主义兴起，各国由"大政府"向"小政府"转

---

① 依据日本《国立大学法人法》（2021 年修订 /2022 年执行）附则别表统计得出。近年来国立大学大学法人进行合并，大学数量持平，但法人数量有所减少。

型，政府放宽管制，扩大市场竞争自由。此后，伴随企业的全球性扩张，新自由主义被传播到全世界。新自由主义对大学的影响源于 1995 年世界贸易组织（WTO）成立时制定的《服务贸易总协定》（GATS）。GATS 给全球高等教育发展带来了冲击①，因为 GATS 条约中的服务类贸易包含教育，各国大学依据该条约积极地向国际学生抛出橄榄枝，吸引留学生到本国学习，同时到海外设立分校招收当地学生就近入学。②

教育全球化还体现在区域内大学加强合作、共同开展教育项目，构建高等教育区域性市场的势头越来越强劲。以 1997 年达成的《里斯本公约》和 1999 年签署的《博洛尼亚宣言》为准则，欧洲 29 个国家开始构筑欧洲高等教育共同框架。截至 2020 年，有 48 个欧洲国家成为"欧洲高等教育区"（EHEA）的成员国③。亚洲教育市场的情况也是如此。1991 年亚太大学交换联盟（UMAP）成立，旨在通过各国家和地区大学间的交流合作和师生互换项目来构建区域性留学生市场。截至 2021 年，已有中国、日本、韩国等 36 个亚洲国家和地区加入 UMAP④。而在北美洲，作为全球最大国际学生接收地的美国依然以现代科技中心的地位控制着世界留学生市场。总体来看，以欧洲、亚洲、美国为主的三大区域通过大学展开的对留学生和研究人才的争夺战愈演愈烈。

2. 新保守主义和新国家主义的抬头

很有意思的是，在日本新自由主义崛起的同时，新保守主义也在抬头。虽然新保守主义和新自由主义一样都没有严格定义，但新保守主义的基本观念包括重视传统、秩序和道德。基于此，人们常认为新保守主义在本质上与新自

---

① ヒュー・ローダー，フィリップ・ブラウン，ジョアンヌ・ディラボー.グローバル化・社会変動と教育１市場と労働の教育社会学［M］.広田照幸，吉田文，本田由紀，編訳.東京：東京大学出版会，2012：58–60.
② 北村友人，杉村美紀.激動するアジアの大学改革：グローバル人材を育成するために［M］.東京：上智大学出版，2012：227–242.
③ European Commission/EACEA/Eurydice.The European Higher Education Area in 2020: Bologna Process Implementation Report［M］.Luxembourg: Publications Office of the European Union, 2020: 3.
④ 国立大学協会.UMAP の組織・参加資格及び UMAP 加盟対象国・地域［EB/OL］.［2023–01–30］. https://www.janu.jp/janu/international/umap/umap02/.

由主义矛盾，但事实上新自由主义和新保守主义是并存的，新自由主义主要体现在经济领域，而新保守主义则主要体现在政治思想方面。因此，站在传统和特定道德立场的保守派政治家也会大力鼓吹自由竞争。在全球化进程中，新保守主义更侧重于国家层面的保守，导致了新国家主义倾向。其结果就是，看似矛盾的新自由主义和新保守主义并存，并且引发了新国家主义。

近年来，新保守主义不断侵蚀日本教育界。2006 年成功修订《教育基本法》，2014 年强化了新教科书的审查，2015 年将"道德"列为教学科目等都是新保守主义的表现。例如，新《教育基本法》中首次出现了"爱国心"一词；新的教科书审查基准要求对近代史不强调特定事件，教科书上出现未达成共识的数据时需明确标示该数据有争议，有政府见解和明确判例的也需在教科书上标注。另外，"道德"作为第二次世界大战战前的修身课曾将效忠天皇和军国主义思想根植于年轻一代，所以在战后受到诟病。2015 年，日本安倍政府把"道德"改为"特别教学科目"，将其纳入正式的教学科目，同时开始印制出版道德教科书。上述教育政策基于安倍首相及其幕僚的观点立场，体现了强烈的新保守主义思想。然而，这些政治家之所以可以上台执政还是因为日本普通民众中存在滋生新保守主义和新国家主义的土壤。

3. 少子化带来的人口减少问题加剧

少子化现象是日本大学改革的又一重要背景。据日本总务省统计局的统计结果，日本总人口在 2008 年达到峰值后开始走低，2022 年减少到 12508 万人，15 岁以下人口在 1954 年达到峰值 2989 万人后逐年减少，2022 年 8 月仅有 1456 万人。[①] 未来 50 年日本少子化现象将会持续，而伴随少子化而来的是中小学生人数的减少和中小学校的撤并。大学虽然暂未出现如中小学一样严峻的生源不足，但实际入学人数少于大学招生计划名额的大学在不断增加，已经有个别大学被迫宣布停办或与其他大学合并，今后还会有越来越多的大学通过改组手段应对生源不足的问题。

---

① 総務省統計局．人口推移（令和 4 年 8 月確定値）［EB/OL］．（2023–01–20）［2023–01–30］.http://www.stat.go.jp/data/jinsui/new.html.

（二）政策现状

基于上述背景，日本政府推出了一系列大学改革政策。虽然改革政策推出的时间不同且内容有一定的重复性，但是通过具体分析每项大学改革政策的要点，我们就可以看出它们所针对的主要改革背景。以下结合改革背景梳理近年来日本大学改革政策。

1. 应对教育全球化的大学国际化竞争性策略

随着教育全球化的发展，很多国家都把高等教育定位为吸纳留学生的重要"输出产业"。扩大留学生招收对维持大学的生存发展有重大意义。日本早在1983 年就有接收 10 万名外国留学生的计划，2008 年福田首相提出了"30 万人留学生计划"。在此基础上，日本政府推出了"建设国际化基地项目"（2009—2010 年），后于 2011 年改为"促进大学国际化网络形成推广事业"（2011—2013 年）。该事业以公募方式选定 13 所大学为支持对象，这些大学成立海外工作室，设立纯英语授课并授予学位的项目，聘用外籍教师，以吸纳更多留学生。

日本政府在提倡扩大留学生招生数量的同时，也鼓励大学加强国际化建设、日本人赴海外留学，特别是 2014 年开展的"超级全球大学创成支援项目"，将有望跻身于世界百强大学的 13 所大学和可以引领日本社会全球化的 24 所大学分别定为"顶尖型"大学和"全球化引领型"大学。自项目指定大学以来，日本政府每年投入专项教育经费约 70 亿日元，2020 年后经费投入有所减少，2021 年和2022 年分别投入 33 亿日元和 30 亿日元建设"超级全球大学"。[①] 截至 2019 年，日本已达到接收 30 万名留学生的目标，并于同年向海外派送日本学生近 11 万人。[②③]

另外，日本为支持产业界、应对新自由主义引发的教育全球化确立了灵

---

① 文部科学省. スーパーグローバル大学創成支援［EB/OL］.［2022-06-15］. https://www.mext.go.jp/a_menu/koutou/kaikaku/sekaitenkai/1360288.htm.
② 日本学生支援機構. 2019（令和元）年度外国人留学生在籍状況調査結果［EB/OL］.［2022-06-15］. https://www.studyinjapan.go.jp/ja/_mt/2021/03/date2019n.pdf.
③ 日本学生支援機構. 2019（令和元）年度日本人学生留学状況調査結果［EB/OL］.［2022-06-15］. https://www.studyinjapan.go.jp/ja/_mt/2021/03/date2019n.pdf.

活运用大学研究资源的政策目标。学术研究恳谈会是"超越大学设立形态，专注于科学研究和依托于科研进行高水平人才培养、参与世界科研竞争的国立、公立和私立研究型大学联盟体"，由 11 所大学构成 [①]，故英文名为 Research University（缩写为 RU11）。此外，在日本经济团体联合会的建议下，国立大学法人依照大学目标被分类治理。[②] 这些基于经济发展的新自由主义不断影响国家教育政策，形成了新自由主义主导的教育改革局面。

2. 新保守主义和新国家主义下的大学激励、管制政策

新保守主义和新国家主义主要体现在政府运用财政引导和修改法律的方法促使国立大学、公立大学、私立大学响应国家教育政策、加入政府主导的改革行动中。

2012 年 6 月，日本民主党政府公布《大学改革实行计划》，提出出要用大学目标再定义的方法"重构社会剧变中大学的功能"、通过强化治理的方式"充实大学治理结构"。之后，该计划被安倍政府继承并推出加强版。2013 年 6 月，日本内阁会议通过《日本再兴战略》，同年 11 月提出国立大学改革计划，确定国立大学法人第二期"中期目标和中期计划"的后期（2013—2015 年）为改革加速期。基于此"中期目标和中期计划"，日本实施"研究型大学强化促进事业"，设立竞争性基金予以重点支持，有 22 所机构 [③] 通过公开竞争达标持续获得 10 年经费补助 [④]。2015 年 6 月，文部科学省公布面向第三期"中期目标和中期计划"的《大学经营力战略》，国立大学法人必须从政府公开的三大重点支持框架案 [⑤] 中选择一个定为本校第三期"中期目标和中期计划"的发展

---

① 2009 年 11 月由北海道大学、东北大学、东京大学、早稻田大学、庆应义塾大学、名古屋大学、京都大学、大阪大学、九州大学 9 所大学创立学术研究恳谈会，2010 年 8 月筑波大学、东京工业大学加入。

② 文部科学省. 国立大学改革プラン（概要）[EB/OL].（2019–06–17）[2022–06–15]. https://www.mext.go.jp/a_menu/koutou/houjin/__icsFiles/afieldfile/2019/06/17/1418116_02.pdf.

③ 22 所机构包括国立大学法人 17 所、私立大学 2 所和大学共同利用机构法人 3 个。

④ 文部科学省. 研究大学强化促进事業［EB/OL].［2022–06–15］. https://www.mext.go.jp/a_menu/kagaku/sokushinhi/.

⑤ 重点支持框架案 A：为地方发展做出贡献的同时，凭借优势专业领域推动日本全国性乃至世界性教育研究开展的大学；重点支持框架案 B：依据专业领域特色、凭借强势专业推进日本全国性乃至世界级教育研究的大学；重点支持框架案 C：与海外知名大学并肩，推动全校开展卓越教育研究并将科研成果转化为社会生产力的大学。

方向①，文部科学省则根据各大学的目标达成度来分配国立大学法人运营费交付金。②

另外，日本政府通过不断修订法律的方式加强对大学的治理，最具代表性的是修改《国立大学法人法》。该法自颁布以来经过若干次修订，2021 年 5 月公布的修订案于 2022 年 4 月开始执行。学院教授会由原来的决议机构被改为意见听取机构，设立指定国立大学法人等都是通过修订案而来。根据修订案，大学内二级学院（部门）的自治权被削弱，校长权力被强化，便于大学自上而下地推进改革。指定国立大学法人制度自 2017 年实施，文部科学大臣将有望开展世界高水平教育研究活动的国立大学法人认定为"指定国立大学法人"，给予更高的自治权，并在财政上给予倾斜。截至 2022 年 6 月，日本有 10 所大学被认定为"指定国立大学法人"。③

文部科学省、内阁府和国立大学协会于 2020 年 3 月联合推出的国立大学法人治理条码制度虽然尚不具备法律效力，但对国立大学法人同样有一定约束力。④日本国立大学法人成立后每一个建设周期都要先提出目标和计划，然后实施计划，最后接受评价，并依据评价结果改进、制定新的目标和计划，这一过程又被称为 PDCA 循环管理。而治理条码制度基于上述过程，将要求国立大学法人遵循的基本原则通过治理条码的形式规定出来。国立大学法人需要就本校是否执行治理条码做出公开说明，如有未执行项目应公布其理由。

3. 针对人口减少所采取的大学规模管理政策

在少子化的社会背景下，2018 年日本文部科学省预测 2040 年日本大学的

---

① 经各大学申报及最终审核确定属于重点支持框架案 A 的大学有 55 所，属于重点支持框架案 B 的大学为 15 所，属于重点支持框架案 C 的大学为 16 所。

② 文部科学省. 国立大学経営力戦略［EB/OL］.（2015-06-16）［2022-06-20］. https://www.mext. go.jp/component/a_menu/education/detail/__icsFiles/afieldfile/2015/06/24/1359095_02.pdf.

③ 国立大学法人評価委員会国立大学法人分科会指定国立大学法人部会. 第 4 期中期目標期間に向けた指定国立大学法人構想の展開について［EB/OL］.（2022-03-29）［2022-06-17］. https://www.mext.go. jp/content/20220329-mxt_hojinka-000021308_000.pdf.

④ 文部科学省，内閣府，国立大学協会. 国立大学法人ガバナンス・コード［EB/OL］.（2021-04-01）［2022-06-20］. https://www.mext.go.jp/content/20210304-mxt-hojinka-000006299_1.pdf.

入学人数为 51 万人，比 2017 年大学入学人数达到峰值时的 63 万人减少了近 20%。同时，日本文部科学省也明确提出了有关大学合并的政策方案①，标志着比中小学撤并政策晚 20 年的大学合并政策正式出台。

根据 2021 年 7 月日本中央教育审议会大学分科会公布的资料，2021 年国立大学入学人数超额上限值须根据大学内各二级学院的规模划定，计划招生名额大于 300 人的二级学院的入学人数超额上限值为 1.05 倍，计划招生名额大于 100 人但小于 300 人的二级学院的入学人数超额上限值为 1.1 倍，计划招生名额小于 100 人的二级学院的入学人数超额上限值为 1.15 倍。

根据日本中央教育审议会大学分科会的提案，文部科学省对私立大学规模管理规定也做了进一步调整，并于 2022 年 11 月 22 日发出通知，决定于 2023 年 4 月 1 日开始执行最新的管理规定②。主要措施包括：①给私立大学设定实际在校生人数超额上限值（表 1），对超出上限值的大学，全面取消给予该大学的办学补助金；②对因生源不足而导致在校生不足的大学，根据其二级学院里的实际在校生人数占计划在校生人数的比例（表 2）相应削减甚至完全取消给予该大学的办学补助金。

表 1　私立大学计划在校人数和实际在校人数超额上限值③

计划在校人数	实际在校人数超额上限值		
	2023 年	2024 年	2025 年
8000 人以上	1.3 倍	1.2 倍	1.1 倍
4000~8000 人	1.4 倍	1.3 倍	1.2 倍
4000 人以下	1.5 倍	1.4 倍	1.3 倍

① 文部科学省高等教育局 . 2040 年を見据えた高等教育の課題と方向性について［EB/OL］.［2022–06–20］. https://www.soumu.go.jp/main_content/000573858.pdf.

② 文部科学省高等教育局 . 令和 5 年度以降の定員管理に係る私立大学等経常費補助金の取扱いについて（通知）［EB/OL］.（2022–11–22）［2023–01–30］. https://www.mext.go.jp/content/20221205–mxt_sigakujo–000025977.pdf.

③ 实际上文部科学省准许大学的实际招生数量超过计划招生数，因此在一些大规模的私立大学会出现实际在校生人数占计划在校生人数的比例超过 100% 的情况。学生实际在校生人数超额上限值是指可以超出规定额度的最大限值。

表2 私立大学二级学院在校生不足情况下的政府办学补助金削减率 ①②

实际在校生人数占计划 在校生人数的比例 /%	政府补助金削减率 /%	实际在校生人数占计划 在校生人数的比例 /%	政府补助金削减率 /%
89	11	60	40
80	20	51	50
70	30	≤ 50	100

另外，自日本政府出台合并政策后，2019 年《大学设置基准》被修改，国立大学、公立大学和私立大学的法人合并和重组不断。例如，2020 年，同为国立大学法人的名古屋大学和岐阜大学合并成立东海国立大学机构，同为国立大学法人的宇都宫大学和群马大学则合并两所大学的部分院系成立了共同教育学部；2021 年，国立大学法人山梨大学和公立大学法人山梨县立大学联合成立日本国内首个联合推进法人；2022 年，公立大学法人大阪府立大学和大阪市立大学合并成立公立大学法人大阪公立大学，小樽商科大学、带广畜产大学、北见工业大学合并成立北海道国立大学机构，奈良教育大学和奈良女子大学合并成立国立大学法人奈良国立大学机构。截至 2022 年 10 月，国立大学法人静冈大学和滨松医科大学仍在就合并法人相关事宜进行磋商。

三、日本国立大学法人改革和发展动向

截至 2022 年，在上述背景和改革政策中摸索的日本国立大学法人已完成了三个建设周期，从 2022 年 4 月开始步入第四个建设周期。根据《国立大学法人法》第 31 条的规定，日本文部科学大臣必须在每个"中期目标和中期计划"阶段结束之前对该阶段所有法人组织及业务状况进行全面检查，依据检查结果采取相应的改进措施。针对第四期"中期目标和中期计划"，日本文部科

---

① 二级学院里的实际在校生人数占计划在校生人数的比例达到 90% 以上时政府全额支付补助金；比例低于 90% 但高于 51% 时政府按照相应比率阶段性削减补助金，如比例为 89% 时则削减 11% 的补助金；随着比率递减补助金的削减率依次递增，比例达到 51% 时政府削减 50% 的补助金，而比例等于或小于 50% 时政府会取消全部补助金。
② 此表适用二级学院，但不包含医学院和牙科学院。

学省提出了改革意见和第四期《国立大学法人中期目标大纲》，本节将通过分析改革意见和第四期《国立大学法人中期目标大纲》[①]探讨日本国立大学法人的发展动向。

（一）国立大学法人组织和业务改革

1. 改革基本方向

鉴于第三期"中期目标和中期计划"的实现程度和改革总体结果，日本文部科学省要求国立大学法人在第四期"中期目标和中期计划"中打破原有大学形象，在坚持自律发展的同时，通过与社会各界的沟通交流向共同创造新价值的经营体转变。日本国立大学法人需要通过这种转变来驱动国家的社会变革并起到先导作用。基于总体目标，日本文部科学大臣决定为构筑国家和国立大学法人之间的新型关系，即在确保国家对大学能够进行必要管理的同时让国立大学法人也能够自主自律发展，公布《国立大学法人中期目标大纲》。

2. 组织和业务改革内容

改革主要涉及两方面，一是组织改革，二是教育研究、法人运营等业务改革。

对于组织改革，日本文部科学省提出日本国立大学要进行可以引领社会发展的教育、研究组织改革，针对社会对综合性人才的需求，根据大学特色、积极改革教育、研究组织和课程体系，突破学院学科壁垒，灵活开展跨学院和学科的柔性学位制度，培养具有文理科综合素养的数理、情报科学和人工智能相关人才。

在此基础上，日本文部科学省针对不同类型的国立大学法人提出了不同的改革要点。例如，对综合研究型大学，要求改革研究生院，不仅要培养学术型人才，还要根据社会需求培养面向产业界和地方的博士人才，解决博士学位研究生招生难的问题，不断完善研究生院教育；对教师培养院校，提出参考第

---

① 文部科学省. 国立大学法人等の組織及び業務全般の見直しについて（通知）［EB/OL］.（2021-07-02）［2022-06-24］. https://www.mext.go.jp/content/20210705-mxt_hojinka-100014178_3.pdf.

三期"中期目标和中期计划"期间中央教育审议会所提交的报告，根据各地区对教师的需求量及时调整招生计划，通过跨大学、跨学科共同开展教师教育课程，使大学的教师教育功能集约，提高大学所在地区的教师培养能力。同时，基于第三期"中期目标和中期计划"期间已经引入的同一法人多个大学的国立大学法人运营模式，要求国立大学法人充分运用这一制度，发挥优势，与地方公共团体、产业界等建立联合机制。

教育研究和法人运营等业务改革的内容涵盖较广，根据属性可划分为三类。

第一类是围绕提高教育和研究质量进行的业务改革。日本文部科学省提出，国立大学在培养主导日本未来的精英人才方面肩负重大使命，必须不断建设大学内部质量保障体系。各大学建立校长的带领下的全校教学管理机制，如基于招生方针、课程制定和实施方针、毕业认定和学位授予方针开展系统教育，对培养成果采用全校统一的标准或学位标准进行检验评价，并不断改善；通过监测分析学生学习成果和大学教育成果完善教育活动，建构合理的教学PDCA循环，并积极向社会公开大学教育质量相关数据，做到大学教育成果可视化；灵活有效运用数字信息技术提高教育质量，特别是利用同一法人多个大学的体制和大学联合推进法人体制，推动多所大学共享教育研究资源，强化知识信息系统功能。加强对学生的帮助，提供个性化教育研究支持，与产业界合作助力学生就业；关注地方人才需求，培养可以引领和振兴地方经济的年轻人；加强与高中的合作，选拔优秀学生。

在科研方面，要着重振兴基础研究，奖励具有挑战性、可长期持续开展的综合研究项目。支持年轻学者，建设世界高水平研究环境，强化共同研究和共同利用机制，实现更密切的国际合作，加强国际人才流动。为此，大学要跨越国界吸引优秀人才，开展更具柔性的国际教育合作和共同研究，输出教育产品。同时还要加强产学结合，促进创新。以国立大学为中心推进大学研究成果的产业化及大学孵化企业的发展壮大。为促进与产业界的合作，大学要坚持公开研究成果和共享部分数据。

日本文部科学省还针对教师教育类院校和设立医学院的综合大学提出了两点改革意见。教师教育类院校所设附属学校通过配合教育研究和教育实习体现价值，同时还要发挥模范带头作用，率先实行教改项目，明确定位，突出特色。医学院和拥有医学院的综合大学要强化大学附属医院的功能，实施医学生毕业前到毕业后 2 年的诊疗参加型一体化临床实习；坚持研发世界一流新药和医疗技术，确保医学研究的安全性和可信赖性；基于地方的医疗需求加强与都、道、府、县合作，协助地方构建可持续性发展的医疗体制。

第二类是提高大学运营效率和改善大学财务管理的相关改革。日本文部科学省要求所有国立大学法人基于治理条码制度不断完善自身治理结构，在校长带领下构筑强韧的治理体系，同时结合大学实际情况促进大学内部治理组织最大限度地发挥其治理功能。遵循新修订的《国立大学法人法》所提出的大学至少有一名常任监事的规定，充实大学法人监事队伍。监事不仅要监督大学的财务管理，而且要对大学法人的整体经营进行监管。

在财务管理上，各大学法人要根据实际情况和设定目标进行合理的会计管理，在获取外部资金和捐赠资金的基础上加强风险管理，通过有效和灵活运用固定资产，实现经费来源的多样化。国立大学法人必须进行全面的自我评价并将结果公布于众，积极引入大学版本的投资者关系（investor relations）管理。同时，就人事工资管理体制进行综合改革，继续推行基于绩效评价的年薪制，以及为鼓励年轻学者从事科研工作和有效使用外部资金的人事制度，如终身教职（tenure track）制度和交叉任职（cross-appointment）制度。

第三类是针对指定国立大学法人的业务改革。已经通过审核的指定国立大学法人必须要实现建设世界最高水平教育研究环境的目标。因此，这批大学法人在上述两项业务内容改革上要做到突破现有条条框框，率先实行创新改革的举措。

3. 改革保障措施

前文提到，新保守主义和新国家主义主要体现在政府运用财政引导和修改法律的方法促使大学响应国家教育政策和执行政府主导的改革。针对上述国立大学法人组织和业务改革，文部科学省也采取了类似的措施。

第一，改革国立大学法人运营费交付金的分配方法。根据日本文部科学省公布的关于第四期"中期目标和中期计划"阶段国立大学法人运营费交付金方案讨论会的审议总结[①]，第四期"中期目标和中期计划"阶段的运营费交付金将会由三部分组成。第一部分为基础部分，主要是保证大学最基础的教育研究活动开展所需经费；第二部分为根据大学法人业绩评价结果分配的经费，评价项目包括教育研究的成果和业绩、为强化大学功能而推行的项目成绩及大学管理运营评价结果；第三部分是根据文部科学省与大学所签订的项目协议分配的经费，最具代表性的是分配给大学"事业支持基金"，以便大学实现选定项目预期的目标。虽然运营费交付金的框架结构已经确定，但截至 2023 年 1 月，这三部分的具体分配比例及分配基准额度尚在讨论中。

第二，进一步修改《国立大学法人法》。2021 年日本国立大学法人评价委员会上明确提出的修订项目包括三项。第一，修改国立大学法人治理相关条例，为强化大学监事的监察制度而设立常任监事，为确保校长执行公务公开透明而赋予校长选考委员会要求校长提供职务执行状况报告的权限。第二，废除《国立大学法人法》中年度评价条款的同时，新增评价指标条例。为促进大学法人自律经营而废除每年的业务评价，大学不必再提交年度计划和业务实绩报告，但为确保大学法人中期计划实施情况可视化，大学在提交中期计划时要明示评价指标。第三，扩大国立大学法人的出资范围。现有法律对大学出资企业的限制很严格，应修改相应条例，放宽约束，促使国立大学法人将研究成果推向社会，实现大学经费来源多样化。

第三，加强对各国立大学法人所提交的"中期目标和中期计划"的审核。该项措施不同于上述两项，具有更明确的行政主导意味。日本文部科学省在听取国立大学法人评价委员会意见后对各大学提交的第四期"中期目标和中期计

---

① 文部科学省高等教育局国立大学法人支援课.評価に基づく今後の運営費交付金の配分の在り方について（検討が必要な主な論点）[EB/OL].（2021-01-26）[2022-06-24]. https://www.mext.go.jp/kaigisiryo/mext_00174.html.

划"可以提出修改要求。这项措施主要针对那些未将第四期《国立大学法人中期目标大纲》所指定的目标体现在本校"中期目标和中期计划"中的大学。虽然这项措施不具有普遍意义，但是自大学法人制度建立以后文部科学省首次明确提出会通过行政手段干预大学发展方向，似乎意味着国立大学法人的发展会更加受制于政府。

（二）第四期《国立大学法人中期目标大纲》

1. 制定原则

通过 2020 年年末日本国立大学法人评价委员会对国立大学法人发展整体现状的总结，我们可以看出国立大学法人制度建立之初所描绘的"在激烈竞争环境中建设充满活力、个性多样、富有魅力的国立大学"的蓝图并未实现。因此，日本文部科学大臣为了确保国家对大学进行必要管理的同时让国立大学法人自主自律发展，于 2021 年 6 月公布第四期《国立大学法人中期目标大纲》，明确国家对国立大学法人功能和作用的期待及为发挥其功能和作用而必须进行的体制改革项目。

日本所有国立大学法人必须依照《国立大学法人中期目标大纲》并结合大学自身的特色和强项将大学所能发挥的作用和功能定位为大学的社会责任，为发挥相应的社会责任举全校之力制定发展战略、明确自身的功能和发展方向，最后将上述内容全部反映在第四期"中期目标和中期计划"中，向全社会公开，接受监督。日本文部科学省要求所有国立大学法人明确说明为实现目标所采取的措施和方法，以及可以验证是否达到目标的具体指标。

2. 具体内容

日本文部科学省公布的第四期《国立大学法人中期目标大纲》共包括 5 个大类，25 项具体目标，除第一大类"强化教育研究质量"又细化为"社会共创""教育""研究"和"其他相关项目"等小类之外，其他大类相对独立（表 3）。

表 3　第四期《国立大学法人中期目标大纲》项目数量 [①]

大　类	小　类	项目数量 / 项
强化教育研究质量	社会共创	3
	教育	10
	研究	4
	其他相关项目	3
改善大学业务运营体制，提高效率	—	2
财务改善	—	1
大学对教育、研究和组织运营状况 进行自我检查和评价并公开相关信息	—	1
其他有关大学业务运营的重要事项	—	1
合　　计		25

　　第一大类中的"社会共创"类包含 3 个项目：第一，为振兴地方产业、带动地方文化发展、解决地区课题，大学要引领地方产业界发展；第二，围绕世界一流研究大学的目标，有策略性地确定大学中可以提升国际影响力的专业领域，建设可以吸引国内外优秀研究者和学生的教育研究环境，并基于此构筑知识产权集中的世界高水平研究基地；第三，依托国家可持续发展战略，发掘知识财富的潜在可能性并积极向社会公开研究成果、吸纳社会投资，以便提升教育研究质量，构筑促进教育研究良性循环的系统。

　　"教育"类包括 10 个项目。例如，根据社会需求改组二级学院，调整招生计划人数，调研本校学生的社会认可度并根据调研结果改变入学选拔方式，通过多样化综合性评价选择生源；对学士学位课程、硕士学位课程、博士学位课程、专门职业学位课程及医师和教师领域的人才培养课程提出了明确的要求。

　　"研究"类包括 4 个项目。第一，强化基础研究和学术研究的卓越性及多

① 国立大学法人評価委員会. 第 4 期中期目標期間における国立大学法人中期目標大綱について［EB/OL］.（2021–06–30）［2022–06–17］. https://www.mext.go.jp/content/20220311–mxt_hojinka–000021166_19.pdf.

样性，确保对有传承和发展意义的学科的必要投入；第二，推动科学理论和基础知识转化为现实社会实践所需、能够引起社会变革的创新科技，以便解决地区性和全球性社会问题，建设美好社会；第三，建设有助于博士研究生和博士后研究人员等年轻学者自由流动，最大限度发挥他们能力的科研环境；第四，构筑多种类型的可持续创造新价值的知识集约型基地，提倡研究人员年轻化，同时提高女性和外籍研究人员所占比例。

另外，还有一类是与社会共创、教育、研究相关的其他项目，主要涉及国立大学法人附属学校和附属医院，以及大学为开展教育研究开展协作和资源共享的问题。

第二大类是改善大学业务运营体制，提高效率，主要包括 2 个具体目标。第一，通过吸引大学内部和外部的有识之士参与大学法人运营，在校长领导下构建强有力的大学治理体制；第二，灵活使用大学固定资产，站在大学全局角度战略性地开展基础建设和利用现有设施，为社会做贡献。

第三大类是改善财务，主要涉及促进大学经费来源多样化，以保证大学财务基础稳定；合理分配资源，以强化大学功能，最大限度地发挥大学功能。

第四大类是大学对教育、研究组织运营状况进行自我检查和评价并公开相关信息，强调大学不仅要公开信息，还要基于信息支持与出资方进行对话，展示大学的经营方向和计划，获得出资方对大学法人的理解和支持。

第五大类是其他有关大学业务运营的重要事项，主要是结合目前日本建设数字化社会的目标，加强信息技术在组织管理和上述业务改革中的运用，灵活运用信息技术提高大学业务系统的效率、确保信息安全，建设数字化校园。立足全校战略管理，改造旧校区，将部分设施建设为学生、研究人员、地方和产业界能够共同利用的综合性设施，防范不端研究行为和滥用研究经费现象。

3. 国立大学法人发展方向

通过第四期《国立大学法人中期目标大纲》可以看出，面向未来 6 年的发展，国立大学法人不仅需要重视有无相应的改革成果，同时还要关注资源配置、活动开展方法、活动开展情况。以第二大类的"教育"类为例,《国立大学法人中期目标大纲》不仅将提升学生的学业成绩定为目标,还提出改变招生方法、通过综合多样的评价有效选拔高素质学生等入口管理目标及改革教育组织结构以便能够适应社会需求、培养相应人才等资源配置目标,并在此基础上明确了学士、硕士和博士阶段及专业人才的培养目标。

另外,从《国立大学法人中期目标大纲》也可以看出,日本文部科学省在引导日本国立大学发展上较以往更加注重大学内部的质量保障体系建设。第二大类"改善大学业务运营体制、提高效率"首先强调构建校长领导下的大学治理体制;第三大类"财务改善"强调大学通过合理有效地运营资产以保证财务基础的稳定;第四大类要求大学对教育研究和组织运营状况进行自我检查和评价并公开相关信息。上述目标的设定正好都与日本文部科学省于 2021 年 11月提出的重整大学质量保障体系的议题契合。大学内部质量保证体系的有效性受到关注,各大学不仅要有改革业绩,而且要对所取得的改革业绩进行自我检查和评价,并通过可视化的指标明确体现自我检查和评价的结果,然后进入下一个改善环节,进而形成良性发展循环。

四、日本大学改革存在的问题与发展前景

日本大学改革从第二次世界大战后从未间断,近年的改革则更加频繁。其背后是以日本经济团体联合会为中心的商界、以日本自民党教育再生实行本部为代表的政界和作为首相私人咨询机构的教育再生实行会议。他们共同影响着日本中央教育审议会审议各种教育议题,而最终推行改革方案的是日本文部科学省。根据既有教育政策和面向未来 6 年的第四期《国立大学法人中期目标大纲》展示的改革蓝图,我们可以总结得到日本大学改革推行方法及其问题,并展望日本大学改革和发展的未来方向。

日本大学改革主要是以自上而下的方式加以推行的,这就造成大学组织运营自主性的缺失和组织本身的不健全性。商界和政界要求大学改革,大学没有商讨策略的时间余地,只得硬着头皮一个接一个地执行各项改革政策。在这

种情况下，失去灵活应对能力的大学在政策执行上会越来越僵化，更难花费时间征求内部不同意见、融合和接纳不同声音。政策执行僵化必然强化自上而下的改革，因为只有这种强制方式才能在表面上提高办事效率，使大学很快完成文部科学省下达的任务。如此反复形成一个死循环，最终结果是大学运营组织丧失判断能力，沦为政策执行机构。

但是，国立大学、公立大学和私立大学法人都不再属于教育行政部门，而是独立的经营体，大学的学术自由和经营自主权是法律所赋予的。所以，从理论上讲，文部科学省并不能将法律条文规定以外的要求强加给大学，改革的最终决定权始终在大学自己。因此，日本大学改革的又一特点就是不停地修改相关法律并通过财政引导予以强化。文部科学省在持续削减大学运营费交付金时，以改革竞争性经费的名目吸引各大学参与竞标，借此方式主导大学教育和研究改革，操控大学管理运营制度及人事、工资制度。

以上述方式推行改革对日本大学教育和研究发展产生了越来越多的负面影响。例如，以依靠外部经费和竞争性经费为主开展的研究必然会有短期内出成果的要求，即重视效率和产值，而短期内不会见到显著成果的基础研究必然会受到排挤和冷落。但轻视基础研究的后果是削弱了应用研究，减缓了社会整体发展的速度。此外，人文社会科学与产业界的关系比较薄弱，不容易吸引竞争性经费。在这种情况下，人文社会学科不得不进行重组和改革，教育、研究实力整体滑坡，相应地，人才培养质量也有所下降。

第四期《国立大学法人中期目标大纲》透露出的信息是，日本政府已经意识到以往改革的一些弊病，并试图予以修正。例如，在改善大学业务运营体制方面着眼于大学治理体系的建设，发挥校长领导力，促进成员意见的统一，以及提高成员对大学治理的参与度，并通过大学自我检查和评价机制促进大学自我认识，选择适合大学自身发展的路径；在财务体制方面，日本政府依旧强调大学经费来源多样化，但是在保障基础研究和人文社会科学研究方面提出了基础经费定量化的议案，促进大学能够获得竞争性经费的学科发挥优势从民间吸引资金，同时保障基础研究和教师教育专业人才培养的经费；在教育和研究改革方面，日本政府不再一味强调国际化，而是主张大学发展多样化，鼓励更多大学结合实际情况走地方路线，即结合地区特色，通过加强与地方政府和产业的合作、培养地方所需人才来寻求发展路径。另外，放宽对少数一流大学的管控，以便其发挥自身优势，真正实现建设世界一流大学的目标。

但这一切都需要在日本政府允许范围内才可以兑现，因为在推出上述完善政策的同时，日本文部科学省还在运用行政手段，即加强对各国立大学法人所提交"中期目标和中期计划"的审核，以避免政府对大学发展失去控制。

（作者简介：张扬，日本筑波大学教育学博士，北海道大学教育学研究院讲师）

日本高等教育大众化时代的教育质量管理：
内外部质量评价机制的相互作用

近年来，日本高等教育机构为适应社会的发展，不断提出新政策和改革措施。随着日本 18 岁人口不断减少，日本大学的生源竞争也越来越激烈，各大学招生形式多样化，学生入学动机不明确，伴随而来的是高等教育质量明显下降。在这种情况下，日本政府为了更进一步发挥各大学的优势和特色，改变普遍存在的教育质量问题，提出了新教育评价改革方案，以提高高等教育大众化时代的教育质量，并改变学生学习动机不明确的现状。本文通过对日本新教育评价政策的实施背景和方法进行考察，分析内部评价机制与外部评价的作用，明确高等教育大众化时代教育质量管理改革的必要性。

一、日本高等教育质量管理改革的动因和政策实施背景

（一）日本高等教育质量下降的主要原因

截至 2021 年，日本大学共计 788 所，18 岁人口的大学入学率为 57.8%。据预测，到 2024 年 4 月日本大学入学人数将达到 63.9 万人，入学率接近 60%。在 18 岁人口不断减少的同时，日本大学入学率却不断增加。截至 2020 年，国立大学报考者中入学比例是 1：3，也就是报考国立大学的 3 个人中就

有 1 个人进入国立大学。[①] 在日本高等教育进入大众化时代的同时，日本大学的招生形式和学生的入学动机呈现出多样化的特点。各大学为了获取生源，也逐渐降低招生标准。日本文部科学省关于 2020 年国立大学、公立大学、私立大学及短期大学入学者选拔实际状况的调查显示，每年以入学 AO 考试方式[②]和推荐入学考试[③]方式入学的学生占比逐年递增，2020 年接近 50%。与一般入学考试[④] 相比，AO 入学考试和推荐入学考试形式相对简单，主要根据高中学校的推荐及面试和小作文等方式审查。

随着 AO 入学考试及推荐入学考试等选拔方式的不断增加，日本很多大学在争夺生源的过程中，逐渐降低入学标准及选拔条件，致使招收的学生在校学习动机和目的不明确，缺乏学习的主动性，学生的基本素质和学习成绩出现明显降低的倾向。这些都直接导致高等教育质量下降和社会对大学教育的信任度降低，促使日本高等教育进行质量管理、运营方式、教育方法等方面的改革和改善。围绕大学教育的原点，日本高等教育机构从不同的角度提出了改革意见，认为改变高等教育现状的关键是大学内部教育质量管理。由此，大学内部评价的重要性再次引起关注，特别是提高大学教育质量和确定有组织的、有系统的评价制度成为大学教育改革的中心课题。

（二）社会对高等教育质量保障的要求

高等教育是加强国际竞争力的手段，其相关研究是社会发展的重要基础。因此，高等教育要与国际社会接轨，适应社会的要求，履行大学对社会的责任并培养高质量的人才。

事实证明，高等教育的方针和理念随时代和社会的变化而改变。近代大学以培养少数精英为目标，而 21 世纪的大学被赋予了向大众普及高等教育的

---

① 资料来源于日本文部科学省的"关于大学考试讨论会"资料和"学校基本调查"。
② AO 入学考试是指入学管理局（Admissions Office）将详细的资料审查和细心的面试结合，对申请者的能力、学习欲望、目的意识等进行综合评价判断的考试形式。
③ 推荐入学考试是指根据出身学校的校长等的推荐实施的入学考试形式。
④ 一般入学考试是指大学入学共通考试和个别学历检查结合的考试方式。

责任。随着日本高等教育大众化，社会各界对大学的要求也变得多样化。这种多样化要求，实质是对大学功能多样化的要求。在这种背景下，如何发挥和体现大学功能的多样性、保障大学教育和研究的质量、维护高等教育的本位和自主权、充分得到社会的信任，是日本高等教育质量管理改革的社会动因，也是日本大学面临的主要课题。

二、日本大学新的"自我检查和评价"机制

（一）新的"自我检查和评价"制度的确立

在上述改革背景下，日本大学寻求质量保障的意愿越来越强。在日本教育改革过程中，"检查和评价"的说法不是近年才提出来的。早在 1945 年，日本大学就把美国的教育评价模式介绍到了日本。最初的大学评价也只是对教职员的业绩评价及围绕教育所处的社会环境展开的积极探讨，并没有针对教育本身进行评价。日本大学评价再次引起关注是在 20 世纪 70 年代后期，此时的评价体系认为大学评价的内部结构才是评价主体，第一次确定了评价在教育结构体系中的位置，但仍然没有得到充分重视。

进入 20 世纪 80 年代，日本高等教育界开始引入市场原理（教育自由论），对高等教育的多样化和个性化等进行了广泛讨论，大学评价作为高等教育改革的重要课题被提上议事日程。1991 年，日本大学审议会在"关于大学教育改革的答复"中明确指出，"大学必须努力对教育研究活动等进行'自我检查和评价'"。同年 7 月，大学设置标准大幅度降低，新的《大学设置基准》开始实施，同时提出将"自我检查和评价"作为大学改革的基本方向，推进大学教育多样化、个性化，强调教育和研究质量及大学评价的必要性。1998 年召开的大学审议会会议提出把实施"自我检查和评价"作为大学的义务，大学应积极接受外部审查。也就是说，日本大学为了适应社会的要求，维持和提高教育与研究质量，不仅要实施"自我检查和评价"，还需要接受来自社会方面的评价。但此时日本政府没有提出具体的改革方案。2004 年，在日本政府的强力推动

下，根据修订的《学校教育法》，新的"自我检查和评价"作为制度被确立下来。该制度规定，大学有义务定期（每7年1次）接受文部科学省认定的大学评价审查机构（第三方评价机构）的评价，并履行将评价结果向社会公布的义务。

一方面，新的"自我检查和评价"制度可以作为推动教育活动顺利开展的手段。新的"自我检查和评价"不是单纯为了掌握学生考试成绩和结果的评价，是为了改善教育活动及掌握整个教育活动实施过程的评价。评价的最终目的是实现教育目标，强化教育活动和学习活动，提高教育质量。另一方面，"自我检查和评价"的结果可以作为今后大学改革的依据。

（二）社会对大学评价的制约

自引入市场原理后，日本高等教育的发展及大学存续不可避免地受到社会和市场的影响，尤其是社会对大学的评价更看重大学的市场价值，把现实社会中的就业能力及就业率等作为判断标准。虽然说就业率受时代和社会变化的影响，但只凭表面数据评价大学教育水平已经不能满足社会和市场的需求了。进入21世纪，社会需要掌握高端技术及具有广博知识的人才，社会更期待大学作为公共教育机构，不断为社会培养能够挖掘事物本质、敢于挑战课题的有用人才。在全球不断进行知识创新的时代，社会对大学的要求和期待不断提高。摸索一条公平、合理的大学评价之路，也是建立新的"自我检查和评价"制度的主要目的。

三、大学内部质量保证机制与外部评价机制的关联

（一）大学内部质量保证与检查评价方针

日本大学内部质量保障是以PDCA循环方式，通过"自我检查和评价"提高教育质量的方法。在大学内部质量管理中，PDCA循环方式要求大学先设定发展目标和计划（Plan），再根据目标和计划开展教育实践活动（Do），总

结并找出问题（Check），最后对总结检查结果进行处理（Action）。日本大学基准协会要求各大学根据各自的办学理念，自发地、积极地参与"自我检查和评价"。为了避免单一性的评价，发挥大学的特性，日本大学基准协会还制定了评价标准，要求各大学利用 PDCA 循环方式检查和评价大学内部教育质量，以改善大学内部质量管理，同时要求各大学定期说明和公开质量改善状况及结果。采用 PDCA 循环方式的目的，一方面是根据"评价标准"和"评价项目"进行检查和评价，明确目标达成的情况；另一方面是要求明确目标方向，以便及时修正错误做法和提高教育质量。可以说，内部质量保障机制是以大学的教育实践活动为基础的，更注重对检查和评价中所发现问题的解决。在应用 PDCA 循环的大学中，很多大学把重点放在了问题的解决上。这表明大学在"自我检查和评价"中不仅关注大学内部的教育或学习等活动是否达到设定目标，还注重将 PDCA 循环中的各个环节相互关联起来。

另外，大学内部质量保障机制的基本方针是大学应进行"自我检查和评价"。也就是说，大学应从自我学习、自我改善的角度进行"自我检查和评价"，而不是为了应付外部机构的审查。大学要把评价制度纳入大学日常的组织管理，使质量保障形成一种意识，并根据各项评价标准考察情况，得出综合评价结果，并承担向社会说明的责任。

（二）第三方评价机构的构成及履行的职责和作用

教育与研究本身是以大学的自主性为前提的，大学评价后问题的改善也是大学的自律行为。"自我检查和评价"制度说明了第三方评价机构（也称为外部评价机构）存在的必要性。第三方评价机构是从第三方视角对大学内部的教育组织给予评价的机构，是由日本文部省认定的外部评价机构。评价时，一般由国立大学、公立大学、私立大学相关人员及社会、经济、文化等各领域的专家组成评价团队，对各大学的教育与研究状况进行评价。为了避免主观评价，第三方评价机构的组成人员必须是有识之士，他们需经过培训之后才可以参与评价。文部科学省对第三方评价机构提出要求：①制定出评价标准、方法及程序；②完善评价系统；③公布评价结果必须有客观的根据；④完善评价结果与改革措施相结合的体制。第三方评价机构在进行评价时，最重要的是进行客观公正的评价。评价内容主要有课程评价、系统评价、政策评价。为了进行更有效的评价，一般根据评价目的确定评价对象，根据评价对象选择评价主体。事实上，在评价过程中，对于大学相关人员以外的第三方评价者来说，要做到准确评价是比较困难的。因此，客观公正是第三方评价的首要条件。第三方评价机构的委员必须具备丰富的知识且必须参加过相关领域的科学研究。

随着日本高等教育大众化的推进，大学的发展也需要多样化。以往的大学评价基本是看"入口"和"出口"的信息，即考生平均成绩和就业率。这种评价方法过于单一。而第三方评价机构力求以国际视野，立足于大学的个性和特色，从社会需要出发进行评价，并把大学创造出的在社会上通用的知识和技术成果作为评价依据。

第三方评价机构一般按以下程序进行评价：①大学一方按照评价机构规定的《自我检查和评价报告书指南》撰写报告书；②第三方评价机构根据大学提交的《自我检查和评价报告书》和第三方评价机构独立调查收集的资料数据进行分析；③第三方评价机构的委员进行实地调查；④第三方评价机构根据这些资料，撰写调查报告书并向大学提交；⑤审议过程中，第三方评价机构的委员与被评审大学有两次沟通意见的机会；⑥第三方评价机构向该大学通报最终评价结果，同时也向文部科学省报告。被评审的大学原则上是每 7 年接受一次第三方评价机构的评价。

（三）第三方评价结果的效用和意义

在第三方评价中，被评价大学提交《自我检定和评价报告书》，第三方评价机构检验《自我检查和评价报告书》的妥当性等，最终给出评价结果。大学"自我检查和评价"更注重结果，强调"自我检查和评价"中学习成果检查的重要性。评价结束后，第三方评价机构会委托该大学把《自我检查和评价报告书》刊登在相关网站上。日本大学评价制度有向社会公开"自我检查和评价"结果的明确要求。

其实，大学评价强调"自我检查和评价"本身并不是目的，最终目的是为了教育改革。大学评价不只是停留在成立各种类型的评价机构上，而是作为一种评价制度和评价文化被广泛应用。无论哪所大学还是哪位评审委员，都应认真对待每一次的评价活动并积极协助推进。

大学评价的意义和目的不是单纯地发现存在的问题和需要改进的事项，还需要有效并持续发挥各大学的特点和优势。通过大学评价，高等教育机构可以明确质量管理改革的方向，从第三方评价机构反馈的结果，找出需要改进的事项并进一步提高教育质量。

四、大学向社会公开信息的意义

（一）大学的社会公益性和公开信息的目的

21 世纪是知识和信息的社会，也是竞争的社会。在全世界追求知识创新的过程中，社会对大学的要求和期待也越来越高。大学作为现代科学研究的中心，拥有其他社会部门没有的特质。大学随着社会变化不断强化教育研究功能，为学习者提供教育资源，肩负起培养人才的责任，这也是社会所期待的。自 2004 年新的"自我检查和评价"制度实施以来，随着信息的公开，日本社会对大学改革的要求日益高涨。

新的"自我检查和评价"制度明确强调大学应向社会公开信息，这也是21 世纪社会对大学教育的要求。大学作为培养人才的公共教育机构，现实中承担着向社会说明和解释的责任。大学的各种教育活动需要社会的理解和支持，这也是现代教育理念极其重要的组成部分。

大学应该如何承担向社会说明的责任，很多大学认为"经常在有研究成果的杂志上发表文章"或"通过大学网页上的多媒体方式公开其教育研究活动结果的情况"就可以了，认为社会足可以从这些研究中了解和掌握大学的情况，但这些并不充分。大学应该向社会说明的中心内容是大学正在进行的教育研究的质量和为提高教育质量所做的努力。大学是培养和输送人才的社会性公共机构，实施的所有活动是面向社会的。为了让社会理解这一点，大学有责任和义务向社会公开和说明相关信息。

（二）评价结果公开的意义

评价的目的是为了改善和提高。评价不仅有助于提高教育与研究的质量，还有改善大学整体管理运营的作用。大学评估要求大学把经过评价机构及社会检验后反馈的"评价结果"放到大学运营管理中，进而明确自我改革的目标。大学评价结果信息的公开，对其他机构来说可以起到借鉴的作用。对考生来说，公开的信息是择校的参考；对企业来说，这些信息也是选定有效的投资对象和获得高端人才的依据。在世界经济市场化、企业间的竞争越来越激烈的背景下，社会及产业界对大学教育的要求越来越高。企业要求大学毕业生具有"即战力"，即学习的知识和技能可以直接与企业的经济效益联系在一起。这必然激发各大学之间的竞争，在促进效率提高的同时，大学的自然淘汰的现象也不可避免。如前文所述，日本大学有788所，每年都有不同的大学接受第三方评价机构的检查与评价，并向社会公开评价结果。这也意味着所有大学都要经过"社会审查"这一关。

五、日本大学评价展望和课题

在飞速发展变化的时代，各国的高等教育机构都密切关注着不断变化的国际教育动态。日本高等教育率先进入大众化时代，面对入学率不断增加所带来的高等教育质量下降及社会各方面对大学提出的要求和期待，日本高等教育机构提出和制定了一系列改革措施，很多经验和教训值得探讨和借鉴。

在大学生源竞争激烈、不提高大学内部质量就难以生存的背景下，日本政府发挥强大的领导力，于2004年引入了"自我检查和评价"制度，即第三方参与的评价制度。该制度规定，每7年一个周期，各大学轮流接受日本文部科学省指定的评价机构的教育质量审查。从日本各大学的"自我检查和评价"

实施过程及评价结果分析看，日本大学的质量评价取得了一定的效果。综合来看，在日本高等教育政策的引导下，各大学的质量评价主要是分内外两条循环系统进行的。内部质量评价循环系统主要采用 PDCA 循环方式，基本等同于大学内部的"自我检查和评价"方式。PDCA 循环方式目前被普遍运用于日本大学质量评估。例如，教师在每一学期结束后撰写本学期教学总结报告书，反省教学目标的达成状况并制定改善计划，然后由校方把全校教师的报告书整理成册发给每名教师，作为改善教学的参考资料。外部质量评价是"大学自我检查和评价→第三方评价→社会评价→结果反馈到大学"这样一个循环系统。循环系统的核心是第三方评价和结果的反馈，各大学通过分析和解读评价结果找出存在的问题，这也是日本高等教育质量提升的有效方式。日本大学的内外部质量评价循环系统，不仅可以使大学在不断的评价、改善过程中提高自律性，也可以帮助各大学就课题及改革目标进行信息交流，分享各自的经验，对第三方评价机构指出的不足之处加以改进。这种教育质量评估方式，可以改变大众化教育质量下降的现状，培养出适应时代和社会发展、与国际接轨的人才。在多样化的高等教育体制及教育理念下，保证和提高大众化时代下的教育质量将是今后日本高等教育的长期课题。

近几十年来，日本大学评价在不断改革，从督促个人成长的"教育评价"到引领高等教育发展方向的"政策评价"，从重视高等教育自主性和自律性的大学评价到强调适应"市场走向"的大学评价。从目前实施的第三方评价及社会各方面对大学的评价看，日本大学的"改革"一直在不断前行。

国际化的发展给日本产业结构和社会结构带来巨大变化，产业和社会对高等教育的要求也更加多样。在高等教育大众化的时代，大学的多功能化及其与社会的紧密连接更受重视。日本新的"自我检查和评价"制度已经成为日本大学独特的内外部评价体系。大学以"自我检查和评价"为手段，分析和找出造成教育质量下降的根本原因，并把培养符合时代和社会需求的人才作为质量管理的重要目标。

随着"自我检查和评价"等内部质量评估机制的不断强化，日本教育机构于 2014 年设立了一项与教育质量评价有着密切关系的教学 IR 体制 ①。其功能和作用主要是把学生的学习过程和教师的教学过程，用数据的形式收集下来，通过分析数据，制定措施，改善大学经营、学生培养和提高教育质量。各大学可通过 IR 体制，验证和确认学生学到了什么，教师也可以通过收集的数据找出在教学中没有注意到的问题，并把这些收集的数据作为设定新目标的依据。目前，日本很多大学都采用了教学 IR 管理，并把 IR 收集的数据与内部 PDCA 循环评价方式统合在一起。在提高教育质量的过程中，这些大学积极活用教学 IR 提供的数据，检查教育目标达成度，并对设定的教育目标做必要的修正。教学 IR 不是学术研究目的的调查，而是以大学教育组织运营为本，是实践导向很强的调查分析。日本高等教育把 IR 作为内部质量保证系统的驱动力，期待 IR 今后能在大学普及，在大学质量改善及各种教学活动中得到更广泛的应用。

为了使大学评价能成为对社会有用的信息，日本的有识之士指出，"评价信息首先应该是任何阶层的人都能看懂的和容易理解的东西，其次是各利益方所需要的评价信息。评价机构提供的评价信息应该比其他媒体和新闻部门提出的大学排行榜信息要更加有说服力，拿出只有评价机构才能提供的高质量的评价信息"。因此，评价机构不只是单纯的评价部门，而是可以信赖的、可以提供高质量大学评价的机构。自日本大学引入"自我检查和评价"制度以来，日本在高等教育质量提升等方面取得了明显成效，也积累了很多经验。为了适应社会变化，提高大学教育和研究质量，日本高等教育机构也在不断探索新的评价方法。2018 年，日本中央教育审议会召开了主题为"面向 2040 年高等教育的总体设计"的会议。会议强调，"今后的高等教育要实现以学习者为本的教育，学习成果必须明确化。大学必须确立一个完整的教学管理体系"。教学管理是指"为实现其教育目的所进行的运营管理"，强调教学管理与大学教育质量有着密切的关系。

---

① IR（institutional research）是指为了改善大学的运营管理和提高学生培养和教育质量，收集和分析校内数据、制定改善措施、检查评估等活动。

未来，日本人口减少对高等教育带来的负面影响不可忽视，尤其在高等教育大众化时代，激烈的生源竞争、教育质量下降是不可避免的。今后如何发挥大学的优势和强项，为企业和社会输送高质量人才，将是日本高等教育需要长期思考的一个重要课题。

（作者简介：剑重依子，日本帝京大学外语学部副教授）

科教育人篇

日本高等教育中的科技教育初探

第二次世界大战之后，日本由一个后进的工业国一跃发展成为与欧美发达国家并驾齐驱的经济大国，这应该是日本政府在不同历史阶段所采取的不同的科技振兴政策起了决定性作用。目前国内外对日本科技发展的研究多集中在日本科技发展某一阶段，而对日本科技发展政策全貌的研究，特别是 20 世纪80 年代后日本科技立国战略的发展变化和大学的科技教育的研究，仍然是一个空白。本文以日本中央教育审议会的各次咨询为主线，对日本科学技术立国战略下大学科技教育的发展及未来趋势加以描述，通过分析诺贝尔奖获得者数量增长原因探索日本科学技术立国战略的成败与经验，希望对我国的科技发展有所帮助。

一、第二次世界大战后日本科技教育振兴史

1947 年，日本颁布了《教育基本法》，打碎了天皇制度的桎梏，用和平主义和民主主义教育取代国家主义和军国主义教育。此后，日本对学校制度、课程教学等多方面进行了改革，尤其是大学实行教授治校、教育自主，强调要尊重人权与个性、与世界合作，对各种思潮都十分包容。1948 年 7 月，日本教育振兴委员会就提交了一份关于培养科学技术研究人员的报告，提出建议：①扩大和加强研究生院作为学术研究高级培训机构，并授予学位；②向大学提

供充足的研究经费和研究机构，以促进研究并履行培养研究人员的职能；③日本学术委员会提供科学研究经费等国库补贴；④积极鼓励留学，加快培养研究人员的速度，提高研究人员的待遇。

20 世纪 50 年代初，日本"已经从战败的阴影中走出来"，执政的自民党对内以"国民收入成倍增加"为选举口号，对外以加强国家竞争力为目的，制定了与之相呼应的振兴科学技术的综合基本政策。1959 年，日本设置科学技术会议①，提出要大力推进科技教育，并规定要将国民收入的 2% 用于科学研究。1957 年 11 月，日本中央教育审议会针对文部大臣有关促进科技教育的咨询提交了报告。该报告指出："第二次世界大战后，西方国家的科学技术取得了长足的发展，涉及的领域不仅有生产技术，还有经营和管理，产业焕然一新，标志着一个新时代的到来。但是，日本的科学技术由于战乱和战败后的混乱和疲惫、研究设施和设备的老化和陈旧、缺乏研究经费等原因而落后，而最终以此为基础的工业技术的进步受到了阻碍，在新的土地上也不得不主要依靠引进国外技术。为了解决这一问题，必须要促进科学技术进步，特别是要促进科研和教育发展。不言而喻，一个国家的文化应该建立在自然科学、人文社会科学和谐发展的基础上，教育应该建立在广泛的文化之上，而不是偏向于技术。但是，由于第二次世界大战后日本的教育改革迅速推进，科技教育方面的师资力量、设施设备等存在明显不足，各校之间也缺乏关联性……为此，本审议会制定各项措施，以促进以工业技术为中心的科学技术教育。"②具体措施包括促进大学、研究生院及附属研究所的科学技术教育，对科学技术教育内容、方法提出了改进要求，同时要求扩大招生名额，增加教职员工编制，改善和增强科研设施，增加研究费用，加强产学合作、科学技术培训，以及加强师资力量。中央教育审议会还提议，建立大专和高中相结合的 5 年制或 6 年制技术职业学校；

---

① 科学技术会议是日本总理大臣的咨询机构，是 1959 年 2 月根据《科学技术会议设置法》设立的政策审议机构。
② 中央教育審議会．科学技術教育の振興方策について（答申）（第 14 回）［EB/OL］．（1957–11–11）［2022–05–20］.https://www.mext.go.jp/b_menu/shingi/chuuou/toushin/571101.htm.

加强小学、初中和高中的数学和科学教育；加强职业教育、高中教育与产业需求的对接等。这些措施基本奠定了第二次世界大战后日本科技教育的基础。

1960 年，日本刚成立不久的科学技术会议积极推动科学技术立法，提交关于"科学技术基本法"的提案。但是这一提案在国会审议时没被通过，理由是该提案"排除与人文科学有关的内容和在大学进行的研究"，"着眼点仅仅在于振兴科学技术，忽视了科学技术与人文科学、社会科学的关系"。当时的日本还处于以加工贸易立国、以吸收技术为中心的阶段，大部分的研究开发都是从受托承包外国研究开发活动的某个环节开始，逐步提高技术水准。谁知这一提案被搁置了 20 多年。经过经济高速增长，日本成为经济大国和技术大国，进入到国际协作和竞争中。这是一个通过从欧美国家拿来、改进、开发产品来实现经济发展的过程。到了 20 世纪 90 年代，日本的泡沫经济崩溃，经济丧失活力，人员成本上升，产业空洞化造成了大量中小企业倒闭，导致日本的失业率达到第二次世界大战后历史最高，突破 2.5%。在 1993 年实施的日本大选中，社会党成为众议院第一大党，给 1955 年后自民党一党执政的历史画上了句号。自民党不得不面对这样的严峻现实：在主要发达国家中，日本科研人员的平均研究经费最低，国家对自然科学领域投入的占比也最小，诺贝尔奖获得者最少，学术研究人员总数比美国少，国立研究机构设备陈旧，研究辅助人员过少（研究人员与研究辅助人员的比率为 8∶1）。其中国家投入太少是最根本的问题。[①] 痛定思痛，日本朝野普遍认识到自己缺乏基础研究的积累和独创性的技术开发，要想使资源稀缺、国土面积狭小的日本重新成为强国，唯一办法就是"科学技术立国"，培养更多优秀人才。除了培养尽可能多的高素质人才、以科技强国之外，日本别无选择，于是"科学技术立国"的口号又被再次提起。1994 年，自民党内科学技术会议开始讨论"科学技术基本法"的立法问题，下决心优化经济结构、调整科学技术政策。

为使日本经济得到恢复，日本政府除了采取大规模经济刺激外，还做出

---

① 尾身幸次.科学技術立国論：科学技術基本法解説［M］.東京：読売新聞社，1996.

了另一个重大决策，即建立与"科学技术立国"方针相适应的新教育体制，其中最重要的内容是向美国学习，创造出世界最高水准的学习环境，培养能够在下一个时代引领科学技术创造的指导性人才，建造世界最高水准的高等科技教育研究机构。但是仅对现有的大学进行改造无法跟上日新月异的科技发展。为实现"科学技术立国"，20世纪90年代初，日本政府创办了两所研究院性质的国立大学，即北陆先端科学技术大学院大学、奈良先端科学技术大学院大学，在尖端科学技术领域开展国际水平的研究，并在此背景下实施研究生院教育。这两所大学与日本近代高等教育机构完全不同，虽然不设学院，但拥有独立的校园和教育研究组织，致力于利用最先进的教育理念和最前沿的研究环境，培养世界前沿科技领域的创新型领军人才。此外，日本东京大学等先后建立了跨学科／跨领域的尖端技术研究中心，聚集全校科学技术领域的创新型研究人员，以广阔的视野培养高水平的研究人员、业务管理人员及跨学科的政策制定者。

二、诺贝尔获奖与科技教育

2000年后日本诺贝尔奖获得者数量的增加是有目共睹的。第二次世界大战后，西欧国家诺贝尔奖获奖者占比大幅下降，美国获奖者占比有所上升，日本获奖者占比则自2000年起直线上升。这对科技教育政策研究提出了问题：为什么日本的诺贝尔奖获得者越来越多？他们有什么共同点？政府对科技教育的承诺是否会增加诺贝尔奖获得者？如果是，它起到了什么作用？大学的科技教育与获奖有什么关系？针对这些问题，日本政策研究大学院大学教授、科学技术创业政策研究中心项目顾问赤池伸一率领的团队对诺贝尔奖评选过程及各种奖项的特征等进行了调研，并在对诺贝尔奖者获奖项目和他们的研究经历进行分析后提交了一份报告《诺贝尔奖与科学、技术和创新政策——诺贝尔奖获得者评选过程及其科学载体分析》。这份报告的重点是对日本诺贝尔奖获奖者的学术经历进行了量化分析。日本的科研人员基本上都是大学教授，诺贝尔奖获奖者的增加无疑是日本大学科技教育的硕果。赤池伸一团队通过审视诺贝尔奖授予的研究成果及产出这些研究成果的研究人员的背景，研究这些优秀的科学发现是如何产生的，并检验当时支持研究人员研究活动的政策是如何实施的。从这些跟踪分析中，我们也可以对日本大学科技教育有所了解。

诺贝尔奖设有生理学或医学奖、物理学奖、化学奖 3 个自然科学领域的奖项，从 20 世纪 50 年代起陆续有日本学者（包括加入美国国际的日裔）获得这些奖项。除欧美国家之外，日本是获诺贝尔奖人数最多的国家。日本除了在 20 世纪中叶创造了经济高速增长的奇迹外，在科技领域也创造出了前所未有的辉煌。2002 年，仅有大学本科学历的民间企业技术员田中耕一获得诺贝尔奖，引起了世界关注。日本之所以能频频获得诺贝尔奖，从时间上来看可能是得益于日本政府于 2001 年提出的一个目标——"在 50 年内拿 30 个诺贝尔奖"。

日本政府于 1995 年制定的《科学技术基本法》，与《教育基本法》《农业基本法》等具有同等重要的地位。在日本，基本法就是明确规定国家制度、政策和措施在国家事务中占有重要地位的基本政策、原则、规则和纲要。基本法不同于一般的法律，基本法一般直接起到了连接宪法和个别法律的纽带作用，具有与宪法相辅相成的法律性质。基本法是"就教育、农业、环境等在国家政治中占有重要分量的领域，明示制定关于国家制度、政策、对策时的基本方针"的法律。基本法在其规定对象的领域内优先于所有法律，其他法律在方向性上必须和基本法一致。日本的《科学技术基本法》为科学技术振兴政策提供了法律支持，但其中不含有任何具体政策性规定。该基本法把科学技术定位为"知识产权"，规定了日本为实现"科学技术立国"目标的基本方针，并将"科学技术立国"定位为国家最重要课题之一，为在国家预算之外强力推进科学技术振兴政策创造了条件。在《科学技术基本法》实施 25 年后，日本政府对《科学技术基本法》进行全面修订，修正案于 2020 年 3 月在日本内阁会议上通过，并更名为《科学技术创新基本法》，将"人文社会科学"纳入"科学和技术"范畴，通过与自然科学的融合来建立"综合知识"系统，并引入"创新创造"的概念，以强调创造新价值和社会变革。

为保证《科学技术基本法》的实施，日本从 1996 年起开始制定实施《科学技术基本计划》。日本政府为第一期《科学技术基本计划》投入 17.6 万亿日元。①2001 年，日本启动第二期《科学技术基本计划》，预算也达到了 25 万亿日元。在第二期《科学技术基本计划》中，科学技术的推广被定位为未来的先期投资，"创造知识"和"人力资源开发"是其中重要的课题。之后日本政府每 5 年制定一次计划。第五期《科学技术基本计划》明确规定"这一基本计划定位为政府、学术界、工业界等利益相关者共同实施的计划，目标是带领日本成为世界上最具创新力的国家"。②第五期《科学技术基本计划》还提出把日本建成"全球最适宜创新的国家"，提出了超智能化社会（Society 5.0）的目标，被认为是一个影响日本未来的"科学技术基本计划"。2020 年，在《科学技术基本法》实施 25 年后，日本政府对它进行了全面修订，并更名为《科学技术创新基本法》。《科学技术创新基本法》指出，充分利用物联网、大数据、人工智能等技术的新社会正在形成。第六期"科学技术基本计划"随着基本法的修订也相应改名为《科学技术创新基本计划》。这些"科学技术基本计划"，尤其是第二期《科学技术基本计划》明确提出了诺贝尔奖的目标，强烈地体现了日本国家意志。

第二期《科学技术基本计划》提出了"创造和利用知识为世界做出贡献的国家"的目标，旨在成为产生尽可能多的诺贝尔奖获奖者的大国。第三期《科学技术基本计划》提出了"基于以人为本的理念，促进基础研究，通过创造和利用知识使日本成为能够为世界做出贡献的国家"的目标。日本科技创新的进步是以《科学技术基本计划》为基础的。如今，日本一跃成为诺贝尔奖获得者数量居世界第二的国家，这也证明了日本科学技术的世界影响力。

1996 年以来实施的前四期《科学技术基本规划》明确提出了日本政府研发投入的目标，改善了研发环境，涌现出多名诺贝尔奖获得者。这些都是日本

---

① 「科学技術基本計画」について［EB/OL］.［2022-05-20］. https://www.mext.go.jp/b_menu/shingi/kagaku/kihonkei/kihonkei.htm.

② CSTI 事務局. 第 5 期科学技術基本計画の概要［EB/OL］.［2022-05-20］.https://www8.cao.go.jp/cstp/kihonkeikaku/5gaiyo.pdf.

政府多年研发投入的结果。第五期《科学技术基本计划》指出，从持续推进科学技术发展的角度来看，政府研发投入起到了刺激和促进民间投资的作用，官民投资相辅相成。该计划要求政府制定研发投入的具体目标，继续增加研发投入。①

日本政府对诺贝尔奖是非常重视的。在 2002 年 3 月举行的诺贝尔奖 100 周年国际论坛上，日本文部科学省官员致辞时强调说："科技总体规划的目标是 50 年内产生 30 名诺贝尔奖获奖者。我知道这个目标是有争议的。这是一个崇高的目标，我希望年轻人都来追求这一目标。"② 日本政府对诺贝尔奖获奖人数提出了明确的目标，对日本的基础研究、人力资源开发和国际交流起到了促进作用。

（1）诺贝尔奖获得者开始核心研究时的年龄和获奖时的年龄。赤池伸一团队通过对诺贝尔奖获得者的年龄进行统计分析发现了诺贝尔奖获奖者开始核心研究时的平均年龄：化学奖 37.6 岁，生理学或医学奖 36.6 岁，物理学奖 37.1 岁。而从 20 世纪 40 年代起，当时开始核心研究的诺贝尔奖获得者在获奖时的年龄就在不断升高（表 1）。

就化学奖而言，20 世纪 40 年代诺贝尔奖获得者开始核心研究时的平均年龄为 32.5 岁。2000—2009 年，开始核心研究时的平均年龄为 43.1 岁。但 2010—2015 年，诺贝尔奖获得者开始核心研究的平均年龄降至 32.8 岁。

就物理学奖而言，20 世纪 40 年代诺贝尔奖获得者开始核心研究时的平均年龄为 29.6 岁。此后，开始核心研究时的平均年龄逐年增加，2000—2009 年诺贝尔奖获得者开始核心研究时平均年龄为 39.0 岁。近年来，实验物理学的研究规模越来越大，研究取得成果所需的时间也越来越长，这被认为与研究成员从事核心研究时的年龄更大有关。与诺贝尔化学奖和物理学奖获得者相比，生理学或医学奖获得者开始核心研究时平均年龄一直保持在 36.5 岁上下。因

---

① 科学技术基本計画［EB/OL］.［2022—05—20］.https://www.mext.go.jp/b_menu/shingi/kagaku/kihonkei/honbun.htm.

② 尾身幸次 . 科学技術立国論：科学技術基本法解説［M］. 東京：読売新聞社，1996.

此可以确认，诺贝尔奖获得者在 30 多岁时所从事的研究得到了普遍认可，直接决定了他们后来获得诺贝尔奖。

表 1　日本诺贝尔奖获得者开始核心研究时和获奖时的平均年龄[①]

获奖年度	开始核心研究时平均年龄 / 岁	获奖所需时间 / 年	获奖时平均年龄 / 岁
1940—1949	35.32	18.50	53.82
1950—1959	36.28	15.09	51.37
1960—1969	35.47	18.32	53.79
1970—1979	36.72	20.05	56.77
1980—1989	36.95	21.85	58.80
1990—1999	36.37	24.51	60.88
2000—2009	39.95	26.16	66.11
2010—2015	36.63	29.19	65.82
平均	37.05	21.99	59.04

（2）诺贝尔奖获得者从开始核心研究到获得诺贝尔奖所需的时间。一般认为，从开始核心研究到获得诺贝尔奖平均需要 30 年左右的时间。20 世纪 40 年代诺贝尔奖获得者开始核心研究时的平均年龄为 35.32 岁，从开始核心研究到获得诺贝尔奖所需时间为 18.50 年，平均获奖年龄为 53.82 岁。而 20 世纪 70 年代诺贝尔奖获得者开始核心研究时的平均年龄为 36.72 岁，而他们获得诺贝尔奖时的平均年龄为 56.77 岁。虽然开始核心研究时的平均年龄变化不大，但获奖所需的时间变长了，诺贝尔奖获得者的平均年龄越来越大。这些趋势一直持续到 2009 年。2010—2015 年获得诺贝尔奖的研究人员开始核心研究时的平均年龄为 36.63 岁，获得诺贝尔奖平均需要 29.19 年，获奖时平均年龄为 65.82 岁。

研究表明，日本诺贝尔奖获得者的职业生涯是多种多样的，有的本科或硕士毕业后进入企业就职或任高中教师。获得教授职称的时间和开始核心研究的时间也不同。诺贝尔奖获得者少年时代的科学经历也因人而异，获奖者自己

---

① Shinichi Akaike. Nobel Prize and Science, Technology and Innovation Policy: An Analysis for Selection Process of Nobel Laureates and Their Scientific Carrier［R］. 2016.

对这些经历的看法也不尽相同。这种经历的多样性已成为创造创新研究的重要基础之一。2000 年后获得诺贝尔化学奖的科学家（白川英树、野依良治、田中光一、下村修）大多有 1 年以上的海外留学或外派经验。这样的留学经历对核心研究起到了重要作用。2000 年后获得诺贝尔生理学或医学奖的山中伸弥和大村智也有同样的经历。例如，山中伸弥 1993—1996 年在美国格莱斯顿研究所留学，学习如何制作基因敲除小鼠；大村智 1971—1973 年在美国康涅狄格州卫斯理大学留学，期间与默克公司建立了联系，并与默克公司就伊维菌素进行了联合研究。中村修二、大村智、小柴昌俊、野依良治、铃木章、山中伸弥等诺贝尔奖获得者都是留学归来后在日本的研究所进行的核心研究。

如上所述，2010—2015 年诺贝尔奖获得者从开始核心研究到获得诺贝尔奖，平均需要 29.19 年。2000 年后，诺贝尔奖获得者增多说明 20 世纪 70 年代至 80 年代和 90 年代中期的科学研究成果得到了认可。21 世纪日本诺贝尔奖获得者接受义务教育和高等教育的年代大多集中于 20 世纪 50 年代至 60 年代，而当时日本的教育正经历着一场深刻的变革。日本大学从本科时期就开始注重学术训练，通过宽松的训练来培养学生的研究能力和学习兴趣。日本大学的课程设置一般都采取比较传统的"二二分段式"，即在第一、第二学年修读所有的人文科学课程，第三、第四学年修读专业学科课程，并且基本采取理工科的讲座制度和研讨班制度。这种课程配置的特点是学生到比较成熟的高年级阶段时才接受专业教育，有利于职业选择。明治维新之后，日本的高等教育制度设计发展成两大流派：一种是以培养官僚为主的高等职业教育模式，另一种是以培养研究型人才为目标的德国洪堡教育模式。后一种模式最大的特点就是研讨班制度（理工科叫讲座，文科叫研讨班），后来普及到全日本的大学。日本大学不设辅导员，以研究室为单位，研究室教授带班，需要身兼教学、生活、就业指导等多项职责。当然，指导教学和科研是主要任务，内容方法完全自主。学习考核一般不采取闭卷考试方式，而是期末提交学习报告。学生可以在同一个时间段选修不同的科目，有些甚至不用上课，完成教师布置的课题也能拿到学分。因此，有强烈学习欲望的学生特别适应这种模式，他们在大学本科阶段获得大量的知识，同时打下扎实的研究基础。审视当时日本大学科技教育方式和科技教育政策，便于我们了解它们对科学家研究活动的影响。对于部分开始核心研究时属于海外研究机构的科学家来说，虽不能说日本的科技创新政策对他们的研究活动产生了直接影响，但有一点可以肯定的是他们都是在日本大学接受了最基础的科技教育。

以大村智为例，他从日本一所地方公立大学毕业后，在研制伊维菌素时，使用了从美国制药公司获得的联合研究资金。同样，山中伸弥也广泛利用政府竞争性经费来开展对 iPS 细胞的研究。赤池伸一等在报告中反复强调，"诺贝尔奖获得者出身大学的广泛性，不只局限于顶尖的名牌大学，一般地方大学的出身者也很多，如下村修毕业于长崎医科大学，大村智毕业于山梨大学，中村修二毕业于德岛大学等；而且研究人员的职业更具有多样性"，"不存在引导科学家产生出色研究成果，直至获得诺贝尔奖的所谓'黄金法则'"。① 因此，广泛培养学生的科技兴趣、支持研究人员自由开展研究活动、创建支持大学组织或科学界内部知识交流的机制，对促进高水平研究有重要的作用。

三、日本科学技术立国的现状和展望

日本的学科体系分为三类：文科、理科及文理融合科系。文科主要指人类社会独有的政治、经济、文化等学科，而理科则主要指自然科学和应用科学。截至 2021 年，日本有各类大学 788 所，其中私立大学 619 所，有 11 个学科大类②，71 个专业；在校本科生约 263 万人，其中社会科学学生占 32.1%，工科学生占 14.6%，人文学科学生占 14.0%，医疗和口腔医学学生占 12.8%。日本大学生不重视理科，这在日本是有传统的。20 世纪 90 年代，日本一度流行"远离科学"的风潮，孩子们对科学不感兴趣、缺乏兴趣和学术能力，造成

---

① Shinichi Akaike. Nobel Prize and Science, Technology and Innovation Policy: An Analysis for Selection Process of Nobel Laureates and Their Scientific Carrier［R］. 2016.
② 日本大学的院系专业划分为人文科学、社会科学、理学、工学、农学、保健、商船、家政、教育、艺术及其他 11 个大类。

年轻人选择职业道路时不选择科学和工程。1989 年，日本国立教育政策研究所对在校学生的学习兴趣进行了大规模调查，发现觉得"科学有趣"的学生占比随着时间的推移正在迅速下降；① 到了高中，占比已经跌破 50%。2004 年日本发布的《科学技术白皮书》再次发出警告——出生率连年下降和青少年对科学不感兴趣会直接造成日本下一代研究人员和工程技术人员的断代。这些直接影响大学的科技教育，志愿报考理工科（尤其报考工学院的）或理科（尤其是物理）的考生正在逐年下降，就是其他科目成绩好的学生也表示出对科技不感兴趣，远离科技的现象愈演愈烈。日本文部科学省网站公布的数据显示，本科生和研究生的比例为：3.5%（1997 年）→ 3.4%（2007 年）→ 3.1%（2017 年）；工科学生的比例为：19.5%（1997 年）→ 16.7%（2007 年）→ 14.9%（2017 年）。发现这一现象后，日本政府、学术团体和媒体就一直采取各种措施，极力阻止这一现象的蔓延，日本国内的诺贝尔奖获奖者更是到处给学生和家长做报告，谈科研的乐趣，甚至还开发了"大学·高中提升"项目，让大学教授到中学给高中生上课，演示大学课程，启发高中生对科学的兴趣。

2000 年初，参考英国帝国理工大学的做法，日本东京大学、北海道大学和早稻田大学设立了"科学交流"相关课程，旨在通过政府的"科学技术促进协调基金"培养专门从事科学和技术交流的人才。东京大学文理研究生院实施"科学技术翻译培训计划"，向全校研究生开放。北海道大学对外开放举办"科学技术传播者培训计划"。早稻田大学在政治学研究生院开设了"科学技术记者培训计划"，作为研究生院的常规硕士课程。

东京大学的"科学技术翻译培训计划"是在研究生院的正规课程中追加的辅修课程，目标是培养具有广阔的视野、掌握科学技术并能根据"科学存在于社会"这一普遍认识及这种方法论来深入研究问题的人才。东京大学"科学技术翻译培训计划"的重要使命之一是培养能够在科学技术与社会之间架起桥梁的人才，并将其输送到社会。虽然学生和教职员工的负担会因此有所增加，

---

① 長沼祥太郎 . 理科離れの動向に関する一考察：実態および原因に焦点を当てて [J]. 科学教育研究，2015（39）：114–123.

但是学生从该计划中培养起来的意识和获得的经验将成为其未来成功的源泉。该计划不是单纯的科学技术教育，而是一座架在科学和社会之间的桥梁，目标是培养能够发现科学技术可能给社会带来的问题，同时能提出解决方法并在问题出现时积极发挥作用的人才。该计划跨专业面向全校研究生招生，每年10月开学，至次年3月，要求学生完成至少一学期的课程，修满20个学分，并提交10页左右的"硕士论文"。除课堂讲座外，该计划还有面向社会的交流活动及与校外人员的合作，如研讨会、培训、实地考察和成果展示等。课堂上有许多涉及"科学与社会"的课题。该计划注重跨专业领域的横向交流，将不同专业的研究生编成一个班，从不同的角度讨论同一个问题。毕业时由综合文化研究生院院长颁发结业证书。

北海道大学的"科学技术传播者培训计划"采取培训和学位培养联合的模式，不仅面向本科生提供可自由选择的课程，面向研究生进行高层次培养，同时也面向社会广泛开展培训。该计划提供科学技术传播者应掌握的理论和技能的系统课程，通过实践培训和练习，使学生掌握科学写作的基础知识和制作视频的技能，并举办各种科学活动推广实践技能。北海道大学将"科学技术传播者培训计划"的课程与研究生院的课程联系起来，并在理学院设4个研究实验室，提供不同的硕士、博士学位培养方向。

北海道大学札幌校区以讲授、练习和实践培训为主。设立在北海道大学研究生院开放教育中心的专业课程体系由三大支柱和7个模块组成。三大支柱是：①科技传播思维类课程，使学员了解科技传播的总体情况，获得在传播工作中提出问题和做出决定的基本思路；②信息分析和行动计划类课程，目标是学习收集、分析和评估科技、社会信息的基本知识，掌握决策、建立共识和制定策略的基本思维能力；③科技传播实践类课程，目标是使传播者掌握开展传播活动所需的基本知识和技能。讲座、演习和实践相结合是这个课程体系的亮点。与现有的科系研究室不同，该教育中心积极推进跨院系的横向合作，将科学传播教育、研究和实践有机结合，专门培养科技传播人才。"科学技术传播者培训计划"培养的科技传播者在围绕科技的各种社会问题上，搭建科技专家与公众之间的双向交流渠道，让社会各界了解科技的社会重要性。

早稻田大学政治学研究生院于 2005 年开设了"科学技术记者培训计划"，作为硕士课程培养具有独立意识和批判性思维的科技记者。这是一个将人文社会科学与自然科学技术相结合的跨学科项目，主要培养科技新闻与科技写作方面的科学传播人才，重视实际能力的培养。"科学技术记者培训计划"于 2010 年起并入日本首个新闻学研究生院新闻学课程"J–School"，并将继续作为"科学技术新闻学""环境新闻学"和"医学"专业的课程实施。此外，早稻田大学还与其他学院合作，努力开发深深植根于政治、经济、社会、文化和科学技术各个领域的专业知识的讲座。这种讲座的特点是小团体实践教育，聘请一线记者为导师，将在传媒公司、地方政府、科学馆等实习作为必修课。

截至 2020 年年底，从东京大学、北海道大学和早稻田大学毕业的科技传播者已超过 2000 人。与科学传播相关的课程正在逐步向其他大学推广。然而，在日本，科学传播者岗位很少，社会尚未做好接受这些毕业生的准备。其实，毕业生作为科学传播的专业人才，能发挥作用的地方很多，如教育或研究机构、企业公关部门、媒体和科学博物馆等。

纵观日本的科学传播教育，虽然时间还不长，但可以总结出四个特点：一是尊重科学传播的跨学科、跨领域特征；二是重视实效性和职业需求，形成培养与就业的衔接机制；三是理论与实践并重，注重对多种能力的综合培养；四是构建培训、活动和学位培养相互补充的综合培养体系，确保科学传播人才培养的延续性和扩展性。

为保持科技发展后劲，日本政府非常重视科技创新后备人才培养，提早布局，从小学阶段开始到研究生阶段，针对不同年龄段学生都制定了相应的科技人才培养计划，形成了战略性、系统性的科技人才培育体系。

总之，日本诺贝尔奖获奖者井喷的背后是日本几十年甚至是上百年来全方位布局、积蓄发力的结果，绝不是制定几个计划那么简单。

日本的科研人员大多是高等院校的教授或学者，与政府及企业没有根本的利益关系，因此研究成果既不一定在本国企业落地，也不能保证会给日本的企业带来直接的效益。但是，2000 年以后，日本国家财政日趋拮据、国际产业技术竞争环境的急速变化，日本政府意识到国家科学技术创新能力在国际竞争中的重要作用，企业界也急于寻找新技术和新产品应对国际竞争，政府大力倡导"科学技术创新立国"并出台了一系列相关的政策法规以激励国家科学技术创新，同时削减大学和其他科研机构的基础研究预算（每年递减 1%），将民间和企业经营方法引入大学。国立大学改制为独立核算的公立法人，从国家行政组织的一部分转变为独立行政法人。国立大学校长进行自上而下的领导，董事会对大学的业务发展和预算编制进行讨论，拥有预算、组织等方面的自主权。大学理事会的权限得到强化，彻底瓦解大学的教授自治。教授的身份也从公务员型向非公务员型转变，从而能够更自由地与企业合作，加强产学联合。同时，日本还引入第三方评价机构对大学进行评估，政府根据评估结果对大学进行资源分配，鼓励大学争取各种竞争性经费或横向课题。无穷无尽的成果评价和大学的考核让科研人员疲于应付，严重干扰了科研工作。近年来日本进入高龄社会，又遇到国际产业格局的急剧变化，科技政策的调整是一种无奈之举。日本政府也很明白，如果没有自己的基础研究理论和技术做支撑，所谓的原创产品和产业只不过是在别人架设的公路上赛车，诺贝尔奖量级的基础研究才是产业发展方向。因此，日本的新策略是将资源集中在生命科学、信息通信、环保和纳米材料四大领域。但由于国际竞争加剧，能否继续保持科技优势并不乐观。究其原因，主要是第二次世界大战后日本民主力量衰退，政府与民间力量的平衡被打破，在平成年代成长起来的研究人员不再具备父辈们（出生于昭和年代的第一个 10 年）的气质，长期受制于日本政府机构。在没有了监督压力的情况下，受各种政治力量的挤压，日本政府不断加大军费预算，逐年缩减教育经费，导致日本博士人数和科研人数大幅减少。这一现象到了令和年代（2019 年起）愈演愈烈，日本学者变为"官员奴仆"的趋势则更加明显。日本的大学为了争抢有限的科研基金，对文部科学省唯唯诺诺。这使近 20 年日本学术界真正有建树的人越来越少，日本竞争诺贝尔奖的后劲不足，这些结果将在二三十年后反映出来。

面对日本科技教育研究的现状，日本学术界的危机感十分强烈。日本学术会议等学者团体都发表声明表示："大学生们第四年还没毕业就忙着找工作，无法安心学习，甚至没有时间获得科学思维的训练。"此外，研究职位多为短期的，研究人员被要求在很短时间内产出研究成果，因此大家都回避中长期研究，不愿意在未开发领域进行探索，更不愿意与海外学者合作研究。诺贝尔奖获奖者也对此公开表示担忧。可以预见，日本下一期的"科学技术基本计划"应该会做出政策调整。

（作者简介：王智新，日本早稻田大学教授）

本科教育创新人才培养模式研究

——基于日本京都大学课程设置的视角

日本不仅是一个高等教育高度普及的国家，2000 年以后屡获诺贝尔奖的事实也显示出日本强大的科技创新能力。日本国立大学因长期有国家政策和经费支持而具备较强的科研创新能力，这一点与我国大学设置主体及经费投入特点比较类似。本文以日本国立大学法人中以科技创新能力闻名的京都大学为考察对象，立足于其课程设置、通识教育、小班讨论课等特色做法，对其人才培养理念与培养模式进行分析，以期为我国大学尤其是研究型大学的创新人才培养机制建设提供参考与借鉴。日本京都大学向来崇尚"自由"的学风，鼓励学生自主学习、勇于挑战现有框架，形成了一整套独特的人才培养体系和保障制度。

一、办学理念与培养目标

日本国立大学在建校之初乃至很长一段时间内，基本上以政府提出的"帝国大学以教授适应国家需要之学术技艺并探究其蕴奥为目的"（《帝国大学令》第一条，1886 年）作为办学理念。经过百余年的发展，日本京都大学为了进一步突出自身办学特色，决定重新制定大学章程，并于 2001 年 12 月正式发布新的大学章程①。

日本京都大学的章程短短 500 余字，却涵盖基本理念、研究理念、教育理念、社会服务理念、管理理念等多项内容。其基本理念部分写道："继承和发扬建校以来自由之学风，积极应对各类挑战，为实现地球社会的和谐共存做出应有贡献。"② 需要注意的是，日本京都大学一贯标榜的"自由"，并非放任自流，而是 21 世纪"人类共同体"视野下承担责任的自由③，不受既定框架束缚，发扬勇于开拓创新的精神④。京都大学的办学理念强调"创新"与"和谐"，用"地球社会"和"和谐共存"分别取代了以往的"人类社会"和"持续发展"，使办学理念具有面向未来的普遍意义。

日本京都大学的教育理念体现了人才培养的基本方针，内容分为两个部分：第一部分强调自主学习，以多样、和谐的教育体系为基础，通过"对话"推动自主学习，培养学生对知识的继承和创造精神；第二部分则强调"通识教育"的重要性，要求学生"具有高深的教养、广阔的视野和强烈的责任心，能够为地球社会的和谐共存做出贡献"。⑤

日本京都大学遵循上述办学理念和教育理念，将本科人才培养的最终目标定位为"专业知识扎实、综合素质全面、国际交往能力精湛，在社会各条战线上都能发挥重要领导作用的人才"。⑥ 为达到上述目标，京都大学采取了全校统一和院系组织相结合的方式，对全校的课程体系进行系统设计，同时做好教育方法指导、教师发展、后勤保障等配套工作，以确保人才培养目标的实现。

---

① 1994 年，日本京都大学在《京都大学自我考核评估报告Ⅰ》中提出了进一步明确办学理念的必要性。日本文部省大学审议会也于 1998 年 10 月宣布将明确办学理念作为大学评估的指标之一。京都大学于 2000 年 10 月正式成立京都大学办学理念草案制定工作小组，最终草案于 2001 年 12 月在京都大学协议会（校务委员会）上获得通过。

② 京都大学 . 基本理念［EB/OL］.（2001–12–04）［2020–04–30］.https://www.kyoto–u.ac.jp/ja/about/operation/ideals/basic.

③ 赤冈功 . 京都大学の基本理念について［Z］.京大広報，2002（564）：1182–1183.

④ 京都大学"自由"的学风，与其前身校——第三高等学校的学风密切相关。与东京大学及其前身校——第一高等学校深受德国高等教育影响不同，京都大学的发展受 19 世纪末期美国高等教育的影响较大。

⑤ 同②.

⑥ 同②.

二、课程设置与通识教育

（一）课程设置

日本京都大学课程设置的主要特色是"灵活多样、选择自由、循序渐进"。所有本科生进校后不分院系、专业，第一学年主要选修通识课程，至第二学年末决定院系专业方向[①]。第三、第四学年同样有通识课程可供选择，当然也有少量的专业课程可供一年级学生选择。也就是说，无论学生所属院系如何，所有的学生都能根据自己的需求，自主规划自己的本科课程，自由地选择由不同院系开设的全校通识教育及专业课程。

课程设置由各院系分别负责。一方面，各院系根据各自的人才培养目标及教育方针设置不同的专业课程；另一方面，学生们根据自己的学习兴趣及就业意向选择相应的课程。通常，学生从进校起就可以接受专业教育；随着专业方向逐渐明确，很多学生都会倾向于选择某个教师的研究室或是某门讨论课作为自己学习专业课程的主要平台。这种院系内细分的各种小型专业团队，可以使学生得到细致的专业指导，以往以讲授为主的教学方式拓展为讨论课、实践课等灵活多样的学习形式。另外，随着专业水平的提高，京都大学的学生能够根据个人的需要同时选择其他院系的专业课程。因此，京都大学的"灵活多样、选择自由、循序渐进"不仅针对通识课程，还体现在对专业课程的选择上。

上述特色课程设置构建了日本京都大学人才培养体系的整体框架。为了顺利实现人才培养目标，京都大学采用了全校总动员式的教学管理系统。首先，为了保障课程体系顺利实施，京都大学着力改善教学方法、从严合理评估

---

① 北京大学元培学院的实践，似乎可以理解为日本京都大学人才培养模式的"实验版"。二者不同之处在于，北京大学元培学院本身是个"虚体"，没有专职的教师负责教育工作。与此相比，日本京都大学的一二年级通识教育由专门机构负责规划，由专门学院、专职教师具体实施。通识教育关系到全校人才培养质量。

成绩（平均学分绩点、多元评价）。其次，为了达到预期教学效果，京都大学还创造性地开发了教师发展系统，全面提升教师的教学水平。最后，为了鼓励学生实践"自我思考、发现问题、解决问题"的学习模式，京都大学图书馆不仅实现了 24 小时开放，馆内还设有学生研究室，并有助教常驻，即时解答学生在学习、研究过程中可能遇到的问题[①]。

（二）通识教育

在日本京都大学的课程体系中，通识课程是新生入学之后最早接触并伴随本科生整个学习过程的重要课程。通识课程直接影响着本科生课程设置，甚至整个人才培养体系的成效。为了让所有学生充分了解通识课程的内容，京都大学将全校所有通识课程的教学大纲汇编成《全校通识课程教学大纲》，新生入学时发放，人手一册，同时将课程信息在校内网"全校通识课程教务情报系统"上予以公开，供学生选课参考。

日本京都大学通识课程的学分约占本科毕业所要求学分的 40%。京都大学的通识课程分为六大类，由独立的通识教育学院（人文社科类课程）和理学院（自然科学基础课程）协调其他院系共同完成（表 1）。

表 1　日本京都大学通识课程类别[②]

大　　类	小　　类
人文社科类	哲学、思想；历史、文明；艺术、语言文化；行为科学；区域、文化；社会科学；综合
自然科学类	数学、物理学、化学、生物学、地球科学、信息科学及其运用（包含专为文科学生预备的课程）
外国语言类	英语、德语、法语、中文、俄语、意大利语、西班牙语、朝鲜语、阿、日语（留学生）10 种语言（另有专业外语）
保健体育类	保健体育；健康科学；运动科学；体育实践
学分互换类	去外校听课；承认学分的课程（学分互换联盟）
其他类别	小班讨论课；全英文国际教育课程；国际交流课程等

---

① 包括附属图书馆在内，日本京都大学 51 个图书馆、图书室都面向全体师生开放。
② 根据 2011 年日本京都大学《全校通识课程教学大纲》整理而成。

以 2011 年为例，日本京都大学共开设了 1048 门的全校通识课程，包括人文社会科学 365 门、自然科学 400 门、外语 119 门、体育卫生 9 门、综合学科 155 门，另有本校未能开设但可与外校共享的艺术类 28 门。讲授通识课程的教师 1529 人，其中在编教师 1190 人，占全校在编教师总数（2868 人）的 41.5%。本科生上学期选课人数为 8870 人，下学期选课人数为 8142 人，分别占本科生总数 66.2% 和 61.1%。[①] 这些课程中不仅有某些高深的专业课程，也有专业基础和跨专业的基础理论课程，在培养学生的学术修养、语言能力及基础知识能力方面发挥了重要作用。

此外，日本京都大学全校通识课程中还包含 3 类特别的课程。第一类是专为一年级新生开设的小班讨论课（167 门）；第二类是与交换留学生同堂上课的全英文课程（30 门）；第三类是国外短期留学课程（5 门）。其中，小班讨论课是京都大学本科人才培养的一大特色。

三、小班讨论课

日本京都大学的小班讨论课（Pocket Seminar）始于 1998 年，专为刚入学的新生开设。这类上课人数控制在 10 人以内的课程，主要内容就是"京都大学入门"——京都大学自我展示的平台，新生可以通过该平台尽快了解京都大学。正因为如此，小班讨论课大多安排在第一学年上学期进行，起到了从学术层面对新生进行入学教育的意外效果。

小班讨论课的课程数量从最初的不到 100 门逐渐扩大，2005 年后超过了 140 门（表 2）。有近 60% 的新生申请小班讨论课，其中约 70% 的新生能够如愿。

---

① 京都大学高等教育研究開発推進機構.数字で見る全学共通科目［EB/OL］.（2011-11-01）［2022-10-22］.http://www.z.k.kyoto-u.ac.jp/oldnews.cgi?type=topics.

表 2　京都大学小班讨论课开课、申请及选修情况 [①]

年度	开课数 /门	新生人数 /人	申请人数 /人	听课人数 /人	选修率 /%	占新生总数比例 /%	
						申请	选修
1998	96	2948	1135	657	57.9	38.5	22.3
1999	121	2882	1315	1010	76.8	45.6	35.0
2000	118	2837	1615	1134	70.2	56.9	40.0
2001	134	2825	1532	1172	76.5	54.2	41.5
2002	136	2781	1639	1170	71.4	58.9	42.1
2003	134	2822	1660	1136	68.4	58.8	40.3
2004	138	2936	1563	1106	70.8	53.2	37.7
2005	146	2939	1606	1226	76.3	54.6	41.7
2006	149	2949	1721	1281	74.4	58.4	43.4
2007	147	2958	1765	1341	76.0	59.7	45.3
2008	148	2959	1765	1352	76.6	59.6	45.7

值得一提的是，小班讨论课完全属于自愿（义务）课程。教师自愿（义务）开课，不计工作量；新生自愿选课，不计学分。尽管如此，课程还是得到了全校师生的一致好评。2008 年，学生对课程的基本满意度达到了 94.0%，对自身听课态度的认可程度也达到了 84.4%。[②] 由于小班讨论课多在授课教师个人的研究室内进行，学生们普遍反映小班讨论课能够近距离感受到教师的人格魅力，而且有机会认识更多跨学科的同学。

另外，教师对课程的基本满意度达到了 86.4%，对听课学生学习态度的基本满意度也高达 95.5%。[③] 教师认为小班讨论课可以为学生们提供更多的发言机会，也能够对学生进行一些更为细致的研究指导。还有一点特别值得一提，教师认为这种课程形式在本科入门阶段即引导学生进入各自的专业研究领域，有助于激发学生对研究的兴趣。

---

① 根据日本京都大学高等教育研究开发推进机构编写的《新生小班讨论课的现状和课题——2008 年度问卷调查报告》等资料整理而成。
② 京都大学高等教育开发推进机構 . 新入生向け少人数セミナー（ポケット・ゼミ）の現状と課題：平成 20 年度アンケート調査報告［R］. 京都：京都大学，2009.
③ 同②.

日本京都大学小班讨论课不仅得到师生的普遍好评，同时也得到第三方评价机构的高度肯定[1]，巩固了其作为京都大学本科人才培养特色课程的重要地位。

但是，该课程的自愿、义务性质给教师带来了负担；同时，教师的压力与学生需求之间的现实矛盾也在课程实施过程中逐渐凸显[2]。另外，给予教师相关经费支持、田野工作的安全管理、选课保证等问题，仍有待进一步解决和完善。

四、人才培养质量保障机制

课程设置是本科人才培养的关键，也是中间环节。为了达到既定的教育目标，招生工作及最终考核也同样重要。为确保人才培养系统的顺畅、高效运作，切实提高人才培养质量，日本京都大学于 2003 年增设了高等教育改革发展推进机构，专门负责全校人才培养质量保障工作。该机构从招生、教学（课程设置）、毕业三方面分别制定相应政策并定期进行考核评估，同时专门设置教师发展中心，全面提升人才培养质量。

具体来说，招生工作由各院系负责，院系根据各自的教育理念及人才培养目标自主决定考试科目及内容。对考生的要求，除了检测高中阶段的基础知识之外，是否理解京都大学的自由学风和办学理念、是否具备主动学习和独立钻研能力等也是重点考察的内容。在课程教学方面，日本京都大学通过信息公开制度，向学生明确各院系的教学方法、教学内容、课程计划、考核办法和标准、毕业条件，并据此开展教学活动和进行成绩评价。

---

[1] 例如，在 2007 年大学评估中，京都大学小班讨论课在"教育内容和方法"类中获得"优等"的评价。见：独立行政法人大学評価・学位授与機構．平成 19 年度実施大学機関別認証評価評価報告書：京都大学［EB/OL］．（2007-03-01）［2020-04-30］．https://www.kyoto-u.ac.jp/sites/default/files/embed/jaaboutevaluationestimatedocumentsnin-hyoka080327-2.pdf.

[2] 京都大学采取的对策主要有院系提供上课教室（增加听课学生人数），授课教师范围扩大至助教（增加授课教师数量），增加第一学年下学期开课数量（增加授课教师数量），等等。见：京都大学高等教育研究开发推进机构．新入生向け少人数セミナー（ポケット・ゼミ）の現状と課題：平成 20 年度アンケート調査報告［R］．京都：京都大学，2009：57-58.

学位制度规定了授予学位的必要条件，要求学生根据院系教育理念和教学目标完成所需课程及学分、通过学士学位考试。毕业要求完成的课程，从课程的专业性来看，包含全校通识课程和各学院专业课程；从课程的授课方式来看，除了常见的讲授类课程之外，还有讨论课、实践课、田野调查课及论文指导等。

为了提高科技创新能力，近年来京都大学在人才培养机制建设方面不断摸索和创新。例如，持续开展高质量的全校通识课程、学院本科专业教育；为了不断提高教学水平，整合全校资源，进行合理的师资配置；把握学术研究动向和社会变化，确定合适的招生人数，确保提供高质量的教育；根据学校的理念和目的，向教职员工提供培训和提高机会，不断提高教育水平；根据各学院、各校区的特点，整合教育环境，强化学习、研究支持功能。

五、结论和借鉴

日本京都大学的课程设置灵活多样、选择自由、循序渐进，但专业课程多由各院系自主开设，学校方面则专注于通识教育的整体设计。通过专业机构科学整合全校资源，京都大学统一提供始终"一贯"的跨专业教育课程和多样、和谐的通识教育，注重培养本科新生的自主学习能力、继承与创造精神，并建立全校范围的质量保障机制，加强教师培训工作并实现经验共享。结合中国本科人才培养现状，笔者认为以下几点值得思考。首先，改变通常由教务处等行政部门主导课程设置的做法，成立具有专业研究能力的课程研究团队，不断提高全校课程设置与管理的科学性。其次，大力充实通识教育课程设置，改变毕业导向的传统选课模式，在公平合理的前提下确保新生在课程选择上的自主空间。最后，淡化专业色彩，尤其是低年级的专业色彩，逐步放宽转院、转系、转专业的条件限制，通过进一步提高综合素质挖掘并拓宽本科教育创新人才的潜力与成长空间。

（作者简介：严平，中国人民大学教育学院副教授，日本京都大学教育学博士，日本学术振兴会外籍研究员）

日本研究生教育发展探析

研究生教育既是高等教育的组成部分，又是高等教育中相对独立的一个部分，它有着自身固有的特征和规律，与大学本科教育既有联系又有区别。一般认为，研究生教育必须适应和促进社会发展，必须适应和促进科学发展，必须适应和促进个人发展。从欧美发达国家研究生教育的发展历程来看，其研究生教育的充实与加强，基本上都是遵循以上原则进行的。正因为如此，研究生教育在这些国家的科学技术发展和社会进步中发挥了举足轻重的作用。然而，作为后起的资本主义国家和当今世界经济强国的日本，其研究生教育无论在经济增长和科技进步中，还是在促进社会文明的发展上，所起的作用却远不如其他发达国家。

一、日本的教育立国与研究生教育

众所周知，教育对日本的政治、经济和科学技术的进步，对整个社会发展战略的实现发挥了重大作用。在教育价值的实现上，日本有突出的表现。教育促成了一个经济强大、科技发达的日本，这是国际公认的事实。然而，日本的研究生教育制度自建立以来，在科学研究和人才培养方面所起的作用却不尽如人意。

日本政府一直重视初等教育和中等教育的发展，使其初等教育和中等教育以制度完备、发展迅速而著称于世。早在 1948 年，日本的初中入学率就已达到 99.27%，可以说基本上普及了小学至初中教育。第二次世界大战后日本政府十分注重高中教育和大学教育，突出表现就是政策和经费的支持与法律上保障，取得的成效也非常显著。

高中教育作为日本中学教育的新体制，始于 1948 年 4 月，1950 年完成制度的构建。20 世纪 50 年代前期，日本初中学生升入高中的人数占比一直保持在 50%，1961 年超过了 60%，1965 年升至 70%，1968 年实现 80%，1987 年达到 94.3%。到 20 世纪 80 年代前后，日本大约有 95% 的初中生能进入高中学习。①

与此同时，日本以建立新型国立大学为龙头，大规模改革和扩大高等教育，取得显著成效。第二次世界大战前，日本有 47 所大学；到 1953 年，日本仅 4 年制大学就有 226 所。20 世纪 80 年代，日本已有大学 465 所，大学的入学率超过 40%，进入了高等教育大众化阶段。

但是，在 20 世纪 70 年代，日本仅有 6% 的大学毕业生进一步接受研究生教育。这与 20 世纪 70 年代就已进入"黄金时代"的美国研究生教育相比，差距很大。这种差距不仅表现在数量上，更重要的是表现在研究生教育对科学发展与社会进步的促进作用上。

固然，研究生教育在日本整个教育系统内规模小，发展缓慢，在国家经济发展和科学技术进步中未能发挥主导作用是过程性的现象。但人们还是不禁要问：既然是教育促成日本的生产工艺、高科技领域的研究达到了世界一流水平，为什么与之密切相关的研究生教育却不发达？日本是以何种机制促进科学技术进步的？

下面从日本研究生教育与学位制度的关系及日本的研究体制两个方面来探讨上述问题。

---

① 朱永新，王智新．日本教育概览［M］．太原：山西教育出版社，1992：77.

二、第二次世界大战前日本的研究生教育和学位制度

1886 年，日本政府颁布《帝国大学令》，规定在日本的第一所大学——东京帝国大学设置分科大学和研究生院两个机构，分科大学为教育机构，研究生院为研究机构。《帝国大学令》还明确规定，帝国大学具有国家机关的性质，文部大臣对大学校长有监督、命令权等。在此后相当一段时间内，日本的研究生教育受到行政约束，研究生院的设置、招生数量、培养方向、学位授予方法等都在政府的严格控制下实施，不得越雷池一步。大学完全没有自主选择科学研究方向、开发科学研究项目的自由。

第二次世界大战前，日本的研究生教育只设博士生教育一个层次，主要功能是帮助教授进行研究工作。研究生教育主要是进行科研训练，研究生通过课程学习获得广博知识和自主探求科学技术的机会非常少。当时，日本整个教育体系都受到军国主义思想的控制，日本的研究生教育是军国主义教育体系上的一环。

在第二次世界大战前日本的研究生教育中，讲座是教学和科研的基本构成单位。每个讲座有一位学科带头人，形成从属于个人的科研组织形式，是一种师徒式的封闭的研究生培养方式。这种方式对于导师个人的学术研究方法与学术研究成果的形成具有积极的意义。但其封闭性不仅局限了研究生探索学问的视野，也因学术交流不畅而不利于导师提高学术水平。由于研究生培养方式取决于导师个人的科研方式和工作方式，对研究生的评价往往依据的是导师的学术地位，因此教育评价的标准化程度低、可操作性差，不利于研究生教育水平的提高。研究生院通常不具有独立的地位，预算和教学都服从于系。另外，在研究生教育中，学位与研究生教育脱节的问题十分突出。学位是调节研究生教育的重要杠杆，在研究生教育发展中起着非常重要的调节作用。第二次世界大战前日本的研究生教育之所以在教育体系中丧失重要作用和地位，学位制度缺失与不健全是重要原因。

第二次世界大战前，日本的学位制度与其他国家不同，它与研究生教育

制度并无有机联系。这一时期,尽管日本研究生教育的规模并没有明显扩大,授予学位的数量却大幅度增加。例如,1935—1939 年,共有 6000 人获得博士学位,其中经过研究生教育后获得博士学位者仅占 15%,其余 85% 都是通过其他途径获得博士学位的。[①]"其他途径"意味着学位制度与研究生教育是相互分离的。那么,"其他途径"是什么?为什么会出现学位制度与研究生教育相互分离的现象?

下面我们来看一下第二次世界大战前日本的学位制度。

1887 年,日本政府颁布了第一个《学位令》,建立起学位制度。起初,学位授予权一概集中于文部大臣手中。根据《学位令》的规定,依照帝国大学分科大学的学科构成,设置法学、医学、文学、理学、工学 5 种类型的博士学位。获取博士学位的途径有 3 种:其一,申请者接受 5 年的研究生教育,通过考试,提交论文;其二,无须在研究生院接受教育,申请者提交博士论文并向文部大臣提出申请,文部大臣再委托帝国大学评议会审查;其三,由文部大臣推荐,若获大学评议会 2/3 票数同意,申请者不提交博士论文也可取得博士学位。[②]该《学位令》首开不经过研究生教育也可获得博士学位的先河,并对日本研究生教育产生了深远的影响。

在该《学位令》实施的 11 年间,共有 139 人获得博士学位。其中,课程博士,即接受了研究生教育,并提交论文后获得博士学位者仅 4 人;论文博士,即没有接受研究生教育,提交论文后获得博士学位者 19 人;其余 116 人都是既没有接受研究生教育,也未提交论文,而是经过文部大臣推荐获得博士学位的。[③]这是对在学术上取得重大研究成果学者的一种奖励,是一种荣誉。

1897 年,日本政府颁布第二个《学位令》。这时,学位授予权虽然掌握在主管国家教育的文部大臣手中,但推荐审查权转移到帝国大学为中心的学者之手。博士学位的种类也有所增加,在原有的种类之上,又增加了药学、农学、

---

① バートン・クラーク.大学院教育の研究［M］.潮木守一,訳.東京:東信堂,1999:412–413.

② 同①.

③ 同①.

兽医学博士学位。同时，取得博士的途径也有变化，在原有的途径上，又增加了由大学校长推荐获得学位的途径。而此时，政府认可的大学只有东京帝国大学和京都帝国大学。其结果是这两所大学的很多教授都通过这种途径获得了博士学位。这种做法招来众多的非议。人们普遍质疑这种推荐方式的严肃性和真实性。1919 年，日本政府又颁布了第三个《学位令》，废除了推荐方式，规定只有下述 2 种途径可以获得博士学位：其一，申请者接受研究生教育，并在规定的期限内提交论文，即所谓"课程博士"；其二，不用接受研究生教育，申请者提交论文，没有时间和年龄限制，即所谓"论文博士"。审核权基本是在以帝国大学为中心的学者手中。此后，很多人都通过第二种途径取得博士学位，课程博士寥寥无几。

这种把论文学术水平作为学位授予标准的做法，在保证研究生培养质量方面固然有其合理之处，但也有弊病。长此以往，学位的社会荣誉性成为人们对学位的认识，即年长资深的学者才有资格获取学位，初出茅庐的年轻学者很难获此殊荣。学位与其说是一种资格，不如说是一种社会地位和身份的象征，与是否接受研究生教育并无必然联系，与接受研究生教育后的就业也无必然联系。这样的学位制度使第二次世界大战前的日本研究生教育黯然失色。

当时，很多研究生都是一边工作一边潜心撰写论文，然后申请学位。在医学领域，很多人本科毕业后，先在大学附属医院无偿工作，同时开展研究工作，然后将研究结果撰写成论文，提交审核，申请学位。因而，培养医学博士的重要机构不是研究生院，而是大学附属医院。在人文、社会科学领域，很多人本科毕业后，或在大学中做助手，或在高等学校做教学工作，同时开展研究工作。他们一般都是到了相当的年龄才以长期积累的研究成果作为条件申请学位。

第二次世界大战前，日本的研究生人数一直被控制在 3000 人以内。相比之下，获得博士学位的人数，虽在设立之初的若干年里增长不多；但进入 20世纪 20 年代后，则逐年增加。1935 年以后，日本每年获得博士学位的人数急速增加并超过 1000 人。总的看来，大部分学位都与研究生院教育无关。20 世纪 20 年代到 30 年代获得学位者，80% 以上都是论文博士。

当时，由于政治、经济、军事上的战略需要，日本在不同领域的教育投入是不同的。同时，不同学科的学位授予情况也有差异。医学领域的博士学位授予数增加最迅速，医学博士学位占 70%，其次是理学博士、工学博士、农学博士。20 世纪 20 年代到 40 年代，理学博士的授予数增加了 8 倍，工学博士增加了 5 倍，而获得法学博士、文学博士者，每年仅有 10 人。这也造成不同学科领域的博士学位获得者之间年龄上的差异。年轻的博士学位获得者大多是在自然科学领域从事学习研究的人，而人文、社会科学领域的博士学位获得者则大多是有一定学术积累的年长者。这种现象明显地反映了第二次世界大战前日本学位制度价值取向上的功利性，并造成不同学科领域学位授予数量和学位获得者年龄上存在的差异更加明显。

虽然，医学、理学、工学、农学等学科的研究生教育与学位授予有一定的联系，较有效地促进了这些学科研究的深化。但日本研究生教育的规模一直受到严格的控制。这固然与第二次世界大战前日本社会经济发展缓慢、本科教育不发达有着一定关系，但主要的是研究生教育自身的问题，特别是人文和社会科学等相关学科的研究生教育与学位获得没有多少直接关系。研究生毕业同一切资格形式几乎没有必然联系，让人感觉研究生教育不能直接给接受研究生教育者带来效益，挫伤了研究生学习的积极性，进而导致日本研究生教育处于萎缩的状态。这种影响一直延续到第二次世界大战后。

三、第二次世界大战后的日本研究生教育

第二次世界大战结束后，按照美国占领军的意图，日本在对第二次世界大战前军国主义、极端国家主义的教育制度和思想进行反省的基础上，根据《日本国宪法》制定了《教育基本法》和《学校教育法》，并以此为依据重新建立起一套新的教育制度。研究生教育也开始依据全新的教育理念进行改革与重构。但是要对第二次世界大战前已然形成的模式和观念进行更新和改造却不是一朝一夕的事。

第二次世界大战后日本研究生教育的改革历程，随着政治、经济、科技、文化及整个社会发展战略的变化，在不同的时期有不同的目标和重点。经过几个阶段的改革与调整，日本的研究生教育制度逐步完善，规模不断扩大。1955—1988 年，设置研究生院的大学从 47 所增加到 294 所。1960—1988 年，硕士研究生从 8305 名增加到 56596 名，增加了 5.8 倍；博士研究生从 7429 名增加到 25880 名，增加了约 2.5 倍。

纵然如此，日本研究生教育仍然存在以下问题。

首先，研究生培养规模发展缓慢。尽管研究生教育的总体规模在不断扩大，但研究生与本科生的比例严重失调。从在校研究生占比来看，美国为 15.6%（1987 年），英国为 33.5%（1987 年），法国为 20.7%（1988 年），日本仅为 4.4%（1989 年）。这种状况既与第二次世界大战前日本的研究生教育规模有关，也受制于当时日本社会经济发展对人力资源数量与质量的需求。

其次，研究生教育与学位授予之间仍有很大的距离，尤其是在人文和社会科学领域。在 20 世纪 80 年代，有约 80% 的理学、工学、医学、农学的研究生经过 5 年研究生教育后可以获得博士学位；而人文科学只有 2%，社会科学只有 6% 的人能在完成研究生教育后立即获得博士学位。更多的研究生以肄业的身份完成学业，还需经过长期的努力才能获得学位。研究生教育与学位获得之间的隔阂，使学位的价值仅局限于学术范畴，对研究生就业的现实意义不大。

最后，从研究生培养模式看，研究生教育在很大程度上仍然没有摆脱第二次世界大战前的影响，未能随着社会的发展变化灵活地对已有的制度加以调整。特别是导师对研究生的指导方式，长期沿用以导师为核心的讲座制度，为某一学科或某一领域培养"后继者"，未能以开放的姿态为学生进行不同学科间、不同学派间的对话与交流创造更多的机会与可能性，不利于打开与拓展学生的视野与格局，与社会发展需要之间存在一定距离。

人们不禁要问，既然研究生教育未能很好地完成培养科学研究人才和高层次专业人才的使命，那么大学的师资又是如何保障的？是谁承担起推动日本科技进步和经济发展的重任？下面我们再讲一讲日本的助手制度和科研机构。

四、日本的助手制度和科研机构

在日本，许多大学的科系都实行把优秀的本科毕业生留下来当助手的做法。这种助手不同于美国的教学助手和研究助手，他们具有专任教师的身份，但并没有授课的义务，只是协助教授进行研究。但人文和社会科学领域，助手连协助教授研究的义务都没有。他们在做助手期间只需专心自己的研究，以待数年后自己的研究获得学术界认可，被自己大学或其他大学吸收为讲师或教授。做助手期间的表现和成果是年轻学者将来能否在学术界崭露头角的关键。

这种培养大学教师的方式也与日本教授市场十分狭小密切相关。第二次世界大战前，日本仅有大学47所，对大学教师的需求有限，这是日本不需要大规模有组织地培养大学教师的重要背景。因此，长期以来，日本大学教师都是通过挑选优秀的本科毕业生作为助手，以师傅带徒弟的方式加以训练和培养，学校并不在乎他们有无博士学位。这种教师培养方式是日本国情的产物，在特定的环境中保证了大学教师的来源和质量，但它无益于研究生教育的发展和扩大。

第二次世界大战后，随着高等教育规模的急速扩大，日本对大学教师的需求也大大增加。但大学师资的补充方式并没有脱离原有的模式。也就是说，对大学教师的需求并没有成为研究生教育扩大规模的动力。另外，第二次世界大战后日本科学技术的发展对高层次专业人才素质及数量的要求日益提高，但从日本研究生与本科生比例严重失调的情形看，研究生培养远远不能满足实际需要。那么，本应由研究生教育承担的科学研究和人才培养任务是由谁来承担的呢？

在日本，从事学术研究的机构主要是国立研究所、大学和企业研究所。研究生院从建立初始就被日本政府定位于从事学术研究的机构。第二次世界大战前，日本的大学特别是研究生院，作为学术研究的重要机构，在国家的严格掌控之下承担着推动国家科学技术发展的重任。研究生教育更像是研究生院的附属品，在人才培养与科学研究方面所发挥的功能与作用是十分有限的。

随着日本经济发展速度的不断加快，社会特别是企业对高层次人才的需求日益增加，日本的研究生教育已远远不能满足这种需要。企业为了自身的发展与提升，越来越重视通过建立自己的研究机构推进研发工作与人才培养，导致这一时期日本学术研究的重要力量向企业转移。科研经费的投入与使用占比情况可以清晰地反映这一变化。

1987年，日本政府在研究开发上的投入已经达到9万亿日元（30年前约为4000亿日元），研究人员约40万人。从世界范围看，日本在研究开发上投入的财政资源与人力资源仅次于美国。据有关统计资料，在日本全部研究开发费用中，基础研究的费用占13%，应用研究的费用占24%，开发研究的费用占62%。

在研究分工上，大学主要从事基础研究，企业的研究机构主要从事开发研究，国立和公立研究机构所则各类研究兼顾。在研究费用的使用上，大学的研究经费，54%用于基础研究，37%用于应用研究，只有10%用于开发研究；国立研究机构的研究经费，59%用于开发研究，27%用于应用研究，只有15%用于基础研究；而企业的研究经费，72%用于开发研究，经费仅有5%~6%用于基础研究。[①]

长期以来，日本企业所属的研究机构在日本的研究开发中发挥了重要的作用。企业的研究开发经费占全日本研究开发经费的80%，是日本研究开发经费的最重要来源。同时，企业也是日本研究开发活动最主要的承担者，日本研究开发费用的73%是由企业所属的研究机构使用的。日本62%的科技人员都受雇于公司企业。全日本约有14000家公司企业（大部分是制造业）在从事科学研究活动。[②] 由此可见，在日本科学研究中，特别是开发性研究与应用性研究方面发挥主要作用的是企业所属的研究机构。这与日本企业对自己所处的环境有着清晰的认识是密切相关的。

---

① バートン・クラーク.大学院教育の研究［M］.潮木守一，訳.東京：東信堂，1999：412–413.
② 同①.

20 世纪 80 年代以前，日本企业大多将研究活动的重点放在开发研究方面。80 年代中期以后，随着泡沫经济的崩溃，日本陷入经济大萧条的困境，企业也面临着前所未有的经济压力和竞争压力。在这种情况下，日本企业更加确信，资源贫乏的日本要想在国际竞争中取得优势，要想使经济得以复苏，必须加强科学研究、技术开发和人才培养，以通过具有创新能力与具有竞争力的核心技术立于不败之地。因此，日本企业在继续开发研究的同时，对基础研究和人才培养也表现出前所未有的热情。许多日本企业成立了以基础研究为主的研究机构。

日本企业在吸引研究生就业方面也发挥着重要的作用——在日本企业研究机构从事研究工作的大多是理工科硕士、博士，即使是面临经济上的压力，仍有很多大企业每年接受几百名硕士毕业生到企业工作。为了鼓励这些硕士毕业生投身研究事业，有的企业为他们继续接受教育培训投入大量经费，或派往国外留学深造，或送到国内的大学继续深造。有的企业为了让硕士毕业生在实际工作中深入进行相关研究创造良好的条件，允许他们一边工作，一边以研究成果申请博士学位。

虽然日本企业始终对研究开发活动和人才培养工作抱有很高的热情，但它们的支持毕竟不能完全替代研究生教育对科学进步和社会发展的作用。有学者指出："与欧洲，特别是美国的高等教育相比，日本教育结构最高层次的研究生教育明显薄弱。可以说，日本研究生教育存在的意义主要体现在培养具有硕士学位的技术人员上。长期以来，研究生教育只注重培养医学、工程等领域的专门人才，在这个号称重视教育、拥有大批受过高等教育的劳动者的国度，对博士教育的投入却是极为有限的，特别是人文科学和社会科学领域的研究生教育一直受到严重的压缩。"[1]

综上所述，长期以来，日本企业所属的研究机构是日本科学技术研究与开发的主要承担者，在推动日本的科技进步和社会发展方面发挥了重要作用，从某种程度上替代了本应由研究生教育发挥的功能和作用。这也是虽然研究生

---

[1] バートン・クラーク. 大学院教育の国際比較［M］. 有本章，訳. 町田：玉川大学出版部，1999：186.

教育发展缓慢，却未能阻碍日本科学发展和技术进步的原因。

但是当日本高等教育进入大众化阶段之后，要求接受研究生教育的人增多，需求也呈现多样化的特点，以往死板僵硬的研究生培养模式已经不能满足社会的要求。特别是进入知识经济时代后，在全球经济一体化的大趋势中，日本研究生教育薄弱造成的各种高层次人才培养的缺失，已经严重威胁日本在国际竞争中的优势地位。为改变这种状况，日本将教育改革的重点向研究生教育转移。自 20 世纪 80 年代起，日本政府采取了一系列的教育改革措施，研究生教育的数量和质量有了明显的提高，学位与研究生教育之间的关系不断得到调整。在多样化的研究生教育格局中，日本研究生教育为不同需求的人提供了高层次的教育和训练机会，特别是在科学技术研究开发和高层次专业人才培养方面，研究生教育与企业间的合作更加密切，并已取得许多有价值的成果，积累了许多经验。

五、日本研究生教育改革的经验

自 20 世纪末，日本不断加大研究生教育改革的力度，不仅研究生教育规模得到扩大，而且由于政府拨款机制和企业资助方式的调整，研究生教育格局发生了巨大的变化，多元化的研究生教育体系正在逐步形成。日本研究生教育改革归纳起来，具有以下特点。

（一）研究生教育改革与发展具有明确的方向性

日本研究生教育改革的主导思想是在大学、政府和社会的广泛参与下，经过慎重论证和探讨后确定的。在高等教育改革中具有举足轻重地位的日本大学审议会指出："研究生院在推进以基础研究为中心的学术研究的同时，担负着培养研究者和具有高层次专业人才的任务。"日本大学审议会还强调，为了使社会生活的各个领域充满活力和生机，为了通过学术研究为国际社会科学技术发展做出积极贡献，必须把调整和改善研究生教育作为紧迫的任务来抓。这就明确了日本研究生教育改革与发展的基本方向，即保证高效地进行科学研究和培养高层次学术型人才与专业型人才，在扩大研究生教育规模的同时实现研究生培养目标的多样化。

（二）以制度完备和教育机构的准确定位促进研究生教育规模扩大和质量的提高

基于日本研究生教育改革与发展的基本方向，日本研究生的教育目的有三个：其一，培养学术研究人才；其二，培养高级专门职业人才；其三，作为本科阶段专门教育的补充或延伸。经过十几年的改革，这些目标都已实现。日本研究生教育改革成功的关键有两点：第一，对要求接受研究生教育的人群进行分类，并在此基础之上，有针对性地完善研究生教育的各项制度，使不同学习群体的需求在弹性制度的支持下都能够得到满足；第二，对具有研究生教育资质的院校进行功能划分，科学配置研究生教育资源，在此基础之上不断扩大规模，使规模扩大与质量提升同步。

1. 对要求接受研究生教育的人群进行分类

基于社会发展和个人发展的需要，按照个人的主观愿望和客观条件，可把学习者大致分为学术研究型、专门职业型、自我充实型三类。针对学习者的类型，首先进行教育制度上的改革，以适应各类学习者的成长要求。

（1）针对学术研究型人群。这一部分人即将或正在从事科学研究工作，是日本实现科学技术创新的中坚力量，所以日本非常重视这一类人才的培养。除了在政策和经费投入方面给予支持外，日本政府还不断通过调整教育制度以适应这一部分人才的发展需要。例如，为使一些具有优秀研究潜力的学生尽早进入研究生教育阶段，冲破长期以来研究生招生中的学历年限，允许在大学学习3年以上并修足接受研究生教育所必需的本科课程学分的大学生参加研究生入学考试；允许没有硕士学位，但本科毕业后从事过2年以上研究工作并取得了一定研究成果的人参加博士研究生的入学考试，以利于优秀者能够尽早脱颖而出。

（2）针对专门职业型人群。这一部分人群主要是由一些希望从事或正在从事某种专门职业，同时希望通过继续学习提高自身技能和水平的人组成。为了适应这一部分人群的需求，近些年研究生教育根据日本社会不断老龄化的问题、国际化和信息化对专业人才的需求，调整和压缩某些老学科、老专业，大量增设新的学科，如社会福利、老龄护理、国际文化、国际经济，信息科学、经营信息、社会信息等。在制度层面，日本研究生教育实现了科目选修和研究生夜间学习的制度化。与一般研究生院相比，夜间研究生院开设的专业大多集中在经营管理、法律事务、教育等领域，主要招收从事教育、心理、福利、商业、行政工作的在职人员。夜间研究生院的学制、课程设置、教学方式、成绩评定都具有弹性，以适应在职人员不同的客观条件和学习需求。

（3）针对自我充实型人群。随着知识经济时代的到来，具有更新知识结构、充实自我等愿望的日本人不断增多。日本政府也本着终生学习的理念普及更高层次的国民学历教育。研究生教育不再只进行精英教育，也承担起为具有不同学习需求的人提供教育机会的任务。因此，日本研究生教育进行了制度上的调整，突破全日制的形式，实施夜间研究生课程教育和函授研究生教育制度，还在全日制研究生院增设了在职"社会人"教育路径，让在职的"社会人"与本科直升研究生院的学生共同学习，他们之间的交流互动本身也是一种学习方式。

从以上分析我们可以看出，日本研究生教育制度改革的目的是使制度具有弹性，以适应不同类型学习群体的实际需要。为了适应日本经济发展及社会各界对研究生教育多种多样的需求，研究生教育机构也越来越多样化、个性化。国立大学、公立大学、私立大学及研究生院，每一所学校都有自己的特色、定位和目标。

2.对具有研究生教育资质的大学进行功能划分

由于历史传统、经营主体、办学形式不同，各个大学的现有条件也是有差异的。对具有研究生教育资质的大学进行功能划分，研究型大学以国立大学为主，社会服务型大学以公立大学、私立大学为主，一种新的分工合作模式逐渐形成。

（1）国立大学的研究生教育功能。日本大学审议会在《关于 21 世纪的大学蓝图和今后的改革方案》（1998 年）中指出："从积极开展具有世界前沿水平的教育与研究，培养能够适应我国社会与国际社会发展的，活跃于诸多领域的优秀人才这一观点出发，有必要支持建设一批作为高水平教育与研究基地的研究生院。为此，应当根据对专攻领域（或研究科）的客观、公正的评价，在一定时期内，集中、重点分配研究经费、设备费用。"根据这一咨询建议，日本政府从 20 世纪 90 年代起，重点投资建设了一批高水平的研究生院和研究科。

第一，发展研究生院大学。新设立一批没有本科学生，但具有从硕士研究生到博士研究生的完整教育组织的研究生院大学，如综合研究生院大学、北陆先端科学技术研究生院大学、奈良先端科学技术研究生院大学、政策研究研究生院大学等，这些研究生院大学大部分都是国立大学。第二，在一些历史比较悠久、国家重点投资的国立大学进行研究生教育机构改革，设立独立研究科，使研究生教育从组织机构上脱离系的统辖，教师以实施研究生教育为主。它不仅使教师的工作重心转移到研究生教育上来，有助于研究生教育规模进一步扩大，而且使政府对国立大学的经费分配依据由系转为研究科，从而大幅度提高了研究生教育经费。实施这项改革的大学仅有少数几所，这些大学基本上都是国立大学，如东京大学、京都大学、东北大学、北海道大学、名古屋大学、大阪大学、九州大学、东京工业大学、东京医科齿科大学、一桥大学、神户大学和广岛大学等。

无论是研究生院大学还是独立的研究科，其主要任务都是适应科学技术的迅速发展变化及综合学科、新兴学科不断出现的趋势，针对学科发展前沿培养具有综合能力与创造能力的科学研究人才。

（2）公立大学的研究生教育功能。由地方政府出资设立的公立大学主要服务于地方各项社会事业发展，以培养既具有实际工作能力，又能够面向地方社会的专业人才为己任。日本研究生教育改革后新设立的福利、老龄护理方面的研究生院和学科大多是在公立大学。究其原因，一是福利和老龄护理都带有较强的地方色彩；二是国立大学更侧重于学术性强的专业和学科教育，对老龄护理和福利方面的专业教育并不重视；三是很多人出于偏见又不愿意支付高额的学费去私立大学学习老龄护理和福利专业。所以，公立大学的研究生教育责无旁贷地承担起为培养地方急需的应用型专业人才的任务。

（3）私立大学的研究生教育功能。日本私立大学一直在日本高等教育发展中发挥着重要的作用，往往承担着国家和地方财政暂时无暇顾及，而对科学技术、经济和社会进步发展具有积极意义的专业和学科的教育任务。在日本研究生教育改革中，私立大学的研究生教育在培养社会急需的文化传播、经营管理、国际经济、国际文化、环境、生态、观光文化、造型艺术等方面专业人才方面发挥了重要的功能。在"科学技术创新立国"成为既定国策之后，日本政府大力促进研究生教育的发展，创设综合研究生院大学、先端科学技术研究生院大学，培养能够立足于世界科学技术前沿的优秀人才的同时，也更加关注社会在职人员能够通过各种途径接受研究生教育。为了方便在职人员攻读学位课程，日本政府大力推行夜间研究生教育制度。有 200 多所大学开设了夜间研究生院或夜间研究生课程。从开设研究生院大学的总数看，以国立大学居多，而设置夜间研究生课程的私立大学是国立大学的 3 倍。可见，日本私立大学在扩大研究生教育规模、为在职人员提供接受研究生教育机会方面发挥着主要的作用。这与私立大学的管理体制具有较大的自主性有着密切的关系。

纵观日本研究生教育发展的轨迹，我们不难看出，日本研究生教育从充满功利的色彩，到积极顺应社会的多元化需要进行重新构建，经历了漫长的历史过程，直至 20 世纪末才开始全方位的综合改革。日本研究生教育改革明显带有结构性，具有系统工程的特征，通过资源的有效配置，满足社会对不同类型、不同层次人才的需要。日本研究生教育积极顺应社会发展的需要，向着个性化、多样化方向发展，制度上适应不同的学习需求，以更富有弹性为特征。这也正是我们的研究生教育改革应当认真学习和借鉴之处。

目前，中国的研究生教育基本上是由各级政府所属大学主导，扩招的任务也几乎都是这些大学承担。扩招作为政府行为，是应该有相应的法律及配套的政策和制度做保障的。在这方面，我们还有许多有待完善的地方。另外，我们的研究生教育要考虑不同的学习需求，以及不同领域对不同类型人才的需求。在今后的研究生教育改革中，我们应根据科学技术和社会各个领域的发展，适应不同人群的需求，通过拨款机制、评价机制和制度构建等方面的系统改革，使研究生培养模式多样化；我们还要对具有培养研究生能力的大学进行功能定位，根据培养目标实施师资、设备、教学管理，以实现教育资源的科学配置。

（作者简介：张海英，北京航空航天大学高等教育研究院教授）

教师发展篇

日本大学教师发展的实践与启示

20 世纪 60 年代，"教师发展"（faculty development，FD）开始受到关注，2012 年前后随着 30 个国家级教师教学发展示范中心的成立，FD 更是呈现出蓬勃发展的态势。日本高等教育领域于 20 世纪 80 年代从美国引进"教师发展"的概念，日语中没有与之对应的专有名词，1998 年日本文部科学省在政策报告中使用了它的日语音译，2005 年中央教育审议则在报告中直接使用英语缩略语"FD"（本文均使用这一英文缩略语）。

2008 年，FD 被写入日本《大学设置基准》。《大学设置基准》规定"各大学为改进教学内容与方法，需开展有组织的培训与研究"，即每所大学都有开展 FD 的义务，这也被称为"FD 的义务化"。以此为契机，各大学以多种形式开展了 FD 活动。[①] 关于 FD 的定义，日本学者言人人殊。文部科学省对 FD 的定义被学术界批判为仅仅着眼于教师教学能力的提升，而各个大学由于性质（国立、公立、私立）和规模等又提出了不同的解释和定义。[②]

经过多年的探索，日本 FD 活动包括的内容更加丰富。在微观层面，FD 活动包括教学方法与主动学习型课堂教学、新教师培训为代表的各种工作坊、

---

① 蒋妍，林杰. 日本大学教师发展的理念与实践：京都大学的个案［J］. 北京大学教育评论，2011，9（3）：29–44.

② 同①.

报告及教学研讨会等。在中观层面，FD 活动涉及课程及学位项目，包含了政策制定，课程设计及教学效果的验证等方面的培训等。在宏观层面，FD 活动包括组织教育环境、教育制度相关的工作坊及咨询。①FD 理论模型有"专家型""同僚型"及"相互研修型"。根据日本文部科学省的调研，一线大学 FD 活动的开展形式有演讲、新教师培训、教学观摩及以改善教学方法为目的的工作坊或研讨会等。②2012 年日本文部科学省在政策上对主动学习型教学 ③ 的推进也间接带动了 FD 实践中此类主题活动的增加。

本文拟从教学角度深度解析日本大学在 FD 方面的探索和实践，从而为我国 FD 活动的开展提供启示与思考。

本文选取 2 所顶尖国立大学和 1 所顶尖私立大学作为研究案例，从 FD 实践概况、特色实践活动两方面进行介绍。未选择公立大学的原因是它们在 FD 研究和实践方面并未有突出的能供中国参考的成果。

一、东京大学的 FD 实践

日本不仅重视大学 FD 活动，还十分重视旨在提高在读博士研究生教育能力的相关活动。日本文部科学省下设的中央教育审议会于 2008 年发布咨询报告《关于本科课程的构建》，强调要"强化研究生院的大学教师培养功能（pre-FD）"并列举了一些具体的实施措施，如教学法工作坊、教学助理研讨课等。2019 年修改的日本《研究生院设置基准》提出要将"pre-FD 努力义务化"，即规定各个大学都有积极开展 pre-FD 的义务。④根据日本 FD 义务化（法规化）的进程，可以推测近几年内 pre-FD 也将会被义务化。栗田佳代子指出，pre-FD 的义务化与教学助理制度未能"充分提供研究生获得大学教师技能的机会"

① 沖裕貴 . 日本の FD の現状と課題［J］. 名古屋高等教育研究，2019（19）：17-32.
② 文部科学省 . の大学における教育内容等の改革状況について（令和元年度）［EB/OL］［201-04-30］. https://www.mext.go.jp/a_menu/koutou/daigaku/04052801/1417336_00008.htm.
③ 松下佳代，京都大学高等教育研究開発推進中心 . 深度主动学习：基于大学课堂的教学研究与实践［M］. 林杰，龚国钦，冯庚祥，译 . 北京：人民邮电出版社，2021：2.
④ 栗田佳代子 . 大学院生のための教育研修の現状と課題［J］. 教育心理学年報，2020（59）：191-208.

有关，因为教学助理制度是在 1995 年依据日本文部省的通知，在日本政府的预算支持下推进的。截至 2014 年，全日本超过 60% 的大学引进了教学助理制度，但存在诸多问题，尤其是在教育培训方面。①

日本现在的 pre-FD 项目主要集中于国立大学，以研究生院科目、教学助理和课外项目的形式开展。② 东京大学的项目开展并不是最早的，但是一直在持续推进且不断优化和扩充，其余大学的项目或已经停止，或无确切资料可以收集，因此本文选择东京大学作为首个案例探讨 FD 实践。

（一）针对未来大学教师的实践活动

东京大学是日本第一所国立大学。截至 2022 年 5 月 1 日，东京大学共有本科生 13962 人，研究生 13341 人。东京大学的 FD 活动主要是由校内大学综合教育研究中心的高等教育推进部门承担的。2022 年，大学综合教育研究中心负责人由教育学研究科教授栗田佳代子兼任，此外还有 1 名副教授、2 名助教和数名任期制教职员工。

东京大学针对研究生教学技能的培训活动为该校的"未来教师项目"（Future Faculty Program，FFP）。作为正式科目，FFP 在课程大纲里的正式名称为"大学教育开发论"（Teaching Development in Higher Education）。FFP 项目始于 2013 年，由大学综合教育研究中心负责推进。③ 项目运行初期仅仅以校内研究生为对象，从 2016 年 4 月的第 7 期开始，培训对象扩大到校内的博士后，之后又扩大到了广大教职员工。新冠病毒感染疫情暴发前，每年 4 月和 10 月在东京大学的两个校区（分别安排在周四和周五下午）开课；2020 年新冠病毒感染疫情暴发后，课程改为线上进行，截至 2022 年 6 月依然保持线上形式。每期每个时间段只招收 25 人，共 50 人。

---

① 栗田佳代子．大学院生のための教育研修の現状と課題［J］．教育心理学年報，2020（59）：191–208.
② 蒋妍，魏红．日本研究生教学技能培训探析［J］．比较教育研究，2017，39（10）：46–51，60.
③ 同②．

该课程要求学生主动学习，即需要学生主动配合的部分（课内讨论和课外作业）很多，内容涉及大学教育的现状、主动学习、课堂教学设计、评价、模拟教学、学术档案袋等。①2020 年新冠病毒感染疫情暴发后，日本的很多大学（包括东京大学）都以线上教学为主，该项目也及时进行了调整，不仅调整为线上（主要通过 Zoom 软件）实施教学活动，培训内容也都围绕线上教学展开。

与 2016 年的第 7 期相比，2022 年第 19 期的培训内容（表 1）调整了"评价"和"课程设计"的顺序，对"教学改善与反思"的内容进行了少许变更，并在最后一次课中增加了"结构化学术档案袋图表"（Structured Academic Portfolio chart，SAP chart）②的内容。SAP chart 被视为教师学术档案袋的简缩版，也是 FFP 项目负责人栗田佳代子的科研学术成果之一。学术档案袋在欧美国家多被用作学术业绩评价方法，同时也可以作为教师自我反思和改善的工具。但因这种学术档案袋花费时间较长③，栗田佳代子开发了此减缩版，并将其应用于东京大学的培训项目。

参与 FFP 项目的益处包括：①参与者能够与校内其他研究领域的人员进行交流；②结业者将获得主办方专门颁发的证书，以便将培训经历写入个人求职简历；③结业者能拿到正式学分；④结业者能结成交流网。此外，该项目还有一个特色，即教学形式与教学内容呼应，教学形式上采用主动学习，谋求学生们的主体性参与，教学内容也是主动学习的相关知识，并且组织方会和图书馆或周边规模较小的大学配合，以自主参加的形式进行模拟教学活动，如利用图书馆的小报告室进行模拟课堂公开教学活动等。④尤其值得一提的是交流网，新冠病毒感染疫情暴发后，模拟课堂中进行点评的人员都是从这个交流网里召集的，有时各种学习会与交流会的信息也通过该网络发布。

---

① 蒋妍，魏红 . 日本研究生教学技能培训探析［J］. 比较教育研究，2017，39（10）：46–51，60.
② Kurita K, Yoshida L. Creating a "Teaching Portfolio Chart" for reflection and clarifying one's own teaching philosophy［J］. ETH Learning and Teaching Journal, 2020, 2（2）：196–200.
③ 同②.
④ 同①.

表1 2022 年东京大学第 19 期 FFP 活动日程及内容 [①]

日　程	内　容
4 月 14 日	主题：自我介绍和概要确认
4 月 15 日	理解高等教育发展变化情况，确认本项目的概要和意义
4 月 21 日	主题：课堂教学设计
4 月 22 日	学习课堂教学设计的基础，并试着设计一堂课
5 月 12 日	主题：评价
5 月 13 日	理解教学中的评价方法及意义，并学会建立量规（rubric）
5 月 26 日	主题：课程设计（教学大纲）
5 月 27 日	了解教学大纲的基本构成、目的及作用，并自己实践，尤其强调了"图形教学大纲"的用处
6 月 9 日	主题：教学改善与反思
6 月 10 日	学习能促进学生参与的建导方法，并对所学内容进行小结
6 月 23 日	微格教学（1）
6 月 24 日	分小组进行微格教学活动
7 月 7 日	微格教学（2）
7 月 8 日	改善后的微格教学活动
7 月 14 日	主题：通过做成 SAP chart 进行职业道路规划
7 月 15 日	回顾自己的研究及教育活动，找出其核心。展望自己作为大学教师的职业道路

（二）英语版的开发

除了日语项目外，东京大学的大学综合教育研究中心还有两个培养研究生教学能力的英语项目，一个是由"专业及全球化教育者社群"（Professional and Global Educators'Community，PAGE）组织的线上课程"东京英语学院"（U Tokyo English Academia）。该课程是一个获得了日本文部科学省项目经费支持的 5 年项目，始于 2016 年，现已结束。该项目以线上课程为重点，免费向全社会开放，目标对象主要是研究生。项目的内容和呈现形式颇具特色。内

---

① 该表根据东京大学教学大纲资料翻译整理而成。

容特色：从身边的实用场景切入及逆向设计①的使用。呈现形式的特色：①可以在手机上学习；②灵活使用动画（采用的是有故事情节同时配有讲师解说的动画）；③各个人物有相关专业及背景设定；④专门录制了发音练习的视频。该项目网站在文部科学省的项目结束后就被关闭了，相关内容被放在了视频网站（如 YouTube）上。

2021 年 9 月，东京大学的大学综合教育研究中心迎来了一位西班牙籍副教授，正式开始了英语版项目"东京大学全球未来教师培养计划"（UTokyo Global Future Faculty Development Program，UTokyo Global FFDP）的开发制作。该项目仍以科目教学的形式开展，安排在每周二下午，内容设置上与日语版稍有不同，更为一般化，主题抽象度也更高。

二、京都大学的 FD 实践

京都大学是一所因诺贝尔奖获得者辈出而备受关注的日本大学。截至 2021 年 5 月 1 日，该校共有本科生 13038 人，研究生 9577 人。京都大学的 FD 活动主要由该校的高等教育研究开发推进中心负责。该中心现有专职教授 2 名，专职副教授 3 名，合同制讲师 1 名，助教 3 名及研究员数名。此外，该中心与本校的教育学研究科（京都大学教育学院的研究生部）合作开设了研究生课程，培养硕士研究生和博士研究生，截至 2022 年 9 月不到 40 名毕业生，其中取得博士学位的共 11 人。这些毕业生活跃在日本的各所大学。

京都大学的高等教育研究开发推进中心是日本最早的"教与学中心"②，其前身是成立于 1994 年的高等教育教学系统开发中心。该中心以美国卡内基教学促进委员会所提倡的"教与学的学术"为参考，发展出了相互研修型 FD 的理念。该中心的教师开创了日本的大学教育学③，并坚持为全日本的一线

---

① 逆向设计是美国学者格兰特·威金斯（Grant Wiggins，1950—2015）和杰伊·麦克泰格（Jay McTighe，1949— ）提出的设计方法，通常应用于产品外观表面设计。
② 京都大学高等教育研究开発推進センター. 生成する大学教育学［M］. 東京：ナカニシヤ，2012：9，1–24，306.
③ 同② 1–24.

大学教职员工提供交流的平台，中心主办的"大学教育研究论坛"被认为是国际教与学学术协会（International Society for the Scholarship of Teaching and Learning，ISSOTL）年会的日本版[①]，截至 2022 年 3 月共举行了 28 届。遗憾的是，因京都大学的行政命令，该中心于 2022 年 9 月关闭。

京都大学的高等教育研究开发推进中心参与设计的 FD 活动分为校内层面、区域层面、国家层面及国际层面，活动不仅仅针对教师，也针对研究生。其面向研究生的实践也为上述东京大学的项目开展提供了参考。然而，因经费及人员变动等多种原因，中心的一些活动被终止，一些活动被移交给了其他大学负责，如区域层面的"关西地区 FD 联络协会"从 2016 年开始就转由大阪大学的相关部门负责。以下选取其固定活动"新教师培训"进行介绍。

新教师培训是日本 FD 活动中的固定项目。根据日本文部科学省的调查，2019 年，全日本有 52.4% 的大学把新教师培训作为 FD 活动的一项内容。[②]但各个大学开展培训的时间及对象和内容都不相同，具体负责的部门也不一样。如东京大学的新教师培训由人事部门负责，主要是讲解关于校内设施及校规有关的内容。选择在新学年开学进行新教师培训的大学比较多（日本是 4 月开学），像京都大学这样在一学期结束后进行新教师培训的大学并不多。

京都大学新教师培训的主要目的是提升教学能力，所以培训对象不包括专职研究人员，只包括新到京都大学且承担教学任务的教师。该培训的具体内容分为三个模块：①思考京都大学式的教育应该是怎样的；②为了开展这样的教育，可以得到哪些支持和资源；③各学院或教师面临哪些困难，有哪些解决办法。这些培训内容是与京都大学 FD 活动的中期目标一致的。[③] 2011—2018 年具体的培训活动设置也与模块对应（表 2）。截至 2018 年，京都大学都是根

① 京都大学高等教育研究开発推进センター. 生成する大学教育学［M］. 東京：ナカニシヤ，2012：9，1-24，306.

② 文部科学省. の大学における教育内容等の改革状况について（令和元年度）［EB/OL］.［2021-04-30］. https://www.mext.go.jp/a_menu/koutou/daigaku/04052801/1417336_00008.htm.

③ 京都大学高等教育叢［EB/OL］.（2021-1-23）［2021-04-30］. https://repository.kulib.kyoto-u.ac.jp/dspace/handle/2433/53598.

据这三个模块安排培训活动的。

表 2　2011—2018 年日本京都大学新教师培训活动概要 ①

环　节	活动内容	对应模块
环节 1	现在大学教育的动向以及京都大学教育改革的介绍	模块 ①
环节 2	京都大学学生学习状况的报告	模块 ①
环节 3	京都大学教育实践（全校或学院层面的措施）	模块 ①
环节 4	我的课堂（京都大学教学事例的介绍）	模块 ①
环节 5	京都大学的教育及学习支持	模块 ②
环节 6	小组讨论（京都大学教师在教学及研究生指导中容易遇到的问题）	模块 ③

在培训活动开始前后，京都大学都会进行问卷调查，内容包括培训对象的需求和感受。调查结果可用于培训活动中的讨论分组，也可用于下一年活动安排的改进。

从 2019 年开始，培训活动取消了"京都大学的教育及学习支持"环节，同时小组讨论环节的时间长度有所增加。2020 年新冠病毒感染疫情暴发后，培训活动改为在线上实施。通过比较 2015 年和 2021 年京都大学新教师培训流程（表 3、表 4），我们可以了解新教师培训活动的变化。

表 3　2015 年京都大学新教师培训流程 ②

时　间	活动内容	
13:00—	会议致辞	
13:05—	环节 1	现代大学教育的动向及京都大学的教育改革
13:25—	环节 2	
	① 利用信息通信技术的教育——以慕课为中心 ② 填补高中和大学落差的开放课件（open course ware，OCW）项目	
14:05—	环节 3	京都大学学生的学习评价
14:20—	环节 4	我的课堂

① 根据东京大学 2011—2018 年教师培训资料翻译整理而成。
② 根据东京大学 2015 年教师培训资料翻译整理而成。

续表

时　间	活动内容	
14:50—	环节 5	京都大学的教育及学习支持
15:05—	休息	
15:20—	环节 6　小组讨论 主题 1　用英语教学 主题 2　巩固对基础概念的理解 主题 3　应对有学习困难的学生 主题 4　研究室运营 主题 5　博士课程学生的职业支持	
16:50—	休息	
17:05—	小结	
17:35—	闭会	
闭会后—18:30	交流会	

表 4　2021 年京都大学新教师培训流程 ①

时　间	活动内容
13:00—	会议致辞
13:05—	演讲 现在京都大学学生的动向及教育方面的各种课题
13:30—	演讲 ①疫情中学生们的精神健康 ②我的课堂
14:15—	休息
14:30—	小组讨论 主题 1　如何与留学生相处? 主题 2　研究室运营 主题 3　如何应对有困难的学生? 主题 4　尝试进行"主动型学习"课堂教学吧 主题 5　思考今后的线上教学 主题 6　(英语)日本高等教育的国际化及京都大学的努力

　　从上述培训流程可以看出,京都大学一直都保留的固定环节有"我的课堂"和"小组讨论"。在"我的课堂"这一环节,京都大学高等教育研究开发推进中心每年都会请一位教师来分享自己的教学经验。这在中国也许常见,在

---

① 根据东京大学 2021 年教师培训资料翻译整理而成。

日本却不寻常。第一，与美国相比，日本大学教师更重视科研。[①]日本京都大学的科研氛围也非常浓厚。在一个科研导向的大学里引导和组织教师开展教学经验分享并非稀松平常之事。第二，日本大学的课堂是相对封闭的，不对外开放，教学内容多是自己的研究内容，教学方式多是自己学生时代所接触到的教学方式，课堂也因被视为"圣域"[②]，不太欢迎外来人员。即使是同一领域的教师，教学内容和教学方式也有可能大相径庭。随着 FD 活动的普及，开始有一部分热心教学与教育的教师允许别人来观摩自己的课堂教学。这种分享教学经验的做法可以看作是京都大学新教师培训的一个突破和创新。

"小组讨论"环节主要针对京都大学教育中容易出现的问题进行，讨论主题每年都会进行调整。近些年的主题有"研究室运营""用英语教学""慕课""翻转课堂""博士课程学生的职业支持"等。组织者根据培训对象在事前问卷中填写的感兴趣的主题对他们进行分组。在活动开展时，各个小组被分散到不同会场。每个小组的活动流程基本是一样的，先由一名教师（京都大学高等教育研究开发推进中心事先邀请的本校某个学院的教师）针对主题进行简短的报告，然后在报告的基础上展开小组讨论。每个会场配一名高等教育研究开发推进中心的教师，担当讨论中的主持及串场角色，并不干涉各个小组讨论的内容。2021 年，新教师培训活动中还加入了英语内容，说明 FD 活动也在与时俱进。

三、早稻田大学的 FD 实践

早稻田大学是日本顶尖私立大学之一。截至 2021 年 5 月 1 日，该校共有本科生 38685 人，研究生 8409 人。早稻田大学的 FD 活动主要由校内的大学综合研究中心推进。该中心成立于 2014 年 2 月，由高等教育研究部和教育方法研究开发部组成。大学综合研究中心的最高负责人由副校长担任，两个部门的负责人分别由 2 名来自其他学院的教授兼任。前者承担校务研究，后者

---

① 金子元久 . 大学教师文化的日本特征：传统、现实及变化趋势 [J]. 北京大学教育评论，2021，19（3）：2–21.

② 京都大学高等教育研究开発推進センター . 生成する大学教育学 [M] 東京：ナカニシヤ，2012：1–24.

负责教学改善，包括 FD 活动的开展及应对新冠病毒感染疫情的在线教学培训等。2020 年之前早稻田大学的大学综合研究中心仅有一名专职讲师，到 2022 年 6 月时已有 1 名讲师，1 名助教和 1 名助手。

早稻田大学的大学综合研究中心对 FD 活动还在探索，开展的活动也如其他大学一样，包括新教师培训，与海外合作的 FD 活动及校内的 FD 活动，还有针对教学助理的培养活动，新冠病毒感染疫情暴发后，还承担了线上教学的支持活动。以下选取 2 个项目进行详细介绍。

（一）与华盛顿大学的合作项目

早稻田大学与美国华盛顿大学于 2008 年共同启动了一个 FD 项目——UWFD。早稻田大学每年会派出十余名教师到美国华盛顿大学西雅图校区接受为期 2 周的培训，培训时间为日本的春假期间（一般是 2 月底或 3 月初），这时美国学校也正好开学了。该项目的派遣人数上限为 15 人，由学校承担培训、机票及住宿费用，但从来没有招满。

该项目主要围绕两个主轴展开，一是主动学习，二是用英语教学。整个培训项目分 3 个模块，包括在线课程、在早稻田大学工作坊的讨论及在美国华盛顿大学为期 2 周的培训（表 5）。

表 5　早稻田大学与美国华盛顿大学合作的 FD 项目的详细内容 [①]

项目模块	具体内容
在线课程	学习《聪明教学 7 原理》（英文版）；讨论分享不同国家、不同情境中的优秀教学实践
在早稻田大学工作坊的讨论	基于聪明教学 7 原理的反思；互相熟悉
在华盛顿大学为期 2 周的培训	有关教育手法的讨论课及工作坊；微格教学；课堂观摩等

其中，在线课程是由大学综合研究中心的教师与华盛顿大学 FD 中心的成

[①] Jiang Y, Morita Y. Developing a global faculty development program: focusing on assessment ［EB/OL］.［2021-04-30］. https://www.waseda.jp/inst/ches/assets/uploads/2021/02/Developing–a–GFD–program_Yan–and–Yusuke.pdf.

员一起录制的,主要内容来自《聪明教学 7 原理》(英文版)①。每节课介绍该书各章节内容及该原理在不同国家和情境中的应用,同时还会分享一些本校的优秀教学实践。赴美之前在早稻田大学工作坊进行讨论的主要目的有两个,一是对书中各章节内容进行反思,二是让来自不同学科领域的成员之间互相熟悉。在华盛顿大学为期 2 周的培训中,华盛顿大学的教师对早稻田大学的教师进行培训,包括教学大纲的写法、教学目标的制定等内容,主要是以讨论课及工作坊的形式进行;另外还有 7 分钟的微格教学环节,每位教师进行 7 分钟的英语教学并进行录像,由成员互评。在华盛顿大学的 2 周内,早稻田大学的教师还可以去现场观摩正在进行的课程,体验真实的教学。华盛顿大学 FD 中心提前提供选课单,早稻田大学的教师们可以根据自己的时间及兴趣随意参观,华盛顿大学提供的课程多为该校以教学为主的教师所承担的科目。事实上,把培训时间定在日本大学学年结束后的 2 月底或 3 月初也是为了方便教师更好地参与课堂观摩这一环节。

对 2018 年和 2019 年参加该项目的教师的调查结果显示,该活动的满意率达到 100%。该项目实施的难点是评价,因为行政人员的评价、参加培训的教师和活动策划者的评价的侧重点往往是不一致的,前者关注项目对校内教学的贡献度,后者则关注项目形式及内容的改善。

(二)教员咖啡

教员咖啡(Faculty Café)始于 2015 年 11 月,原本是不定期开展的。2018 年后,教员咖啡活动渐渐固定下来,目前已基本定型。教员咖啡的定位是校内教师们对教学问题进行探讨的活动,围绕早稻田大学要推行的对话型、问题发现及解决型教育(即主动学习型教学)邀请校内外专家分享经验,多采用演讲和工作坊形式。该活动对早稻田大学校内教职员工开放,教职员工参加。活动当天会提供咖啡及小点心。2019 年至 2020 年年初开展活动 9 次(表 6)。之后,

---

① 英文原版书名为 *How Learning Works: Seven Research-Based Principles for Smart Teaching*。

活动转为线上，主要是通过 Zoom 进行。

表 6　2019 年早稻田大学教员咖啡的主题

时　间	主　题	使用语言
2019 年 5 月	翻转课堂	日语
2019 年 6 月	主动学习与高大（高中、大学）衔接	日语
2019 年 7 月	学生参与	英语
2019 年 9 月	怎样成功地与留学生合作	英语
2019 年 10 月	主动学习	日语
2019 年 11 月	全球化的大学：教师、助教和多语种学生的报告	英语
2019 年 12 月	把科技作为工具运用在全球化的课堂中	英语
2020 年 1 月	促进对话的建导能力与心得	日语
2020 年 3 月	中国大学中通识教育的登场，发展与挑战	日语

对参加培训教师进行的问卷调查中，调查项目"参加动机"设置了"对
FD 有兴趣""对题目有兴趣""对报告者有兴趣""想要改善自己的教学""想
和早稻田大学其他教师交流""其他"等选项，每次都有很多教师选择"对题
目有兴趣""想要改善自己的教学"。基于这些情况，主办方在安排活动时，
也尽量考虑教学方法相关的主题。

四、总结

以上对 3 所日本著名大学的 FD 实践进行分析，借以管窥日本大学在 FD
方面进行的探索。从上述分析我们可以发现以下几点。

（1）FD 中心的定位及工作人员的重要性。虽然本文所选案例有限，但仍
可从中窥见，项目开展与 FD 中心的定位及工作人员的职业属性息息相关。这
3 所大学 FD 中心的工作人员的共同点就是他们本身都是教师且都是高等教育
学相关专业的教师，他们的职业属性很大程度上决定了 FD 中心开展的活动具
备较高的专业水准。

东京大学 FD 中心的重点是培养未来的大学教师，以日语项目为基础，不

断拓展，开发出针对外国人的英语项目。东京大学的 FFP 可以说是栗田佳代子一手创建起来的。虽然起步较晚，但发展势头强劲，获得了东京大学"在线教学混合教学的优秀实践"奖。

京都大学 FD 中心在校内是一个独立的研究中心（与研究生院属于同等行政级别），因配备了多名专任教师，活动规模大，活动形式多样。京都大学 FD 中心拥有较为清晰的理念，即相互研修型 FD，这从新教师培训活动中设置"我的课堂"及分配较多时间给讨论环节就可以看出。此外，该中心开展的活动也体现了教育学者的学术特色，即使是例行的新教师培训活动，中心也会在开展前后通过问卷调查听取并采纳参加培训的教师的意见。

早稻田大学的 FD 活动，在非常有限的人力资源下，虽然取得了一定成果，在校内也有了一定影响力，但目前仍处于探索阶段。FD 中心的领导是学院教授兼任的，讲师主要负责具体业务，但权责有限，接下来的发展走向尚不明朗。

对专业人才有需求的并不止以上 3 所大学，日本大学开展的活动过程中都面临着这一问题。作为日本 FD 的研究者和实践者，立命馆大学冲裕贵教授基于对日本 FD 发展现状及欧美各国开展 FD 活动情况的分析得出了相同的洞见。[1] 对专业人才的要求主要有两个方面，一个是 FD 工作人员本身具有专业性，另一个就是应当有专职人员从事此项工作。就专业性而言，高等教育作为一个较新的学科领域还处在发展过程当中，培养的专业人才数量有限，不宜从学科方面苛求，况且学术界对从事 FD 工作所需的"专业能力"暂时还没有定论。就专职工作而言，冲裕贵教授指出，在欧美大学 FD 中心工作的人员多是专职人员。而上述 3 所大学 FD 中心的主要负责人，除了京都大学，都是兼职的，这些兼职的教师在完成 FD 中心的工作之余还要承担教学与科研任务。而在日本的其他大学，由于没有能力单独设立 FD 中心，以 FD 委员会的形式开展活动的情况也不在少数。

---

① 冲裕贵. 日本の FD の現状と課題 ［J］. 名古屋高等教育研究，2019（19）：17–32.

（2）经费的重要性。无论是京都大学撤销 FD 中心，还是东京大学中止与重启英语项目，早稻田大学与国外开展合作项目，都与经费支持密不可分。东京大学的英语项目持续了 5 年，但网站因没有得到后续资金支持而被关闭。如今东京大学重新启动英语项目，以项目聘用制的形式外聘了一名西班牙籍副教授负责项目运营，这也得益于经费充足。早稻田大学 FD 活动的顺利开展则得益于其获得的文部科学省的"超级全球大学创成支援项目"的经费支持。

（3）英语特设项目。东京大学的 FD 活动中有针对英语教学的线上课程及新开设的英语版 FFP。京都大学的 FD 活动在"小组讨论"环节专门增加了英语内容。早稻田大学的教员咖啡活动中也有意识地加入了利用英语开展活动的主题。这些安排有其特殊背景：第一，3 所大学都是日本一流的大型综合性研究大学，校内的外籍教师及留学生的占比都比较高；第二，3 所大学都是参与"超级全球大学创成支援项目"的大学，有开展英语项目的需求。

五、启示

对于日本大学教育改革，一直都存在争议及反对的声音，在一些教育社会学者看来，FD 义务化的目的本来是为大学教师提供改进教学的机会，但在实行过程中，反而成为日本文部科学省的调研项目及申请经费时的考察标准，因此就出现了很多的"上有政策，下有对策"的现象。[1]例如，将 FD 的内涵和外延扩大，不管与教育质量提升是否有关，一律将以教师为对象的各种研究会和讨论会等都算作 FD 活动；通过让没能参加 FD 活动的教师观看视频来变相实现"FD 活动参加率达到100%"的指标[2]。在新冠病毒感染疫情暴发后，日本大学在线上教学中表现出的慌乱也暴露了日本多年来高等教育改革的沉疴及问题。[3]曾任日本教育社会学会会长的吉田文指出，日本的教育改革（包括

---

① 佐藤郁哉. 50 年目の「大学解体」20 年後の大学再生［M］. 京都：京都大学学術出版会，2018：105–158.

② 同①.

③ 蒋妍. 疫情折射下日本高等教育的问题与归因：基于线上教学的视角［J］. 复旦教育论坛，2021，19（6）：96–103.

FD 在内）进行了 30 年，却没有实际为大学教育的改变做出贡献，甚至改革本身演变成目的，即为了改革而改革。[①]

如果说中国仍处在 FD 的摸索和起步期的话，日本已经过了全盛期，并开始显露出颓态，其中一个最明显的表现就是 FD 中心的数量开始减少。根据日本文部科学省的统计，2016 年全日本有 87.5% 的大学设立了 FD 中心，而到 2019 年减少到 76.9%。[②] 一些学校也是因为有政策的压力才开展 FD 活动，FD 机构作为校内组织机构并不稳定，这就导致在实际开展过程中出现了活动流于形式的现象，负责 FD 活动的教职员工面临工作不稳定的问题[③]。此外，一些核心人员的离职及一些不可抗力的因素也使得许多优秀的实践探索被迫终止，如日本京都大学高等教育研究开发推进中心的解体。

冲裕贵提出，日本 FD 未来发展的方向在于增加 FD 中心教师的职位，设立专门从事 FD 活动的职位，同时还提倡颁发大学教师的资格证书等。[④] 虽然中日两国在国情和具体的教育环境上存在着较大的差别，但是他山之石可以攻玉，日本的经验和教训仍然可以成为我们思考 FD 未来发展的借鉴。笔者认为，日本 FD 发展带给我国大学管理者和 FD 从业者的教训和启示至少包含以下几点。

第一，避免形式主义。FD 的目的是提高教师本身的教学能力和大学的整体教育质量，但切不可让形式大于内容，过分追求指标的达成。

第二，根据大学自身的办学条件及教师群体的特征规划相关的 FD 活动，不盲从国内外其他学校，能够以系统性思维，多角度分析某种做法背后的文化背景、实施条件和人员构成等因素。各个大学的定位不同，学生特征不同，教师群体的特征也不同，要面对的问题也就不同，简单照搬或仿照其他大学的做

① 吉田文 . 大学「教育」は改善したのか［J］. 教育学研究，2020, 87（2）：178–189.
② 文部科学省 . 令和元年度の大学における教育内容等の改革状況について（概要）［EB/OL］.（2021–10–04）［2020–04–30］.https://www.mext.go.jp/content/20211104-mxt_daigakuc03-000018152_1.pdf.
③ 山崎慎一，林透，深野政之 . 日米比較研究から見る総合的な学術能力の開発に資する FD の構築［J］. 大学アドミニストレーション研究，2020, 10：59–68.
④ 冲裕貴 . 日本の FD の現状と課題［J］.名古屋高等教育研究，2019（19）：17–32.

法未必有益于本校教育问题的解决。

第三，不能仅停留于政策引导，相应的激励机制及评价措施也需要跟上。日本已经把 FD 写入法规，但并没有出台针对 FD 从业人员及积极参与 FD 活动的教师们的激励政策。一方面，FD 从业人员本身也面临自身发展的问题，包括工作业绩得不到合理评价及离职问题等，而且大多数从业人员是在完成自身教学科研任务的基础上开展 FD 活动，负担很重。另一方面，参与 FD 活动的教师多是那些本身教学表现就较为出色而想要进一步提升的教师，那些教学水平亟待提高的教师反而不参与 FD 活动。这些问题需要通过进一步健全激励和评价机制加以解决。

（作者简介：蒋妍，京都大学教育学博士，日本早稻田大学大学综合研究中心讲师；林子博，京都大学教育学博士，上海交通大学外国语学院副教授）

教师专业化与日本教师研究生院：
理念、实践和效果

随着社会的发展，围绕着中小学教师的培养，各国加大了理论研究，提高了培养层次。日本也不例外，进入 21 世纪以后，日本教师教育的重点是培养"实践型""专业型"中小学教师。体现在政策上，日本中央教育审议会提出了关于建立"教师研究生院"制度的建议；体现在实践中，从 2008 年开始，部分教师教育机构开设了教师研究生院，着力培养具备专业理想、能够解决教育一线具体问题的中小学教师。教师研究生院制度的建立符合了教师专业化的理论，满足社会对学校教育的要求，为中小学教师提供了专业发展的平台，有力促进了中小学教师培养质量的提高、素质结构的优化。

一、日本创建教师研究生院的政策背景和理论依据

（一）创建教师研究生院的社会背景和政策走向

进入 21 世纪后，随着社会的多元化发展，日本教育一线也呈现出复杂化、多样化的问题，中小学一线教师，特别是新任职教师感觉困难很多。2004 年，日本学者曾就"最近在教育工作中有无'窒息'的感觉？""最近有想辞掉教师职业的想法吗？"等问题对 1400 余名在职教师进行问卷调查（第五次调查）。调查结果显示，回答"有'窒息'感觉"的教师占总数的 70%，在男性教师

中这一比例为 57%，在女性教师中这一比例高达 81%，任职 1~2 年的年轻教师普遍有"窒息"的感觉；回答"有想辞掉教师职业的想法"的教师占总数的 40%，在男性教师中这一比例为 26%，在女性教师中这一比例为 54%，未满 45 岁的教师普遍有辞职的想法。分析发现，与 1984 年第一次调查和 1994 年第二次调查中教师"有'窒息'感觉"的原因多为"不能很好应对学生能力的差异"不同，第五次调查结果显示感觉"窒息"最重要的原因则是"不能很好地与家长沟通"。在这几次调查中，"有想辞掉教师职业的想法"的主要原因均为"工作量太重"。①

另外，随着日本各地小班制教学计划的推行，日本文部科学省提出 2005 年以后增加公立学校教师招聘的计划。此时，被称为"碳核一代"（特指 1947—1949 年出生的一代人，是 20 世纪 60 年代中期推动日本经济腾飞的中坚力量）的中小学教师大批退休，教师岗位缺口巨大，公立学校教师的需求急剧增加，而新入职的年轻教师又暴露出一些问题。因此，培养高度专业化教师成为 21 世纪日本教师教育的重要课题。

2001 年，日本政府发布的《国立教员养成大学和院系的应然状态研讨会报告书》指出，目前本科层次的教师教育缺乏实践性，研究生层次的教师教育专业性不强，有必要再议教师教育体系。2002 年，日本中央教育审议会接受文部科学省"关于研究生院层次专业人才的培养"和"关于保证大学培养质量的新的课程体系的建立"的咨询，于 2005 年发布咨询报告《创造新时期的义务教育》，提倡重建新型的专业型研究生院制度。

2006 年，日本中央教育审议会发布咨询报告《今后的教师教育、教师资格认定的应然状态》，指出目前所发生的社会变化要求培养具备高度专业化和丰富人性、具有社会性能力的教师；要保证学生毕业时具有"作为教师的最低限度的素质能力"，即合格教师的专业素养。该咨询报告勾画出教师教育培养的蓝图：① 提高培养课程质量；② 建立教师研究生院制度；③ 更新教师资格

---

① 山﨑準二. 日本における教員研修の課題と展望：東アジアの教師はどう育つか［M］. 東京：東京学芸大学出版会，2008：104-105.

证书制度。①

关于建立教师研究生院制度，咨询报告《今后的教师教育、教师资格认定的应然状态》提出："当今社会飞速发展，各个专业领域要求具有研究生毕业程度的、具备高水平专业能力的人才。为培养具有这种专业能力的教师，做出教师教育课程改革的样板，有必要建立研究生水平的专门的研究生院——'教师研究生院'。"根据这一规定，2008 年，日本兵库教育大学、东京学艺大学等教师教育机构获得开办教师研究生院的资格，并于同年 4 月开始招生。由此，日本中小学教师迎来了新一轮的学历提升，本升硕成为专业发展的新标准。

（二）创建教师研究生院的理论依据

创建教师研究生院的理论依据包括继续教育、终身学习、教师专业化等理论，其中教师专业化理论最为核心，它超越了以往职前教育的局限，提出了贯穿教师职业生涯的专业发展的理念和路径。

1966 年，联合国教科文组织（UNESCO）与国际劳工组织（ILO）联合发表《关于教师地位的建议》，提出应该把教师职业作为专门职业对待。1973 年，英国学者詹姆斯·波特提出了三段式教师教育的设想，即普通高等教育阶段、教育专业阶段（包括教育理论的课程和到中小学实习）和在职进修阶段。这一理论打破了以往局限于职前的教师教育，开辟重视在职中小学教师职后进修的教师教育新视角。结合同时期兴起的继续教育、终身教育的理论，各国加大了中小学教师在职培训的规模，提高了教育程度。

"教师专业化是指教师职业具有自己独特的职业要求和职业条件，有专门的培养制度和管理制度。教师专业化的基本含义是：第一，教师专业既包括学科专业性，也包括教育专业性，国家对教师任职既有规定的学历标准，也有必要的教育知识、教育能力和职业道德的要求；第二，国家有教师教育的专门机

---

① 中央教育審議会. 今後の教員養成・免許制度の在り方について（答申）［EB/OL］.［2020-04-30］. https://ssk.econfn.com/eigoyukue/yukue7.pdf.

构、专门教育内容和措施；第三，国家有对教师资格和教师教育机构的认定制度和管理制度；第四，教师专业发展是一个持续不断的过程，教师专业化也是一个发展的概念，既是一种状态也是一个不断深化的过程。"①

教师专业化理论明确了教师教育要推进教师的职业发展和专业发展这一主要目标。随着这一理论的普及，各国建立了教师教育新制度，其中最具代表性的是美国于 20 世纪 90 年代建立的教师专业发展学校。教师专业发展学校是大学教育与中小学联手开办的教师培训学校，大学与中小学建立联系，一方面为在校学生提供实践基地，将理论问题带到教育现场，解决以往大学研究脱离教育实际、闭门造车的弊病；另一方面在职中小学教师在教学中遇到问题，可以直接与教育专家展开讨论，联手攻关。日本的教师研究生院具有同样的理念和目标，可以说是教师专业化理论的又一个应用实例。

二、日本教师研究生院的前期实践

（一）新构想教育大学的实践

众所周知，日本经济经过 20 世纪 60 年代的腾飞，到了 70 年代取得了令世人瞩目的增长。经济的快速发展对教育提出了新的要求，那就是要培养适应经济发展的、具有创新能力的接班人，其中包括关系到青少年成长的中小学教师。1971 年，日本中央教育审议会发布咨询报告《关于全面扩充和改善学校教育的基本对策》，针对中小学教师培养问题提出了为在职教师开设 2 年制研究生院等改革措施。

1972 年，教育职员养成审议会发布咨询报告《关于教师培养的改善措施》②，提出了建立以在职教师进修为目的的"新构想研究生院"的建议。该咨询报告指出，被推荐入学的在职教师主要进行课程理论、实际指导方法、学科专业知识和学校管理等教师职业所需专业知识的研修；同时还指出，要考虑特

---

① 教育部师范教育司. 教师专业化的理论与实践：修订版［M］. 北京：人民教育出版社，2003：1.
② 张德祥. 日本师范教育改革的一个尝试［J］. 日本研究，1990（4）：84-85.

别措施以确保入学的在职教师的身份、工资待遇及毕业后获得更高一级的资格证书。

接受这一建议，日本文部省于 1973 年成立"新构想教育大学"调研会。该调研会经过一年的研讨活动，于 1974 年向日本文部省提交了咨询报告《关于建立教师培养的新型大学、研究生院的构想》[①]。该咨询报告针对开设新型教育大学指出，新构想教育大学中的研究生院要重视中小学教育的科学研究和促进中小学教师理论水平和实践能力的提升。[②]

根据以上一系列的政策建议，新构想教育大学开始筹建。1978 年，兵库教育大学和上越教育大学建成；1981 年，鸣门教育大学建成。

新构想教育大学研究生院增加了教育人类学特论、社会心理学特论、教育方法特论等通识教育课程的学分，要求学员修满 10~14 个学分（占毕业所要求的 30 个学分的 1/3~1/2），目的是扩展学生的眼界和知识面；学科教育包含了各科教材教法研究、教育实习等，要求学员修满 11~14 个学分；课题研究主要研究教学一线的问题和准备硕士论文，一般为 4 个学分。新构想教育大学的本科教学除了增加通识教育课程的学分，还增加了教育原理、教育心理学等专业教育课程的学分，以加深学生作为教师的使命感，弥补"开放式"培养造成的教师专业理想淡漠等缺陷。同时，教育实习贯穿本科 4 年，以提高学生教育教学的实践能力。

新构想教育大学成立后曾被指是第二次世界大战前教师教育机构的再现，意为又回到战前由专门的教师教育机构培养中小学教师的模式，即"封闭式"培养模式。然而事实并非如此。新构想教育大学只是为了克服"开放式"培养存在的缺陷，如学生的职业理想不够明确、专业能力不够充实等，但并未放弃这种培养模式。新构想教育重视在职教师的再教育，以教师的实际工作为出发点，通过学习和研究进行理论提升，再回到教育教学第一线。这种理论与实践相结合的培养方式，与 20 世纪 60 年代以来兴起的教师专业化理论密切相关，

---

① 张德祥. 日本师范教育改革的一个尝试 [J]. 日本研究，1990（4）：84–85.
② 同①.

它既是教师专业化的一种体现，也是新时期教师专业发展的开始。[①]

但由于教师专业化理论还处于探索阶段，新构想教育大学的数量过少，虽然它为日本教师教育制度的改革做出了示范，但并未形成太大影响，也未能达到预期效果。21世纪前后，日本出现的6年一贯制培养模式和教师研究生院等实践可以说是日本教师教育的再出发和再发展。

（二）六年一贯制培养模式的实践

20世纪末，日本的教师教育改革重提硕士课程的重要性，强调要关心在职教师的再教育，完善在职教师进修制度。在这种背景下，硕士"课程弹性化"等政策设想得到实践，6年一贯制培养课程、1年制硕士课程等新的实践相继出现。

6年一贯制是将大学本科4年和研究生2年连接一起的、本硕连读的教师教育制度。这一新制度的出现与现代社会对中小学教师更新、更高的要求有密切关系。1998年，日本文部科学省公布新的《教师资格证书法》，强调"实用主义教师"的培养，因为课堂教学的改进和学生指导的需求急需实用型、实战型教师教育。与此同时，日本《小学学习指导要领》修改颁布，小学课程中新设"生活科"，21世纪后又新设"综合学习"课。课程内容的广度和深度对小学教师的素质和能力提出新的要求，以往的短期大学（二类证书）、4年制本科大学（一类证书）毕业生均难以胜任教学工作，培养研究生（专修证书）学历的中小学教师成为必需。

6年一贯制培养课程的早期设想，首先是日本上越教育大学提出的旨在培养"教育实践型专家"和"课堂教学专家"的课程设想。该大学学校教育专业"学习实训方向"的户北凯惟以"综合学习"课的开发和研究为主线，论述了应如何改进大学培养课程，提出了6年制培养课程的设想——户北计划。户北凯惟认为，新设"综合学习"课的目标是让学生自己发现问题，自我学习和自

---

① 夏鹏翔. 日本教师专业化研究［M］. 天津：天津人民出版社，2022：40.

我思考。这是"综合学习"课与以往课程最大的不同，因此教师教育课程要克服以往教师教育的单一视角，从指导学生学习的角度进行研究并加以改进。①

2006 年，爱知教育大学以本大学的 2 年级本科生为对象，开始招收 6 年一贯制学生，此为日本最早的 6 年一贯制培养模式的实践。爱知教育大学 6 年一贯制招生考试安排在 11 月末和第二年的 2 月初，考试合格者随即开始 6 年一贯制课程的学习。

6 年一贯制课程与普通研究生课程的区别在于：①本科生阶段就可开始研究生课程学习（从本科第四学年开始）；②研究生考试为推荐制（但前提是在本科第三学年时需通过特设的升级考试）；③免除研究生院的入学金。6 年一贯制课程与普通本科课程有诸多不同：①课时上，每周增加一次研讨学习；②活动上，各年级每周安排一次集中活动；③活动频率上，各年级根据需要不定期开展活动，每周 1 课时或以上。

6 年一贯制课程并非按中小学学科编排，而是打通学年和学科，以一线实践和探究性学习为途径，通过各学年和各学科的联动研讨，围绕教育教学开展学习。以"问题实习"主题和"问题实习研讨"主题为例，前者的课程目标为"参加研究课、研讨会，在了解实习校学生和课堂状况的基础上发现、设定问题，之后再参加本大学附属小学的研讨会，观察和认识课堂教学和作为教师的素质能力"；后者的课程目标为"学习有关当代教育的各种问题，并以此形成自己的教育观、儿童观和课堂观，同时通过参加附属学校的研究课、模拟课等，学习教材研究和课堂教学的基础"。② 不难发现，前者的目标集中在课堂观察、发现问题等表层学习上，是本科层次的学习；后者的目标则上升到教学实践、教材开发等研究层次上，是研究生层次的学习。二者有明显的次第关系，后者在教师专业能力训练方面的优势更加突出。

---

① 北戸凱惟.「総合的な学習の時間」を支援する大学のカリキュラム［J］. 日本科学教育学会研究会報告，2002, 17（3）：35-38.
② 愛知教育大学. 入試情報［EB/OL］.［2021-02-26］. https://www.aichi-edu.ac.jp/exam/index.html.

三、日本教师研究生院的课程设置与教学特点——以日本创价大学教师研究生院为例

（一）教师研究生院的培养目标及课程重点

根据日本文部科学省高等教育局的统计，2008 年日本共 19 所大学（国立大学 15 所、私立大学 4 所）开设了教师研究生院，总体招生规模不是很大，总共招收 706 人，其中兵库教育大学招收 100 人，而群马教育大学仅招收 16 人。[①]

教师研究生院学制为 2 年，专门接收有 3 年以上教龄的在职中小学教师。为培养具有实践能力的一线教师及骨干教师，教师研究生院以案例教学、行动研究及微格教学为主要形式，形成理论与实践相结合的课程体系。因此，规定教师研究生院中具有教育实践经验的教师不少于40%；各大学附属中小学也要配合研究生院的课程；要求修满 45 个学分，其中教育实习占 10 个学分，完成学业者可获得硕士学位。

教师研究生院大力引入小组课题研究、实地考察、角色体验、实例研究等方法，有效指导学生的学习，并安排学生与一线骨干教师共同实践和研究的机会。这些都体现了教师研究生院课程体系理论结合实际、突出教育现场、重视专业能力的特点。如上越教育大学，在实践 6 年一贯制时期就采取在职研究生与本科直升研究生联合上课的形式，将教育现场的问题拿到课堂上讨论。这种形式有助于在职研究生分享丰富的经验，使本科直升的研究生得到启发，从而坚定从教的志愿。教师研究生院制度建立后，这种混合教学的方法得到继续发扬。

（二）日本创价大学教师研究生院的实践

日本创价大学教师研究生院成立于 2008 年，是第一批获得开设资格的私

---

① 夏鹏翔 . 日本教师专业化的历程及启示［J］. 日本学刊，2009（4）：121–132.

立大学之一。创价大学创建人池田大作的建校理念：①成为人文教育的最高学府；②成为新文化建设的摇篮；③成为保卫人类和平的要塞。因此，创价大学教师研究生院也将"为了人的教育"作为宗旨，贯彻"培养能够承担学校教育的、富有高度专业性和丰富人格魅力的教师"的理念。创价大学教师研究生院的培养目标：①培养具有一定教学经验的在职教师，使他们成为能在社区和学校发挥指导作用及具备实践和应用能力的学校骨干教师；②培养具备教师基本素质能力（已取得幼儿园、小学、中学、高中、特殊教育教师资格证书）的学生成为更有实践指导和创新能力的人才；③为促成以上两种人才培养课程的落地，开展实践性教育研究。

日本创价大学教师研究生院分为"人文教育实践骨干"和"人文教育专科教师"两个专业。前者招收在职教师，培养拥有人文教育理念和实践指导能力、应用能力和发展能力的学校管理者，学制 1 年，要求修满 35 个学分；后者招收直升本科生和社会人，培养既拥有人文教育理念，又具有实践指导能力和高水平课堂教学能力的学校骨干教师，学制 2 年，要求修满 45 个学分（表 1）。

表 1　日本创价大学教师研究生院不同专业学分要求 ①

课程分类	"人文教育实践骨干"专业的（2 年制）学分要求	"人文教育专科教师"专业（2 年制）学分要求
通识课程	20 个学分以上	20 个学分以上
领域课程	15 个学分以上	15 个学分以上
实践课程	最多免修 10 个学分	10 个学分
总　计	35 个学分以上	45 个学分以上

如表 1 所示，"人文教育实践骨干"专业可免修实践课程 10 个学分，这是因为在录取时有特别要求，申请学生应是具备 10 年以上一线教育教学经验的在职教师。申请考试时，申请人提供 10 年以上教育教学经历的证明和研究业

① 根据日本创价大学网站提供的数据整理而成。

绩、地方教育委员会出具的教育实习综合评定表和推荐信等材料，日本创价大学根据以上材料进行面试，认定该申请人具备实践能力即可免修实践课程 10 个学分。此外，"人文教育专科教师"专业还有 3 年制课程，专门为获取小学专修证书和一类证书者及更高一级资格证书者开设。"人文教育实践骨干"和"人文教育专科教师"这两个专业学生第一学年的必修课程与教师研究生院课程同步。

课堂教学主要通过课堂讨论、学生汇报和学刊报告等的方式进行，每堂课均由有实践经验的教师和研究型教师指导，保证课堂教学既有理论又有实践的双重效果。其中，领域课程中的"教育课题实地研究"板块，力求通过国内外的实地调研、课堂研讨等途径开展广域视野的教育实践。

四、对日本教师研究生院专业性的思考

（一）教师专业化：在职教师专业提升的实现与困境

从狭义上讲，教师专业化是指教师群体专业发展的规模、程度及效果等，代表着一个国家教师教育整体发展水平。为此，国家不仅要开设专门的教师教育机构，完善设施设备，还要对教师教育进行质量管理和资格认定。日本教师研究生院就是在政府建议下创建的新型教师教育机构。

需要补充说明的是，20 世纪 80 年代以后，日本的研究生教育远远地落后于其他西方国家。从继续攻读研究生学位的本科生占比及每千人口在校研究生人数这两个数据来看，美国分别是 15.6%、7.1 人（1987 年），英国分别是 33.5%、2.2 人（1987 年），法国分别是 20.7%、2.9 人（1988 年），而日本只有 4.4%、0.7 人（1989 年）。[①] 可见，从新构想教育大学到教师研究生院，日本教师教育改革既是日本国内经济发展、人才培养的需求，又是西方国家研究生教育的普及对日本完善高等教育、提升研究生教育的促动。

---

① 胡建华. 世纪之交的日本战后第三次大学改革［J］. 清华大学教育研究，2001（2）：134–140.

以往在职教师的培训主要依靠进修、短期培训等形式，还需要经过选拔，名额、时间有限，所以培训效果也很有限，不能惠及全体教师。而教师研究生院面向所有在职教师招生，前提是通过日本地方教育委员会的推荐。这是规模上的教师专业化。另外，教师研究生院促进了日本中小学教师本升硕的发展趋势，这是因为日本在第二次世界大战后早已普及了中小学教师的本科教育，1989年《教师资格证书修改法》①宣布新设"专修证书"规定后，日本中小学积极录取硕士研究生入职，而持有"一类证书""二类证书"的中小学教师也被要求"有义务"进修更高层次的课程。但那仅仅是鼓励和要求，并没有为中小学教师的继续教育提供方便条件，而教师研究生院的设立弥补了这一制度缺陷，是21世纪日本教师教育改革的一大成绩。这是程度上的教师专业化。由于教师研究生院是政府主导的、以制度形式推进的，十几年来得到了不断发展。据日本文部科学省统计，2021年开设教师研究生院的日本大学达到54所，招生1927人②，比起2008年的19所和706人有了明显增加。另外，在职中小学教师的资格证书基本上普及了"专修证书"，在课堂教学方面也努力体现教师研究生院所主张的"实践性"和"专业性"，为实现"培养学生的'生存能力'……引导学生养成自主学习的态度，推行发展个性的教育"③这一课程目标打下了基础。这是效果上的教师专业化。

但是我们也看到，除了在职中小学教师，"具备学科专门知识和基础实践力、有上进心的大学毕业生或者社会人"也成为近些年教师研究生院的招生对象，而且所占比例越来越大。2021年入学的1927名教师研究生院学生中，在职教师793人，而本科毕业直升的学生1134人④，超过了在职教师人数。原本教师研究生院是为具备一定实践能力的在职教师开设的，本科直升的学生逐渐

---

① 文部省．学制百二十年史［EB/OL］．［2021-02-26］．https://www.mext.go.jp/b_menu/hakusho/html/others/detail/1318221.htm.

② 文部科学省．令和3年度国私立教職大学院入学者選抜実施状況の概要［EB/OL］［2021-12-14］．https://www.mext.go.jp/content/20211013-mxt_kyoikujinzai01-000018394_1.pdf.

③ 文部科学省．小学校学習指導要領．総則［EB/OL］．［2021-12-14］．https://www.mext.go.jp/a_menu/shotou/new-cs/youryou/syo/sou.htm.

④ 同②．

增多有违建立教师研究生院的初衷。造成这种情况的主要原因：第一，日本中小学教师工作量很重，很难抽出长时间脱产学习；第二，日本地方教育委员会为了保住本地区教师队伍的稳定性，在推荐和经费等问题上表现得并不积极；第三，在职中小学教师从教师研究生院毕业后，没有薪金上调等方面的优惠政策。本科直升学生越来越多，教师研究生院将会逐渐失去上越教育大学那种在职学生与直升学生混合上课、突出一线实践的优势和可能性，与一般研究生教育趋于雷同。

随着社会少子化发展和国立大学预算的减少，2018年，日本政府提出了今后教师教育机构的硕士课程将向教师研究生院转移的计划。因此，很多国立大学减少了普通硕士课程的招生名额，增加了教师研究生院的招生名额，也就是说，教师研究生院的入口扩大了。但由于上述三个原因，出现了招生不满额的情况。2021年，全日本教师研究生院招生名额为2453人，实际招生1927人，招生率为78.6%，跌破了80%。[1]为此，各大学想出种种方法扩大招生范围，如学校管理岗的考试也可作为教师研究生院的考试成绩等，努力强化教师专业化的外在条件。

（二）教师专业发展：教师专业素质的重点和弱点

针对教师整体的、外在的专业化，教师专业发展强调的是教师个体的、内在的专业化程度，主要是从教育教学的视角规定教师专业素质的内涵和发展路径。

2006年，日本中央教育审议会发布的咨询报告《创造新时期的义务教育》专设第二章"确立全社会对于教师不可动摇的信任——提高教师的素质"，指出教师的应然状态："都说人可教育，而教育成功与否决定于教师。为实现国民所希望的学校教育，学生和家长自不必说，培养能够得到全社会的尊敬和信赖的高素质的教师，不可或缺。"该咨询报告提出，"为了满足国民的要求，做好学校教育，要培养让学生、家长放心，受社会尊重和信赖的高素质的教

---

[1] 教職大学院入学者、定員の8割を切る［N］．日本教育新聞，2021-10-25（1）.

师"; 同时明确了优秀教师应具备三个必要条件: ①热爱教育事业, 即对教育工作负有使命感, 对学生有爱和责任感; ②具有专家型教师的能力, 包括理解、指导学生的能力, 管理班级的能力, 课堂教学和解读教材的能力等; ③综合的人格魅力, 包括人性和社会性, 有常识、有教养, 懂礼貌, 具有沟通能力。[①] 以上三个必要条件的公布, 代表着日本政府及全社会对教师专业化的期待和要求。日本教育界有关中小学教师专业素质的研究, 也多以上述三个必要条件作为标准。

2012 年, 日本中央教育审议会发布咨询报告《关于综合提升贯通教师生涯的素质能力的策略》, 针对学校教育所面临的挑战和社会对教师素质能力的要求, 首次提出"高水平专业人员""能够主动地适应教育职场变化的不断学习的教师形象"。咨询报告题目中的"贯通教师生涯的素质能力"是指教师一生均可依赖的、最基础的专业能力, 这正是"高水平专业人员"需要"不断学习"才能获得的。[②]

"高水平专业人员"的素质能力包括: ①教师的使命感、对学生的理解和爱; ②具备专门从事这一职业的知识和技能; ③综合的人格魅力。这些与《创造新时期的义务教育》所提出的优秀教师的三个必要条件基本一致, 但除了教材开发、学生指导、班级管理等一贯强调的专业能力, 更强调教师应具备能适应国际化、全球化、信息化, 解决不断出现的各种问题的专业能力。

第一项素质能力要求主要是基于近年来中小学生中出现的各种问题提出的。20 世纪 80 年代后, 日新月异的科学技术加大了学校教育的知识量, 而复杂喧闹的社会环境又给了青少年极大的负面影响, "不登校""班级崩坏""校内暴力"等现象频频出现。在这种情况下, 只专注课堂教学远远不能满足学校教育和学生发展的需求, 中小学教师要超越课堂教学, 关注学生的思想动态,

---

以强大的"教师爱"和"使命感"走进学生内心深处。第二项素质能力要求强调中小学教师任何时候都应该撑起课堂教学,正所谓"以课堂论胜负"。管理课堂、解决问题成为 21 世纪中小学课堂的关键词。第三项素质能力要求指出了最基本的、最原则性和教师"一生均可依赖的、最基础的专业能力"。只有这样,才能解决 21 世纪以来 50 岁左右的老教师逐渐退出一线,而大量年轻教师经验、能力不足的问题,进而实现"通过更好的学校教育创造更好的社会"① 这一目标。

以上素质能力要求中虽未提到"研究"一词,但"高水平专业人员"能力的获得不仅需要不断学习,更需要不断研究。以上三项素质能力都需要教师在日常教育教学工作中摸索和提升,蕴含了研究;日本中小学每年的公开课研讨月,实际上也是课堂研究的一种。但是中小学教育的专业性要求从教育科学的高度对教师进行研究理念、研究方法等方面的培训。这种研究超越了感性层面的认识,将教育一线的问题提升到科学和实践的高度,对促进教师的专业发展是必不可少的。

总之,教师专业化是持续发展的概念和过程,日本教师研究生院应在中小学教师培养方面承担更多的责任。2018 年,日本最新中小学"学习指导要领"颁布,指出学校教育要通过对社会开放的教育课程实现"培养学生具备新时代所要求的素质、能力"这一目标,"'学习指导要领'应作为学校、家庭和地区所有相关者共有并利用的'学习的地图'而发挥作用"。② 佐藤学说:"21世纪的学校是由作为'教育家'的教师与社区联手,为了学生而开设的。这样的学校以学习为中心,将在共同体的基础上开展多元文化交流并使未来社会逐步发展成为社区的文化和教育的中心。"③ 这是社会对学校教育的一种期待,这

---

① 中央教育審議会. 幼稚園,小学校,中学校,高等学校及び特別支援学校の学習指導要領等の改善及び必要な方策等について [EB/OL]. 2016-12-21 [2021-02-26]. https://www.mext.go.jp/b_menu/shingi/chukyo/chukyo0/toushin/__icsFiles/afieldfile/2017/01/10/1380902_0.pdf.

② 文部科学省. 小学校学習指導要領. 総則 [EB/OL]. [2021-02-26]. https://erid.nier.go.jp/files/COFS/h29e/index.htm.

③ 佐藤学. 教育の方法 [M]. 東京:左右社,2014:184.

种期待能否成为现实，取决于中小学教师能否成为具备专业素质的"教育家"。从这个意义上讲，教师专业化、教师专业发展是一个是关系国家教师教育改革整体发展的问题。

（作者简介：夏鹏翔，首都师范大学初等教育学院教授）

日本大学教师国际化的变化和发展

高等教育国际化是近年来世界各国教育改革发展的整体趋势。但高等教育国际化是一个受政府导向和调节的过程。[①] 对一所大学国际化程度起决定作用的，不是它的规模，也不是它的位置，更不是它的预算，而是它的教师在这个过程中的能力和参与度。[②] 因此，吸引大学教师在教学、科研、社会服务各项活动中投身于国际化，是 21 世纪高等教育国际化的重要议题。[③]

不同于许多西方移民国家，日本高等教育机构国际化的一种方式是聘用外籍教师。但与英美主要大学外籍教师占全体教师比例超过 20% 相比，日本大学教师国际化的重要特征还是在地国际化，即通过提高本土教师国际化意识和扩大国际化相关活动推进教师国际化。另外，西方发达国家相关理念对日本近代高等教育制度的构建和大学教师队伍的形成均产生了重大影响；而且日本在第二次世界大战后便开始学习美国、英国、德国、法国等国的教育模式，更早与西方发达国家在教学和研究等方面进行国际合作，并产生了大批国际上享有盛名的科研人员和诺贝尔获奖者。此外，早在 20 世纪 70 年代初，日

① Huang F. Policy and practice of the internationalization of higher education in China [J]. Journal of Studies in International Education, 2003, 7（3）: 225-240.

② Harari M. Internationalizing the curriculum and the campus: Guidelines for AASCU institutions [M]. Washington, D.C.: American Association of State Colleges and Universities（AASCU）, 1981: 29.

③ 陈学飞. 高等教育国际化: 跨世纪的大趋势 [M]. 福州: 福建教育出版社, 2002: 5-13.

本政府和大学就已注意到教师国际化问题，颁布了一系列相关政策，以提升大学教师的国际化水平。近年来，日本政府又推出了以建设世界一流大学为直接目标的新计划"超级全球大学创成支援项目"。入选该项目的日本大学以建成世界排名前100名的大学为目标，它们除了从世界各地招收优秀留学生之外，还注意引进优秀国际教师、鼓励大学教师在教学和研究方面的国际化活动。[①]

但是，目前有关日本高等教育国际化研究中，涉及留学生国际流动和活动的主题很多，有关大学教师国际化活动的研究并不多，基于国际问卷调查分析结果从时间上对比分析大学教师国际化活动的研究几乎没有。

本研究在对国内外有关大学教师国际化活动的研究成果和日本国际化相关政策进行梳理后，使用2007年的"变化中学术职业调查"（Changing Academic Profession，CAP）和2017年的"知识社会中的学术职业"（Academic Profession in the Knowledge-Based Society，APIKS）的相关数据，从教师个人和所属机构两个层面分析日本大学教师参与教学和研究相关国际化活动的情况。首先，描述2007—2017年日本大学教师个人层面的国际流动性及教学和研究相关国际化活动的变化，以及不同学科大学教师个人国际化活动的变化及差异等；其次，分析机构层面的国际化战略对大学教师国际化活动的影响；最后，总结日本大学教师国际化活动的变化情况及其对中国的启示。

一、日本大学教师国际化的相关政策和现状

20世纪80年代中期以后，日本大学为了提高国际化水平，采取了各种措施。这些措施逐步提高了日本大学教师和学生的国际流动性。从这些措施可以看出，大学教师国际化不仅仅是大学教师个人的海外活动，接收留学生和向海外派遣学生也会进一步促进大学教师的国际化（特别是国际教育活动）。以下主要从三个方面介绍影响日本大学教师国际化的政策。

---

① 胡建华.日本世界一流大学建设新动向［J］.华东师范大学学报（教育科学版），2016，34（3）：7-9.

（一）接收外籍研究人员和录用外籍教师

1982 年 9 月，为了推动日本大学的国际学术交流，日本政府制定了《国立或公立大学聘用外籍教师等相关的特别措施法》。①

1983 年，日本政府发表了《关于 21 世纪留学生政策的提案》，提出 21 世纪初日本接受留学生的规模要达到 10 万人。2008 年 1 月，日本首相福田康夫在第 169 届国会的政策方针演说中首次提出了"留学生 30 万人计划"。同年，日本文部科学省制订了该计划的实施方案。此后，日本中央教育审议会开展了基于"留学生 30 万人计划"的具体方案讨论，提出了录用外籍教师的方案，以"打造吸引和接收留学生的魅力大学体制"。②

"留学生 30 万人计划"是日本基于人才的世界性竞争和国家发展需要而实施的以完善留学生接收体制为主的大学国际化措施。

继"留学生 30 万人计划"之后，为了鼓励日本国内顶尖大学进行改革，创造出有利于具有国际竞争力的教育环境和国际化人才，日本政府实施了"牵引国际化人才大学计划"（2012—2016 年）和"超级全球大学创成支援项目"（2014—2023 年）。聘用一定数量的外籍教师是实现这两项计划目标的重要措施。③

本研究同时对 2005—2021 年在日外籍教师数和 2005—2019 年外籍研究人员数④进行统计。

从不同大学的情况来看，私立大学的外籍教师占比最大，并且保持稳定增长；公立大学的外籍教师占比最小，并且没有明显增长；2005—2008 年，

---

① 文部科学省.国立又は公立の大学における外国人教員の任用等に関する特別措置［EB/OL］.（1982—08—20）［2022—05—21］. https://www.mext.go.jp/b_menu/hakusho/html/others/detail/1318399.htm.
② 文部科学省.「留学生 30 万人计画」骨子の策定について［EB/OL］.（2008—07—20）［2022—05—21］. https://www.mext.go.jp/a_menu/koutou/ryugaku/1420758.htm.
③ 日本学术振興会.スーパーグローバル大学创成支援事業［EB/OL］.（2017—03—15）［2022—05—21］. https://www.jsps.go.jp/j-sgu/gaiyou.html.
④ 外籍教师数仅统计全职外籍教师，兼职外籍教师不做统计。另外，研究人员包括博士后、特别研究员等，但不包括学生（在职博士研究生除外）。

国立大学的外籍教师数量出现了小幅回落，但是 2008 年以后又出现了明显的增长趋势（图 1），这一变化可能与 2008 年提出的"留学生 30 万人计划"及计划实施方案存在密切关系。

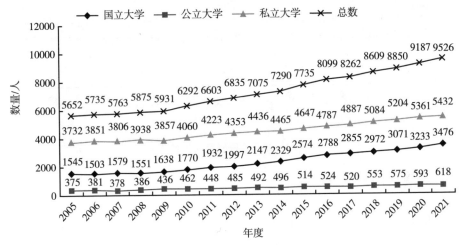

图 1　在日外籍教师数[①]

2005—2009 年，在日外籍研究人员的数量呈增加趋势（图 2），受 2011 年"3·11"日本地震等因素影响，2011 年有所减少[②]，2015—2018 年基本恢复到震前水平，2019 年受到新冠病毒感染疫情的影响，外籍研究人员大幅减少，人数基本与 2005 年持平。其中，短期外籍研究人员占多数，并且短期外籍研究人员数量的变化趋势与外籍研究人员总数的变化趋势基本一致；中长期外籍研究人员的数量一直在 12000~15000 人波动，2012 年有明显增加。2019 年，与短期外籍研究人员数量骤减不同，中长期外籍研究人员的数量并没有明显变化。

---

① 根据日本文部科学省《学校基本调查》（2005—2021 年）的数据整理得出。年度计算周期以每年 4 月初开始，至次年 3 月底结束。

② 统计时间范围为 2010 年 4 月至 2011 年 3 月底，因此 2011 年"3·11"日本地震对 2010 年短期外籍人员数量有影响，但 2010 年中长期外籍人员数量没有减少。

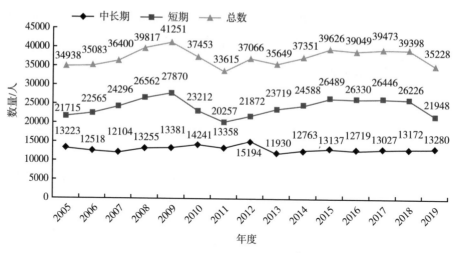

图2　在日外籍研究人员数①

（二）向海外派遣教师

2015 年，日本文部科学省在《有关高等教育国际化的中央教育审议报告的主要概要等》中②总结了 1998 年的咨询报告《关于 21 世纪的大学蓝图和今后的改革方案》和 2000 年的咨询报告《关于全球化时代所需要的高等教育》，明确指出需要进一步提高教师的国际流动性和促进年轻教师海外派遣活动。

日本学术振兴会也在促进国际学术交流等方面开展了相关工作。从 2006 年开始，日本学术振兴会实施"外籍特别研究员"制度，以保证优秀的青年研究人员在海外特定大学等学术研究机构潜心开展长期研究。另外，根据与海外相关机构之间达成的协议和备忘录等，为了推进日本研究人员与外籍研究人员的交流，日本学术振兴会实施"特定国家派遣研究人员"交流事业。③从 2007

---

① 资料来源于日本文部科学省《国际研究交流概况》（2019 年）。年度计算周期以每年 4 月初开始，至次年 3 月底结束。关于来日外籍研究人员的说明，在 2010 年之后的调查中，明确包含博士后和特别研究员，但在 2009 年之前的调查中，不确定是否包含两类人员。2013 年后的调查中，变更了来日外籍研究人员的定义，排除同一年内多个机构接收同一研究人员的重复情况。本调查以 1 个月（30 天）以内为短期，超过 1 个月（30 天）的为中长期。

② 文部科学省 . 高等教育の国际化に关する中央教育审议会の主な答申の概要等［EB/OL］.（2015–10–01）［2022–05–21］. https://www.mext.go.jp/b_menu/shingi/chukyo/chukyo4/gijiroku/attach/1412689.htm.

③ 文部科学省 . 海外での研究を希望する日本人の方々［EB/OL］.（2004–07–01）［2022–05–21］. http://www.mext.go.jp/a_menu/kokusai/ryugaku/kaigai/04061802.htm.

年开始，日本学术振兴会实施了以丰富日本的研究生（硕士和博士）、博士后、助教等青年研究人员在海外研究、交流的机会为目标的青年研究人员国际训练项目（ITP）。① 从2011年开始，以培养能加入国际共同研究网络的优秀研究人员、振兴日本学术为目的，日本学术振兴会实施"加速人才循环的青年研究人员战略海外派遣项目"。② 2014年以后，为推进日本的大学等研究机构与海外顶级研究机构合作和进行世界水平的国际共同研究，开展向海外长期派遣青年研究人员和接收海外研究人员的双向交流，日本学术振兴会实施了"加快头脑循环的战略国际研究网络推进项目"。③

从2005年开始，日本向海外派遣教师总人数呈增加的趋势，但在2019年却大幅减少。其中，短期派遣教师人数的变化趋势与总人数基本一致，中长期派遣教师人数从2005年开始基本保持在4000~5000人，2019年虽然比前一年有所减少，但减少幅度较小（表1）。值得关注的是，2011年和2012年中长期派遣人数明显增加，与日本学术振兴会实施的"青年研究人员海外派遣计划"等有密切关系。

表1　日本向海外派遣教师人数 [4][5]

年度	总数 / 人	短期派遣 / 人	中长期派遣 / 人
2005	137407	132682	4725

① 日本学術振興会. 若手研究者インターナショナル・トレーニング・プログラム（ITP）［EB/OL］.（2014-02-26）［2022-05-21］. http://www.jsps.go.jp/j-itp/.
② 日本学術振興会. 頭脳循環を加速する戦略的国際研究ネットワーク推進プログラム［EB/OL］.（2014-02-26）［2022-05-21］. https://www.jsps.go.jp/j-zunoujunkan3/index.html.
③ 日本学術振興会. 頭脳循環を加速する若手研究者戦略的海外派遣プログラム［EB/OL］.（2011-04-28）［2022-05-21］. http://www.jsps.go.jp/j-zunoujunkan2/.
④ 文部科学省. 国際研究交流の概況（令和元年度の状況）［EB/OL］.（2021-07-16）［2022-05-21］. https://www.mext.go.jp/content/20210719-mxt_kagkoku-000014444_01.pdf.
⑤ 年度计算周期以每年4月初开始，至次年3月底结束。关于海外派遣学者的说明，在2008年之后的调查中明确包含博士后，2010年之后明确包含博士后和特别研究员两类，但在2007年之前的调查中，不确定是否包含这两类人员。2013年后的调查中，变更了来日外籍学者的定义，排除同一年内多个机构接受同一学者时的重复情况。本调查以1个月（30天）以内为短期，超过1个月（30天）的为中长期。派遣学者是指日本国内各机构所属的"日本人及外籍学者"的海外旅行。以日本国内各机关聘用的（专职、兼职、有无任期都适用）的日本人、外籍学者及"特别研究员制度""相关资助制度"中被录用的学者为对象，包括博士后和特别研究员，但不包括学生留学。

续表

年度	总数 / 人	短期派遣 / 人	中长期派遣 / 人
2006	136751	132588	4163
2007	132067	128095	3972
2008	141495	137461	4034
2009	141165	137079	4086
2010	140731	136459	4272
2011	155056	149871	5185
2012	165569	160394	5175
2013	172592	168225	4367
2014	173154	168563	4591
2015	170654	166239	4415
2016	170789	166426	4363
2017	174602	170284	4318
2018	177821	173530	4291
2019	158912	154734	4178

（三）向海外派遣学生

1990 年，日本政府在教育白皮书《我国的文教政策》[1] 中提到了派遣留学生，但内容仅限于与接收留学生的情况进行对比。学生海外派遣分为两种，一种是根据各大学的国际化发展战略实施的派遣，另一种是根据日本中央政府的教育方针实施的派遣。前者主要以大学间的协定为手段，以国际交流、人才培养为目的，以学分互换留学为中心。后者主要是为了提高国际教育的效果而进行的交换留学和研修。另外，日本中央政府的留学生派遣是以初等和中等教育为中心的，而高等教育中的留学生派遣则主要依托各大学的国际化发展战略来实施。[2]

2000 年，日本文部科学省总结了日本大学审议会咨询报告《关于全球化

[1] 文部科学省 . 我が国の文教施策（平成 2 年度）[EB/OL]. [2022-05-21].https://warp.da.ndl.go.jp/info:ndljp/pid/286184/www.mext.go.jp/b_menu/hakusho/html/hpad199001/index.html.
[2] 孙京美，村山皓 . 大学の留学プログラムと国際交流政策 [J]. 立命館人間科学研究，2008（17）：75-91.

时代所需要的高等教育》并指出，为了培养能够活跃在国际社会中的人才，各大学可以通过扩大短期留学的方式向海外派遣日本学生。

2003 年，日本文部科学省在中央教育审议会提交的咨询报告《关于新的留学生政策的展开——以扩大留学生交流和提高质量为目标》的基础上[①]指出，此前的日本留学生政策一直是从国际贡献这个观点出发的，以从发展中国家接收留学生为重点，日本本国学生对海外留学的意愿不高；另外，从来日留学生的所属地域来看，日本主要接收以亚洲的留学生，而向海外派遣的学生多前往欧美国家，存在不均衡性。日本文部科学省明确表示，今后要创立在海外大学也可能取得学分的长期留学制度，加大对本国学生海外派遣的资助力度。

2013 年 10 月，日本文部科学省开始实施"起飞，留学 JAPAN"[②]海外留学资助计划。该项计划的资助范围较广，不局限申请海外大学留学，出国实习和担任志愿者的日本本土学生也是该计划的资助对象，目的是向有意愿和能力的日本年轻人提供海外留学的机会，培养活跃于国际舞台的日本本土高级人才；同时实现 2013 年 6 月 14 日日本政府出台的《日本再兴战略》所提出的目标——在 2020 年东京奥运会·残奥会召开之前，大学生海外留学 12 万人（2013 年为 6 万人）、高中生海外留学 6 万人（2013 年为 3 万人）[③]。

数据显示，日本在 2020 年之前基本实现了这一目标，2018 年赴海外留学的日本学生已经超过 11 万人。但是，受到新冠病毒感染疫情的影响及留学国家和地区采取的入境限制措施，大部分海外留学的日本学生只能中断学业、延期完成学业，或者以在线上课的方式继续完成学业，导致出国留学人数锐减，2020 年仅有 1487 人，比 2019 年的 107346 人减少了约 98.6%（表 2）。

---

① 中央教育審議会 . 新たな留学生政策の展開について（答申）：留学生交流の拡大と質の向上を目指して ～ [EB/OL]．（2003–12–16）[2022–05–21]. http://www.mext.go.jp/b_menu/shingi/chukyo/chukyo0/toushin/03121801.htm.

② 文部科学省．トビタテ！留学 JAPAN [EB/OL]．（2021–06–14）[2022–05–21]. https://www.mext.go.jp/a_menu/kokusai/tobitate/index.htm.

③ 内閣府 . 日本再興戦略 [EB/OL]．（2013–06–14）[2022–07–17]. https://www.kantei.go.jp/jp/singi/keizaisaisei/pdf/saikou_jpn.pdf.

表 2　日本向海外派遣的学生人数 [①②]

（单位：人）

年度	6个月以内	6个月至1年	1年以上	其他	总数
2009	26682	8499	1081	40	36302
2010	32012	8058	2162	88	42320
2011	42041	10609	1341	0	53991
2012	52062	11597	1408	306	65373
2013	55467	12450	1713	239	69869
2014	65941	13198	1650	430	81219
2015	68936	13115	1913	492	84456
2016	80069	13669	2456	659	96853
2017	88969	13704	2022	606	105301
2018	99188	13237	2034	687	115146
2019	93075	11562	1924	785	107346
2020	440	723	160	164	1487

二、文献分析和研究框架

日本大学教师国际化活动的相关研究文献主要集中在一系列"学术职业"[③]的调查研究中。截至 2022 年年底，共开展过三次国际学术职业调查，分别是 1992 年的"卡内基国际学术职业调查"（Carnegie International Survey of the Academic Profession），2007 年的"变化中的学术职业调查"（Changing Academic Profession，CAP），以及 2017 年的"知识社会中的学术职业调查"（Academic Profession in Knowledge-Based Society，APIKS）。在第二次国际学

① 文部科学省.「外国人留学生在籍状況調査」及び「日本人の海外留学者数」等について［EB/OL］.（2022-04-30）［2022-07-17］. https://www.mext.go.jp/content/20220603-mxt_gakushi02-100001342_2.pdf.

② 统计时间为每年4月初开始，至次年3月底结束。统计对象为在日本国内高等教育机构的在籍学生，根据日本国内大学和各外国大学关于学生交流的协定，以教育和研究为目的，赴海外大学的日本留学生，以及由在籍学校掌握的情况下，不基于协定留学的人，其中包括短期的交换留学等。

③ 文部科学省.トビタテ！留学 JAPAN［EB/OL］.（2013-06-14）［2022-05-21］. https://www.mext.go.jp/a_menu/kokusai/tobitate/index.htm.

术职业调查和第三次国际学术职业调查之间，还有两次区域范围的学术职业调查，分别是针对欧洲 12 国高等教育系统的学术职业调查（Academic Profession in Europe：Responses to Societal Challenges，EUROAC Study），以及聚焦 8 个东南亚国家的亚洲学术职业调查（Academic Profession in Asia，APA）等。

国际学者通过各项学术职业调查中收集的数据，对大学教师国际化活动的维度和内容进行了分析。

韦尔奇（Welch）利用卡内基国际学术职业调查的数据，从机构和个人层面对大学教师的国际化活动进行分析，考察了有海外博士学位的大学教师所占比例、大学教师的国际交流活动和大学教师对国际交流重要性的认识。[①]

伊尔·卡瓦斯（El-Khawas）根据卡内基国际学术职业调查数据研究指出，大学教师国际化活动的内容包括到海外留学和研修、在国外工作、在国外发表论著、与国外教师共同研究、在教学中加入国际化观点，以及提供国际化教材。

还有学者使用卡内基国际学术职业调查、CAP 调查和 APA 调查数据对大学教师国际化活动内容进行了具体划分。[②] 从个人层面看，大学教师的国际化活动包括：①教学的国际化活动，即以留学生为对象的授课活动；②研究的国际化活动，即大学教师在国外发表论文、出版著作，或者用外语撰写的论文和著作。从机构层面看，大学教师的国际化活动包括外籍教师授课、举办国际会议和研讨会、接收留学生和派遣学生到海外留学。

除了上述基于学术职业调查的研究外，有一些学者通过对案例学校的调查总结发现，大学教师国际化活动主要包括与国际学者合作、在国外发表论文或出版论著等几个方面[③]。另外，也有学者指出，大学教师可通过参加国际化

---

① Welch R. The peripatetic professor：the internationalization of the academic profession［J］. Higher Education，1997，34：323-345.

② Huang F，Finkelstein M，Rostan M. The internationalization of the Academy：Changes，realities and propects［M］. Dordrecht：Springer，2014.

③ Finkelstein，M J，Walker E，Chen R. The American faculty in an age of globalization：predictors of internationalization of research content and professional networks［J］. Higher Education，2013，66，（3）：325-340.

教学会议和参与国际化科研活动来提升自己的国际化参与能力。[①②]

在参考已有研究的基础上，本研究根据 CAP 调查和 APIKS 调查中有关国际化的内容和数据，从教师个人和所属机构这两个层面对大学教师教学和研究方面的国际化活动进行划分（图 3）。

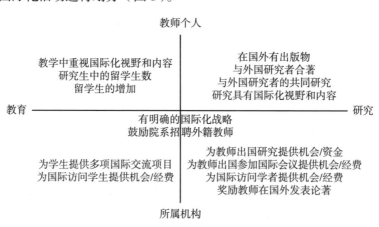

图 3　大学教师国际化的分析框架[③]

三、数据分析和讨论

日本的 CAP 调查和 APIKS 调查均由广岛大学高等教育研究开发中心课题组主持。2007 年的 CAP 调查向 19 所 4 年制大学发放问卷 6200 份，回收有效问卷 1408 份，有效回收率为 22.7%。2017 年的 APIKS 调查向 35 所大学发放问卷 8808 份，回收有效问卷 2127 份，有效回收率为 24.1%。

通过 CAP 调查和 APIKS 调查得到的数据可以了解 2007 年和 2017 年日

① Payumo J G, Monson J, Jamison A, et al. Metrics–based profiling of university research engagement with Africa：research management, gender, and internationalization perspective［J］. Scientometrics, 2019, 121（2）：675–698.

② Mittelmeier J. Rienties B, Gunter A, et al. Conceptualizing internationalization at a distance：a "Third Category" of university internationalization［J］. Journal of Studies in International Education, 2021, 25（3）：266–282.

③ Huang F, Finkelstein M, Rostan M. The internationalization of the Academy：Changes, realities and propects［M］. Dordrecht：Springer, 2014.

本大学教师的基本情况（表3）。从性别上看，参与调查的教师中女性教师占比增加了近 10 个百分点，这与日本文部省统计的变化趋势基本吻合。从年龄上来看，参与调查的教师中 21~35 岁教师的占比明显提高，由 4.2% 上升到 10.4%，56~65 岁教师的占比则从 34.8% 下降到 26.4%。与此相对应的，2017 年的调查中职称为"其他"的占比明显增多，教授的占比从 54.4% 下降到 43.3%。调查数据还显示，未婚教师的占比明显上升，由 11.2% 上升到 17.9%，已婚教师的占比则从 88.8% 下降到 82.1%。从学科领域来看，人文科学、自然科学和医学教师的占比上升，社会科学、农学和工学教师的占比下降。从工作侧重看，以教学为主的教师占比基本保持不变，但以科研为主的教师占比明显增加，这说明日本大学教师更加注重研究，也在某种程度上反映了日本大学教师强烈的研究意向。

表 3　2007 年和 2017 年日本大学教师的基本情况对比 ①

项　　目		2007 年		2017 年	
		人数 / 人	比例 /%	人数 / 人	比例 /%
性别	男	1266	91.0	1679	81.1
	女	125	9.0	392	18.9
	总数	1391	100.0	2071	100.0
年龄	21~35	57	4.2	209	10.4
	36~45	330	24.3	585	29.1
	46~55	437	32.1	595	29.6
	56~65	473	34.8	532	26.4
	> 66	63	4.6	92	4.6
	总数	1360	100.0	2013	100.0
婚姻状况	已婚	1222	88.8	1684	82.1
	未婚	154	11.2	368	17.9
	总数	1376	100.0	2052	100.0

① 2007 年和 2017 年的问卷调查未采用网络问卷，都是通过纸质问卷填写的，每个调查项目都有缺失值，因此从不同角度统计得到的总人数不一致。本篇其他调查项目也存在类似情况。

续表

项　目		2007 年		2017 年	
		人数 / 人	比例 /%	人数 / 人	比例 /%
大学类型	国立	780	55.5	938	45.2
	公立	—	—	242	11.7
	私立	627	44.5	897	43.2
	总数	1407	100.0	2077	100.0
职称	教授	765	54.4	915	43.3
	副教授	461	32.8	511	24.2
	讲师	162	11.5	200	9.5
	其他	7	0.5	489	23.1
	总数	1405	100.0	2115	100.0
学科领域	人文科学	113	8.2	221	10.5
	社会科学	293	21.4	383	18.2
	自然科学和医学	453	33.0	952	45.3
	工学和农学	397	29.0	445	21.1
	其他	115	8.4	101	4.8
	总数	1367	100.0	2102	100.0
工作侧重	教学为主	76	5.5	119	5.6
	二者兼顾，但教学较多	316	22.8	430	20.4
	二者兼顾，但研究较多	792	57.3	1150	54.5
	研究为主	199	14.4	410	19.4
	总数	1383	100.0	2109	100.0

（一）大学教师的海外流动（教师个人）

从调查结果来看，第一，日本大学教师从海外获得学位者占比不到 10%；第二，2007—2017 年日本大学教师为取得学位而到海外留学者占比增加不显著；第三，日本大学教师的海外流动多数集中在攻读博士期间；第四，日本大学教师为取得博士学位多到亚洲之外的国家留学，如北美洲和欧洲国家。这与日本独立行政法人日本学生支援机构（JASSO）实施的日本学生留学状况调查的结果相吻合，2017 年日本的海外留学人数为 10 万余人，比前一年增加 8448

人，其中赴美国留学者 19527 人（比前一年减少 687 人），赴加拿大留学者 9440 人（比前一年增加 532 人）。从整体来看，日本学术人才的海外流动是偏低的（表4、表5），这虽然与近些年日本社会少子化、经济状况不佳等有关，但主要原因还是日本青年学者对出国留学的兴趣不高[①]。经济合作与发展组织（OECD）的调查结果显示，日本赴海外留学的学生仅占日本大学在籍学生的 0.96%，而 OECD 成员国的平均数为 2.0%，日本在 30 多个成员国中位列倒数第二[②]。

表4　2007 年和 2017 年日本大学教师从海外取得学位情况对比

学位	2007 年			2017 年		
	教师总数 / 人	海外取得学位 / 人	比例 /%	教师总数 / 人	海外取得学位 / 人	比例 /%
学士	1267	14	1.0	1973	18	0.9
硕士	1013	27	2.7	1740	68	3.9
博士	1054	35	3.3	1707	82	4.8

表5　2007 年和 2017 年日本大学教师的海外学位取得国情况对比

学位取得国所在地区	2007 年						2017 年					
	学士		硕士		博士		学士		硕士		博士	
	人数 / 人	比例 / %	人数 / 人	比例 / %	人数 / 人	比例 / %	人数 / 人	比例 / %	人数 / 人	比例 / %	人数 / 人	比例 / %
北美洲	2	33.3	21	80.8	20	62.5	6	33.3	40	63.5	48	62.3
欧洲	0	0	2	7.7	9	28.1	2	11.1	18	28.6	23	29.9
大洋洲	1	16.7	0	0	1	3.1	1	5.6	2	3.2	2	2.6
亚洲	3	50.0	3	11.5	2	6.3	8	44.4	3	4.7	3	3.9
南美洲	0	0	0	0	0	0	1	5.6	0	0	1	1.3

---

① 日本学生支援機構. 平成 29 年度協定等に基づく日本人学生留学状況調査結果［EB/OL］.（2019-01-01）［2021-07-01］. https://www.studyinjapan.go.jp/ja/_mt/2020/08/date2017n.pdf.

② Institute of International Education（IIE）. Open Doors 2013：report on international educational exchange［R］. New York：IIE, 2000.

（二）教学的国际化活动（教师个人）

日本大学教师教学的国际化活动体现在三个方面：①教学中重视国际化的视角和内容；②从事教学以来留学生数一直在增加；③近期招收的研究生基本都是留学生。对比 2007 年和 2017 年的数据可以发现，教学中重视国际化的视角和内容的大学教师占比在减少（表6）。

表6　2007 年和 2017 年日本大学教师教学方面国际化活动情况对比 [①]

观　点	教学中重视国际化的视角和内容的教师				教学以来留学生人数一直在增加的教师				近期招收研究生基本都是留学生的教师			
	2007 年		2017 年		2007 年		2017 年		2007 年		2017 年	
	人数/人	比例/%	人数/人	比例/%	人数/人	比例/%	人数/人	比例/%	人数/人	比例/%	人数/人	比例/%
非常不同意	85	6.2	149	7.3	888	69.1	513	25.3	584	43.0	1037	52.6
基本不同意	162	11.8	313	15.4	152	22.8	215	10.6	123	9.1	355	18.0
中立	423	30.9	660	32.5	146	11.4	659	32.5	488	35.9	346	17.6
基本同意	425	31.0	617	30.4	52	4.0	373	18.4	113	8.3	133	6.8
非常同意	276	20.1	290	14.3	47	3.7	269	13.3	51	3.8	99	5.0

对于"教学以来留学生人数一直在增加"的观点，非常不同意和基本不同意的大学教师占比分别从 69.1% 和 22.8% 下降到 25.3% 和 10.6%，这表明2007—2017 年日本留学生人数的确有大幅度增加。而对于"近期招收的研究生基本是留学生"的观点，非常不同意和基本不同意的大学教师占比则有大幅度增加，分别从 43.0% 和 9.1% 上升到 52.6% 和 18.0%，而非常同意的大学教师占比有小幅增加，这提示留学生在各学科领域的分布不太均衡。总体来说，日本大学教师在教学中对国际化活动重视不够，但实际上留学生人数却在持续增加。

对于以上情况，我们可以推测与日本政府推行的国际化政策有关，日本政府于 2008 年制定了"留学生 30 万人计划"，拟到 2020 年累计吸引 30 万名

---

① 2007 年数据来源于 CAP 调查，2017 年数据来源于 APIKS 调查。

留学生来日学习。从这一政策推行后，来日留学生人数逐年增加，2017 年较 2007 年增加了 34.3%。[①]

而对于"教学中重视国际化的视角和内容"这一观点的看法，非常同意的大学教师占比从 2007 年的 20.1% 下降到 2017 年的 14.3%，这可能与日本大学国际化课程的开设及变化有关。日本政府于 2009 年推出"国际化据点储备事业计划"，选定 13 所大学作为推进国际化据点进行重点建设，同时在这些大学中大幅度增加全英语学位课程。到 2009 年底，全英语学位课程约有 300 个。但是 2010 年召开的行政刷新会议上有人指出，新开设的全英语学位课程由于留学生人数太少，投入的费用与实际效果之间差异明显，为少数留学生开设的全英语学位课程项目占用了巨大的国家财政税收费用，项目的可行性受到质疑。后来，该计划在 2014 年草草结束，没有像日本政府预想的那样顺利。[②] 这种政策的变化也必然对大学教师参与国际化教学活动的积极性产生影响。这也从侧面说明，日本大学教师教学方面的国际化活动是一种政策引导下的被动参与行为。

（三）研究的国际化活动（教师个人）

研究的国际化活动分为有国际视野和国际研究意愿（表 7）、与外籍研究人员共同研究、在国外发表论著和与外籍研究人员合著（表 8）四个方面。

从 2007 年和 2017 年的数据看，日本大学教师与外籍研究人员共同研究、在国外发表论著和与外籍研究人员合著的占比都有一定程度的增加，这说明大学教师对研究的国际化活动较为重视。但对于"有国际视野和国际研究志愿"，表示非常同意和基本同意的大学教师占比有所下降。即使如此，实践中研究活动的国际化程度却一直在提升。以上现象进一步说明，日本大学教师

---

① 日本学生支援機構 . 日本学生留学状况调查的协定 ［EB/OL］.（2019-01-01）［2021-07-01］.https://www.studyinjapan.go.jp/ja/_mt/2020/08/date2017n.pdf.

② 吴娴 . 日本高校全英语学位课程的研究及对中国的启示 ［J］. 清华大学教育研究，2017，38（6）：81-88.

对国际化活动的重视不够，其研究方面的国际化活动也是政策影响下的被动参与行为。因此，需要进一步探讨机构层面的国际化战略对大学教师参与教学和研究方面国际化活动的影响。

表 7　2007 年和 2017 年日本大学教师有国际视野和国际研究意愿情况对比 [1]

观　点	2007 年		2017 年	
	教师人数 / 人	比例 /%	教师人数 / 人	比例 /%
非常不同意	233	18.4	471	23.6
基本不同意	131	10.3	252	12.6
中立	304	24.0	497	24.9
基本同意	367	28.9	507	25.4
非常同意	234	18.4	266	13.3

表 8　2007 年和 2017 年日本大学教师研究方面国际化活动情况对比 [2]

国际化活动	2007 年		2017 年	
	教师人数 / 人	比例 /%	教师人数 / 人	比例 /%
与外籍研究人员共同研究	341	24.2	643	30.3
在国外发表论著	442	31.4	764	36.0
与外籍研究人员合著	330	23.4	470	22.1

（四）机构层面的国际化

教师队伍国际化在高等教育国际化中发挥着举足轻重的作用。高度国际化的教师队伍能够培养出具有国际视野的人才，搭建国际化的研究平台，解决国际性的问题。大学教师是大学教学、科研和社会服务的实施者，他们参与国际化不是可以选择的，而是所在机构国际化所必需的。但是，大学教师的国际化活动，不仅受大学教师自身条件的影响，也受所在机构相关体制的制约。因

---

① 2007 年数据来源于 CAP 调查，2017 年数据均来源于 APIKS 调查。

② 同①.

此，提高大学教师的国际化水平，除了提升大学教师自身的国际化能力之外，还要所属机构采取国际化战略，提升大学教师群体的国际化能力和水平。

对于大部分机构国际化战略，表示基本同意和非常同意的大学教师占比都超过40%，其中对为学生提供多项国际交流项目和为国际访问学生提供机会和经费等表示同意和基本同意的大学教师占比均超过70%（表9），这说明日本大学为学生对外交流提供了很多机会和经费，而对招聘外籍教师和奖励教师国外发表论著表示同意和基本同意的大学教师占比最低，均不到40%，这说明在日本大学还需要采取有效措施鼓励本国大学教师参与海外流动，同时还需进一步开放，以吸引更多的国外教师来本国大学工作。

表9 大学教师对机构国际化战略的评价 [①]

机构国际化战略	非常不同意		基本不同意		中立		基本同意		非常同意	
	人数 / 人	比例 / %	人数 / 人	比例 / %	人数 / 人	比例 / %	人数 / 人	比例 / %	人数 / 人	比例 / %
所属机构有明确的国际化战略	142	6.9	258	12.5	633	30.7	716	34.7	315	15.3
所属机构为学生提供多项国际交流项目	18	0.9	85	4.1	244	11.9	1060	51.5	652	31.7
所属机构为教师提供机会和经费出国研究	137	6.6	308	14.9	637	30.9	707	34.3	272	13.2
所属机构为国际访问学生提供机会和经费	26	1.3	145	7.0	394	19.1	987	47.9	509	24.7
所属机构为国际访问学者提供机会和经费	69	3.3	212	10.3	572	27.7	824	40.0	385	18.7
所属机构鼓励院系招聘外籍教师	145	7.1	301	14.6	789	38.4	576	28.0	244	11.9
所属机构为教师出国参加国际会议提供机会和经费	185	9.0	280	13.6	687	33.3	640	31.1	268	13.0
所属机构奖励教师在国外发表论著	285	13.9	320	15.6	878	42.7	372	18.1	200	9.7

① 数据来源于 APIKS 调查。

四、结论与建议

本研究在梳理日本国际化相关政策和现状的基础上，利用 CAP 调查和 APIKS 调查数据，从教师个人和机构两个层面定量分析了 2007—2017 年日本大学教师国际化活动的现状和变化趋势，主要发现如下。

第一，日本大学教师的海外流动性不高。大学教师的国际流动虽有增加趋势，但非常缓慢，无流动的大学教师占比依然较高。

第二，大学教师自主参与国际化的积极性不高。大学教师在教学和研究中对国际化视角和内容关注度不够。

第三，所在机构提供的机会和经费是影响大学教师教学和研究方面的国际化活动的最重要因素。相对充足的经费和机会是保障大学教师出国交流、招收国际访问学者和留学生的必要条件。

以上对日本大学教师国际化活动的发展分析对我国制定高等教育国际化战略、大学的国际化建设和大学教师个人的国际化活动发展具有参考价值。

首先，国家给予政策支持。有学者发现，40 年来我国大学高层次人才求学期与工作期的国际学术流动率不断下降，并且随着我国大学实力的提升，大学高层次人才的国际学术流动渐趋弱化。[1] 这与日本 CAP 调查和 APIKS 调查中发现情况一致。一方面，在后疫情时代，逆全球化、单边主义、保守主义、民粹主义的思潮进一步发展，同时包括我国在内的各国出入境限制政策和航班熔断机制等导致的巨额的交通费用及漫长的隔离时间，都阻碍了我国大学教师的海外流动，导致学术交流困难重重。[2] 另一方面，中国经济实力的增强对海外人才的吸引力持续提升。《2020 中国海归就业创业调查报告》显示，2020 年在国内求职的归国留学生比 2019 年增长 33.9%，其中应届毕业的留学生人数猛增 67.3%。在全球疫情及国际关系变化的影响下，留学生"归国潮"趋势进

① 徐娟，毕雪妮.大学高层次人才生成中国际学术流动及演变：基于我国 5 类项目人才履历的实证分析［J］.比较教育研究，2021，43（3）：94–101.
② 徐琳，蔡永莲.留学教育之变：后疫情时期高校教育国际化的发展思考与对策研究［J］.中国高教研究，2021（5）：50–55.

一步明显①。因此，我国需制定相关政策，创造良好的国际化学术环境和氛围，使留学生回国后能更好地发挥优势和作用，加强与中国大学教师间的互动和学习，"通过进口实现国际化"②，弥补传统意义上的跨国流动的不足，积极探索在地国际化的新格局，提高本国大学教师的国际化水平。

其次，大学提供经费支持。本研究与先行研究均证实学校提供的经费对大学教师参与教学和研究方面的国际化活动有积极作用。因此，我国大学应增加相关经费，并为教师提供各种资源供给和服务保障，使其有更多的机会参与国际化活动，充分调动教师的积极性和主动性，开展以教师为主体的教学和研究方面的国际化活动，从而推进教师队伍国际化建设。

再次，大学要以实际行动支持国际化活动。本研究发现日本大学制定的国际化战略与教师的国际化活动之间存在一定的偏差。因此，我国大学应注意不仅要把国际化的元素融入整体发展战略规划中，而且要更多地关注实施过程中的问题，进一步完善交流沟通渠道，了解大学教师国际化活动中的需求和困难，更好地支持大学教师的国际化活动。

最后，大学教师要主动参加国际化建设。本研究发现日本大学教师主动参与国际化活动的积极性不高。我国学者也指出，尽管有制度支持，教师也不愿参与国际化活动，经常出现某些国际交流项目申请人空缺的现象。③ 教师队伍国际化是我国世界一流高校建设的重要途径，因此，大学教师要提高自身的国际化意识，认识到自身国际化水平对学校整体发展的重要作用，将学校的国际化发展目标与个人的学术发展结合起来，自觉地将国际视野和国际合作融入学生培养和学术研究中，建设真正意义上的国际化教师队伍。

（作者简介：吴娟，常熟理工学院高等教育研究所助理研究员；黄福涛，日本广岛大学高等教育研究开发中心终身教授）

① 王一新，李小丽. 2021 中国海归就业调查报告［J］. 中国人力资源社会保障，2022（6）：36-38.
② 大卫·艾略特. 英国高等教育国际化：政策的视角［M］//皮特·斯科特. 高等教育全球化：理论与政策. 北京：北京大学出版社，2009：49-65.
③ 李碧虹，李云逸，余亚华. 美国高校学术职业国际化的困境与对策［J］. 大学教育科学，2016（2）：58-64.

社会服务篇

日本大学服务性学习的动向与课题 ①

服务性学习是一种联系大学教育与社会、地区的教育方法，无论是从大学教育来看，还是从大学与地区、社会的联系来看，未来广泛推行服务性学习措施对日本的大学与社会发展都具有重要意义。基于此，本文将探讨服务性学习未来发展的可能性。

一、日本的大学教育与社会的变化

（一）日本大学教育的变化趋势

目前，服务性学习在日本大学中尚未普及，还无法说服务性学习是大学教育的主流方式。但是，服务性学习是大学教育中的一环，这从一个方面说明服务性学习今后在日本发展的可能性。无论是从全日本的动向来看，还是从各个大学的措施来看，日本大学教育在近 20 年发生了巨大的变化与改善，教育措施不断更新。其中，21 世纪 10 年代中期开始的大学教育改革主要是推动以大学生主体性学习为目标的主动学习，而服务性学习也可以看作是其中的一个环节。此前的日本大学教育改革关注的是大学或教师的教育方法与内容，并未

① 译自：福留東土. 日本の大学におけるサービス・ラーニングの動向と課題 [J]. 比較教育学研究，2019（59）：120–138.

重视给予学生何种教育这一问题。但是在近几年，随着关注点开始转向学生应当获得怎样的知识和能力，即学生的学习及学习的效果，学生的主体性学习及推动学生主体性学习的教育方法便成了焦点。[①] 在这样的背景下，为了完善大学教育而向社会寻求资源，从而形成全新的教育措施的情况日益增多。[②] 在向社会寻求资源的同时，服务性学习也是一种推动社会发展变化的教育方法。尽管服务性学习的发展较为缓慢，但正在受到更广泛的关注。

另外，近年来日本大学与社会、地区之间的关系也发生了变化。日本于2007 年修订的《学校教育法》明确要求大学通过开展教育与研究活动向社会广泛提供活动成果，从而为社会发展做出贡献。由此，为社会发展做出贡献被确立为大学的使命。在此之前，研究、教育、社会服务被认为是大学的三大职能，但是与其他两个职能相比，社会服务常被看作是一种附属职能。但是，日本《学校教育法》的修订深刻反映了近年来日本大学与社会之间的关系的变化[③]。近年来，日本大学与社会、地区合作开展的教育与研究活动正在逐步发展。换言之，尽管服务性学习本身尚未得到普及，但是作为服务性学习基础的大学与社会之间的关系已经发生了很大的改变，我们可以从中看到服务性学习发展的可能性。

（二）日本社会的变化

被期待与大学构建全新关系的日本社会也发生了重大变化。首先，少子化和高龄化问题对日本社会的影响最大。2013 年，日本文部科学省开始推行

---

① 这一现状受到了来自美国的深刻影响。见：Kuh G D. High-impact educational practices：What they are，who has access to them, and why they matter［M］. American Association of Colleges & Universities, 2008；Kuh G D. Ensuring quality & taking high-impact practices to scale［M］. American Association of Colleges & Universities, 2013.

② 与产业界展开合作的教育措施也在得以推进。见：李麗花，福留東土. 産学連携教育の教育の意義に関する考察—IT 分野における事例分析を手掛かりに［J］. 大学経営政策研究，2017（7）：73-87.

③ 根据日本 2007 年修改的《学校教育法》（第 105 条），大学可以针对本校以外的学生制定特别项目，并可以给完成项目的学生发放完成项目的证明。从针对包括社会人在内的一般社会教育的视角来看，这一条规定也推动了大学与社会之间的关系的转变。

"地区（知识）基地建设项目"（COC）[①]，目的是使大学与所在地区或周边地区的政府、企业或团体合作，通过教育、研究、社会贡献活动推动地区发展。入选 COC 的项目大多将针对少子化和老龄化问题制定对策视为最重要的课题。同时，许多来自地方大学的 COC 项目均提到针对地方空心化问题的对策。在日本，人口与产业高度聚集在以三大都市圈为代表的城市地区，以青年为中心的人口流出所导致的地方空心化问题与少子化、高龄化问题一样，都是日本的全国性课题。另外，在全球化进程中，随着资本集约化而产生的地方活力衰退现象也是一个重要的社会问题。面对这些问题，振兴本地产业以恢复地区活力的举措被看作是当下最重要的课题。

其次，是日本灾后复兴问题。1995 年，日本发生阪神大地震，有许多志愿者参与了复兴工作，这一年被日本称为志愿者元年。在这一年，日本一些大学开创性地采取了将学生志愿活动与大学教育联系在一起的措施。自 2011 年"3·11"日本地震后，日本各地持续发生自然灾害，受灾地区的复兴与应对灾害的策略，以及政府与市民给予支持的必要性受到关注。

最后，日本正处在构建男女共同参与建设的关怀残疾人及包容少数群体的社会的过程中。日本生育年龄人口的减少，外国劳动者的增加，不仅仅需要公共机构和日本劳动力市场做出应对，而且要求日本社会将外国劳动者视作新的市民并包容他们。另外，在被认为相对平等的日本社会中，仍然存在不平等现象及由此产生的家庭与儿童的贫困，这也是重要的社会问题。

因此，日本大学教育必须考虑如何适应上述社会变化，满足社会发展的需要。服务性学习不仅需要参与其中的学生通过服务活动完成学习，同时需要学生理解他们的服务活动为社区做出的贡献。对大学教育而言，这是一个全新的挑战，同时也说明了大学教育未来发展的可能性。

---

① 自 2015 年开始，COC 项目被改为"地区（知识）基地大学的地方创生推进项目"（COC+）。

二、日本服务性学习的动向

（一）大学教育相关政策文件中的服务性学习

在日本，服务性学习是最近 10 多年才被认为是一种大学教育方法。下面将通过探讨日本大学教育相关的政策文件，从宏观上把握日本服务性学习的动向。

1998 年，日本大学审议会发布咨询报告《关于 21 世纪的大学蓝图与今后的改革方案》，首次提到"通过开设结合校外体验的课程科目，在大学教育中有效利用社会所具有的实践性教育力"这一内容。该报告还提到了实现这一目标的代表性措施，以及能为社会做贡献的活动，即志愿活动。

2002 年，日本中央教育审议会发布咨询报告《关于青少年的服务活动与体验活动的推进方法》，"服务性学习"一词首次出现在了重大政策文件中。该咨询报告对服务性学习的解释如下："所谓服务性学习，是'通过使学生实际参与回应社会需求的社会贡献活动，从而实现体验性学习的同时，培养社会责任感的教育方法'，旨在融合大学教育与社会贡献活动。"该咨询报告在区分初等教育、中等教育和 18 岁以上教育阶段的基础上，介绍了各个阶段应当施行的服务活动与体验活动的措施。针对高等教育阶段的学生，该咨询报告"针对学生的奖励与支持"部分提出："在大学、短期大学、高等专门学校、专门学校等学校中，为了鼓励学生积极参与志愿活动，应当将其作为正式的教育活动，积极推进包括志愿讲座、服务性学习课程、与非营利组织相关的专业课程及包括实习在内的学生自主性志愿活动的学分认定工作。同时，为了奖励与支持学生的自主性活动，鼓励开设大学志愿中心以充实校内的支持体系、施行学期制度或志愿休学制度，从而形成有利于开展活动的环境，提供在校内开展志愿活动的机会。"除此之外，该咨询报告还提及包括教育组织与地区行政组织的合作在内的地区网络的形成、协调员的培养的必要性，并论述了针对服务活动培养社会风气的必要性。

2008 年 3 月，在日本中央教育审议会大学分科会与教育部会发布的《关于本科课程的构建》（审议总结）中，高等教育阶段的服务性学习首次出现。该总结报告提议重视能够引导学生发挥主体性与能动性的教学法（主动学习），与学生参与型课程、协调与协同式学习、课题解决与探究式学习、基于问题或项目的学习一起，社会服务体验活动、服务性学习、田野工作、实习、海外体验学习或短期留学等体验活动也作为教育方法出现在总结报告之中。该总结报告指出，上述教学方法的目标是"赋予学习以动力的同时开展双向型学习"，"赋予课程本身以魅力的同时，积极纳入包括体验活动在内的多种教育方法"。基于上述内容，"服务性学习"一词被收入该总结报告的术语集中。在术语集中，服务性学习被解释为"作为教授法与学习法，是结合了在教室开展的学术性学习与针对社会的实践性课题做出贡献的经验学习的一种形式"，"将解决社会所存在的现实问题作为课题，积极利用在教室所学习的知识，在加深学习内容的同时，学习市民责任并促进市民的参与"。如此一来，高等教育阶段的服务性学习也开始受到关注。但是，2008 年 12 月日本中央教育审议会根据该总结报告发布的咨询报告《关于本科课程的构建》却并没有提及服务性学习。在总结报告记述的教学方法中，社会服务体验活动和海外体验学习相关的内容得以保留。究其原因，体验活动与体验学习本身就是基本的教育方法，而服务性学习还没有得到充分认识和理解。

2012 年，日本中央教育审议会发布咨询报告《为了创建新的未来——大学教育的质量转换》，"服务性学习"这一术语首次出现在与大学教育相关的咨询报告之中。服务性学习作为提高本科教育质量、促进学生主体性学习而在课堂以外开展的学习项目，在咨询报告中与"实习""留学"并列。该咨询报告认为，服务性学习是促进社会、企业与大学合作的一项必要措施。另外，该咨询报告的术语集中也有"服务性学习"一词，并参考日本筑波大学人类学群网站的定义对服务性学习进行了如下定义："作为教育活动的一环，服务性学习是指学生参加一定时长的符合地区需求的社会服务活动，在实际的服务活动中积极利用所学习的知识，并且通过实际的服务体验获得新的视野的教育项目。"引入服务性学习的目的：①将通过专业教育获得的专业知识与技能转变为可以在现实社会中实际积极利用的知识与技能；②给予学生以思考未来职业的机会；③让学生意识到自己的社会角色，提高作为市民的必要素质与能力。

鉴于服务性学习是从美国引进的教育方法，日本学者杉木昌彦就服务性学习对日美两国进行了比较研究，并在上述政策动向的基础上介绍了主要大学的动态，对服务性学习的定义进行了讨论。[①] 杉木昌彦指出，日美两国对服务性学习的定义具有相同的要素，即服务性学习"是一种通过联系大学学习与地区服务的活动，是在加深学习内容的同时促进学生社会性成长的教育方法"。但是杉本昌彦同时指出，美国对服务性学习应当实现的目的（作为市民的责任、自省、互惠）与具体方向有更加明确的表述。[②] 山田一隆通过概述美国的服务性学习并与日本制定的相关政策文件所给出的定义进行比较后指出，日本对自省这一目的认识不足，对学习与下一阶段成长的关系也缺乏明确表述[③]。而这一问题不仅关系学生的学习，对服务性学习项目评价和体系化发展也很重要。

日美两国存在上述差异的原因可能有以下几点。第一，日本刚刚开始推行服务性学习，目前尚处于关注各个大学施行措施的阶段，可能还没有充分意识到施行措施以外的问题。第二，日本的社会结构及其所导致的服务性学习的目的与发展方向和美国有所不同。第三，日美两国大学教育的社会地位及学生情况存在差异。无论什么原因，我们都可以窥见日美两国在服务性学习的发展历史及服务性学习融入大学教育的方式等方面存在的差异。

---

① 杉本昌彦. 日本の工学系大学教育におけるサービスラーニングの位置づけ—アメリカの事例を踏まえて［D］. 東京：東京大学，2016.
② 根据杉本昌彦的研究，日本更倾向于把解决各种社会问题作为服务性学习的功能，而这一点在美国被包含在互惠的概念中。
③ 山田一隆. 米国高等教育におけるサービスラーニング—市民学習と学習成果をめぐる政策と評価枠組の概観［J］. 政策科学，2016（2）：113–136.

（二）服务性学习的实施情况及其与其他教育方法之间的关系

有关服务性学习在日本实施情况的数据并不多，这本身就反映出服务性学习在日本的发展现状。唯一一份数据是来自日本河合塾与《朝日新闻》开展的大学组织调查"开启日本的大学"，该调查仅在 2014 年收集了关于服务性学习的数据（共有 607 所大学提交了问卷）。根据该调查数据，有 24% 的日本大学在全校范围内开展了服务性学习，有 17% 在一部分学部开展，有 12% 在一部分学科开展，总共有 53% 的日本大学在不同范围内开展了服务性学习。根据这一事实，我们可以认为服务性学习已经相当广泛。但是，这份数据无法反映选课学生的数量与所占比例等情况。

另外，樱井政成与山田一隆对日本文部科学省批准的对大学教育改革提供支持的"特色 GP"[①] 及"现代 GP"[②] 项目中与服务性学习相关的教育项目进行了调查[③]。在 2004—2007 年的"特色 GP"与"现代 GP"项目中，分别有 31% 与 41% 的项目包含服务性学习的要素。这一调查并不是以是否使用了"服务性学习"这一术语作为标准进行统计的。此后，仍然可以在许多项目中看到服务性学习的要素。

在前文所提及的 COC 中，也有一些项目具有服务性学习的要素。2013 年和 2014 年共有 77 个入选 COC 的项目，杉本昌彦撰文介绍了工学领域包含学习要素的项目案例，包括富山县立大学、芝浦工业大学、金泽工业大学及京都

---

① "特色 GP"是指大学教育特色化助力项目，是由日本文部科学省于 2003 年推出的竞争性经费项目，旨在向具有特色的大学教育改革提供财政支持，以促进日本高等教育的发展。该项目于 2008 年与"现代 GP"合并为高质量大学教育推进项目（简称"教育 GP"）。

② "现代 GP"是指现代教育需求解决项目，是由日本文部科学省于 2004 年推出的竞争性经费项目，旨在向有效回应了政府指定的社会政策问题的大学教育改革提供财政支持，以促进日本高等教育的发展。该项目于 2008 年与"特色 GP"合并为高质量大学教育推进项目（简称"教育 GP"）。

③ 桜井政成，山田一隆. 日本の高等教育におけるボランティア活動支援：サービスラーニングの現状［M］// 桜井政成，津止正敏. ボランティア教育の新地平—サービス：ラーニングの原理と実践. 京都：ミネルヴァ書房，2009：175–192.

工艺纤维大学的项目。①②

如前文所述，在大学教育整体发生重大转变的同时，我们可以在更加广泛的背景之下理解服务性学习。下面将对照近年来日本的改革动向及服务性学习的发展历程，从主动学习和志愿活动这两个方面进行讨论。

2012 年，日本中央教育审议会发布的咨询报告《为了创建新的未来——大学教育的质量转换》对主动学习进行了如下定义："与教师单方面进行授课的教育不同，主动学习包括使学习者发挥能动性以参与到学习的教授法与学习法，除了探索式学习、问题解决式学习、体验式学习、调查式学习，在教室开展小组讨论、辩论、小组活动也是有效的方法"。如果从广义上理解这一定义，上述的前 4 种学习形式都属于服务性学习活动。但是，这些学习形式以外的服务性学习的方法，如课题探究型学习、案例研究、研究项目及实习也常应用于主动学习。通常来说，以上学习方法中与服务性学习活动的最为契合的是体验式学习。

日本文部科学省所开展的"关于大学教育内容的改革状况"调查③ 广泛收集与大学教育改革动向相关的数据，其中 2015 年的调查结果显示，针对服务性学习，有 70% 的大学的回答是"正在探讨将主动学习有效地纳入课程之中"，有 66% 的大学的回答是"计划增加包含主动学习的课程科目"，说明近年来日本大学针对主动学习的意识有所提高。

但是，这项调查并未涉及服务性学习，而提到了志愿活动的问题。在 2011 年开设了包含志愿活动的课程或科目的大学（本科阶段）的占比达到 47% 之后，实施这类课程的大学数量逐年少量增加，2015 年占比已经达到了 60%。服务性学习并不等同于志愿活动。但是，将支持志愿活动的服务精神作

---

① 杉本昌彦 . アメリカの工学教育におけるサービスラーニングの導入事例［J］. 工学教育，2016（5）：73–78.

② 杉本昌彦 . 社会貢献活動を通じた専門分野の学び—工学分野におけるサービスラーニングを事例として—［C］// 福留東土 . 専門職教育の国際比較研究（高等教育研究叢書 141）. 広島：広島大学高等教育研究開発センター，2018：91–99.

③ 文部科学省 . 大学における教育内容等の改革状況について（平成 27 年度）［EB/OL］.［2022–05–21］.https://www.mext.go.jp/a_menu/koutou/daigaku/04052801/1398426.htm.

为基础，将志愿活动理解为具有教育要素及结构化、体系化特点的活动，那么给志愿活动赋予服务性学习这一地位的想法也是成立的。在服务性学习尚未充分渗透到教育现场与社会的今天，其概念仍在发展变化。可以这么说，与具有亲和性的志愿活动联系在一起，从广义上定义服务性学习的概念或许是目前最有效的方式。

另外，在日本服务性学习的发展中起重要作用的是相关团体或组织，如成立于 2014 年的日本服务性学习网络（Japan Service-Learning Network, JSLN）。JSLN 以各大学的服务性学习实践者为中心，通过定期召开"服务性学习全国论坛"等方式持续推动相关成员之间的协作与交流。其实早在 2004 年，以探讨国外体验式学习为目的的"大学教育中海外体验式学习"研究会就已成立，该研究会至今都保持着活跃状态。

三、服务性学习的实施案例

（一）日本国际基督教大学

日本国际基督教大学是日本最早将服务性学习列为本科正式科目的大学。这所大学于 1996 年正式引入了与服务性学习相关的科目，但是在此之前就已经推行了正式科目以外的活动。20 世纪 90 年代中期，国际基督教大学开始讨论设立服务性学习项目，针对原有活动的开展情况及在全校范围内推行进行了探讨。[①]2002 年，国际基督教大学设立了服务性学习中心，更加有组织地开展工作。2005 年，国际基督教大学的"国际服务性学习的开展与合作建设（实践型国际教养教育的亚洲－非洲网络的建立）"项目入选日本文部科学省的国际化推进项目（战略国际合作支持）。国际基督教大学的办学主体是基督教，所以奉献精神就成了学校的文化。[②] 国际基督教大学的服务性学习具

① 黒沼敦子. 大学教育における体験学習プログラムの教育効果―サービス・ラーニングを事例として―［D］. 東京：東京大学，2011.
② 村上むつ子. 地域貢献活動を学習に―サービス・ラーニングの試み［EB/OL］.［2022-05-21］.
https://www.shidaikyo.or.jp/newspaper/rensai/education/2258-3-4.html.

有"实践型与循环型教育项目"的特点,即"学生基于自发性的意愿,从事一定时间没有报酬的社会服务活动,利用大学学习的知识回报社会,通过社会体验加深对知识的理解,并运用于个体的学习活动之中。"[①]通过服务性学习获得经验和新观点,有助于学生选择专业领域和毕业论文题目,以及毕业后选择职业。

从课程的角度来看,日本国际基督教大学的服务性学习活动具有系统性与长期性。国际基督教大学设置了两种服务性学习项目,分别是社区服务性学习与国际服务性学习。社区服务性学习活动主要在地方政府、非营利组织及教育组织、福利机构进行,其中既有学校向长期合作的组织派遣学生的情况,也有学生根据自己的兴趣开拓新的活动场所的情况。另外,还有来自美国明德大学[②]的留学生和日本学生及来自亚洲国家的留学生共同参与的日本暑期服务性学习项目(Japan Summer Service-Learning)。而国际服务性学习主要是国际基督教大学的学生参加国外合作大学与组织的项目,在当地的非营利组织或公共组织从事服务活动。每年选修国际服务性学习项目的学生非常多,这或许反映了这所大学的特质[③]。针对国际服务性学习,国际基督教大学深度参与了亚洲服务性学习网络(Service-Learning Asia Network,SLAN)的建立,成为日本国内唯一一所加入该组织的大学。

国际基督教大学针对服务性学习而设计的课程强调"课堂学习与实习的循环"。学生们在暑期参与长达 30 天的实习。作为事前学习,学生会在上半学年选修入门科目和实习准备科目。在实习结束后,学生会通过事后总结分享经验并获得评价。这些科目都是按照可以获得学分的正规科目开设的。国际基督教大学服务性学习活动的重要基础是学生的自律性与支持这种自律性的教职

---

① 国际基督教大学"服务性学习"[EB/OL].(2019-04-16)[2022-05-21].https://www.icu.ac.jp/academics/sl/.

② 美国明德大学与日本国际基督教大学建立了合作关系。

③ 2018 年,国际基督教大学有 9 名学生选修"社区服务性学习"项目,但是有 44 名学生选修"国际服务性学习"项目。

员之间的合作，以及对反思的重视。①

（二）日本立命馆大学

与日本国际基督教大学一样，日本立命馆大学也开创性地推行了服务性学习措施。立命馆大学以学生参与的志愿活动为基础，将志愿活动发展为服务性学习活动。虽然立命馆大学最初有组织的活动源自 2004 年成立的志愿中心，但是以学生为主体的志愿活动可以追溯到 1995 年阪神大地震时期。在这次地震发生后，立命馆大学成立了以学生为主体的志愿信息交流中心，负责与受灾地的联络协调及志愿者的派遣工作。2002 年，立命馆大学人文科学研究所的"大学志愿中心研究"项目对学生所参与的志愿活动给出了积极的评价，并成为此后在全校范围针对志愿活动进行讨论的一个契机。立命馆大学此前在各个学部开设了许多地区参加型课程，这也是志愿活动发展至全校范围的重要背景。②在志愿中心成立的第二年，即 2005 年，作为地区活化贡献项目（广域型）的一部分，"地区活化志愿活动的深化与发展"入选由日本文部科学省实施的"现代 GP"项目。2008 年，志愿中心作为共同教育推进机构的内部组织，改组为服务性学习中心。自 2011 年"3·11"日本地震后，服务性学习中心与学生部协作建立"立命馆大学震灾支援信息网络"（311+Rnet），以志愿活动为基础，开展了建构赈灾复兴支援网络等活动。

立命馆相关课程的特点是赋予志愿活动和服务性学习的相关科目以"在社会进行学习的自我形成科目"的定位、开设基础讲义科目与实践型科目等多种科目、通过根据课程水平指定选修年级的形式实现课程的系统化。以培养地区志愿活动的领袖为目的，学生与社会人共同参与学习的"志愿活动联络人培养"项目可以说是立命馆大学的特色科目。

---

① 黒沼敦子.『行動するリベラルアーツ』をめざしてサービス・ラーニングを全学的に展開［J］. ガイドラン，2016（11）：76-78.
② 津止正敏，桜井政成.立命館大学における地域活性化ボランティア教育の深化と発展［M］// 桜井政成，津止正敏.ボランティア教育の新地平—サービス・ラーニングの原理と実践.京都：ミネルヴァ書房，2009：193-206.

（三）日本东海大学

日本东海大学以"与地区进行合作，使能够活跃于社会的人才辈出"为目标，自 2018 年开始在 8 所校区启动了地区合作科目必修化这一教育改革。这一改革提倡的是作为服务性学习或主动学习型教育的一种形态的"公共成就型教育"。东海大学认为，公共成就型教育是"年轻人通过社会活动获得民主社会中的市民性的实践及实现这一目的的组织与学习项目"。

2006 年，为各种项目提供支持的东海大学挑战中心成立。同年，以挑战中心为基地，东海大学的"通过匹配多样人力资源以实践地区活化的项目"入选日本文部科学省"现代 GP"的地区活化贡献项目（广域型）。参与"校园街区活化""医疗志愿者""体育贡献"3 个项目的学生被要求制定符合地区需求的计划并开展社会贡献活动。2009 年，为了培养社会实践能力，东海大学在学士能力与社会人基础能力的基础上，制定了"四种能力"（独立思考的能力、召集的能力、挑战的能力、完成的能力）标准，提出了通过本科教育培养社会实践能力的目标。

2013 年，东海大学的"通过 To-Collabo 项目开展全国联动型地区合作的提案"入选日本文部科学省 COC 项目。To-Collabo 是"Tokai University Community Linking Laboratory"（东海大学社区联结中心）的缩写。2000 年，东海大学在高轮校区开设的拓展中心与该中心合并，成立了地区合作中心。在 To-Collabo 项目的地区设计、生命阶段策划、观光创新计划、环保意识这 4 个计划中，东海大学确立了安心安全、品牌创造、大学开放、体育健康、地区观光、文化艺术、能量收集、环境保护 8 个方向并从这 8 个方向在校内公开募集项目，5 年时间共开展了 71 个项目。每个项目均由教师担任负责人，但多数项目是通过学生的服务活动和研究开发得以推进的。[①] 这些项目在推动研究

---

① 東海大学地域連携センター. Tokai Engagement—To-Collabo プログラムで育った 4 計画 8 事業：東海大学と地域をつなぐ 8 つの取り組み［EB/OL］.［2022-05-21］. http://coc.u-tokai.ac.jp/wp-content/uploads/2018/02/TOKAI-ENGAGEMENT-web-ver..pdf.

开发与学生教育的同时，也推动了地区合作和发展，因此逐渐在全校范围内推开。

与这些项目并列进行的是学部、学科及各种中心所推行的涵盖了地区课题的促进学生公民教育的措施。东海大学现代教养中心整理了各个校区所开展的各种项目或活动案例，它们的主要目标与内容多种多样。①

（四）日本立教大学

相比前文提到的大学，日本立教大学的服务性学习起步相对较晚。2016年，立教服务性学习中心成立，立教大学正式推行服务性学习，将服务性学习设置为全校共同科目。其实早在 2003 年，立教大学志愿中心就已经成立了。立教大学立足于基督教大学时期形成的传统，秉持建校精神所提倡的"共生"理念，推进志愿活动及其支持工作。立教服务性学习中心将"贴近本地区生活的人，通过共同活动，了解地区所珍视的价值与文化，共同思考本地区的未来"作为自己的使命。这使服务性学习成为全校共同科目并得以实施。② 可以看出，立教大学非常重视民主主义与公民理念。

日本立教大学的服务性学习科目分为授课型与实践型两种，均为全校共同教育中的正式课程。2018 年，日本立教大学共开设了 9 个授课型科目和 5 个实践型科目。这些科目本身虽然并非真正的服务性学习科目，但是将它们融入服务性学习的体系中，不仅可以充实服务性学习的内容，还可以丰富服务性学习的形式。学校重视服务性学习与本科教育"培养具有专门性的教养人"之间的联系，计划将一系列科目分为三个阶段实施，即导入期（第一学年）、形成期（第一学年下半年至第二学年）、完成期（第三至四学年）③。下面将基于

---

① 東海大学現代教養センター，To–Collabo 推進室 . Tokai Citizenship Wave：東海大学のシティゼンシップ教育のムーブメント一学部学科・センターのパブリック・アチーブメント型教育の浸透に向けて［EB/OL］.［2022–05–21］. http://coc.u–tokai.ac.jp/wp–content/uploads/2017/11/TOKAI–CITIZENSHIP–WAVE.pdf.

② 逸見敏郎，原田晃樹，藤枝聡 . 立教大学 RSL センター［M］. 東京：北樹出版，2017.

③ 立教大学サービスラーニングセンター . 立教サービスラーニングガイド 2018［EB/OL］.［2022–05–21］.https://spirit.rikkyo.ac.jp/rsl/SitePages/index.aspx.

逸见敏郎和刈屋早央里的研究，介绍该大学实施的一个服务性学习案例，即"儿童学习帮助项目"。①② 该项目是日本埼玉县地方政府发起的基于《生活穷困者自立支援法》的学习帮助项目。立教大学设置了以"自立与社会福祉——向生活穷困者或家庭提供埼玉县儿童学习帮助"为主题的科目，是一门扎根于社区的实践型科目。立教大学与新座市的学习帮助项目合作，在校园内外针对接受生活保护的家庭及生活穷困家庭的孩子开设学习教室，由学生志愿者给予学习指导。按照事前学习、校外服务活动、事后总结的流程，学生们在事前学习生活保护家庭与儿童的贫困问题，在服务活动中作为学习帮助人员为初中生提供学习帮助，在事后总结中以报告会的形式回顾活动的成果及分析活动中发现的问题。

在该服务性学习活动中，大学生作为与儿童年龄相近的成人，具有很强的共情能力。虽然活动的重点是提供学习帮助，但是能够为在学习和生活方面均存在困难的儿童提供多方面的帮助。

服务性学习科目广受学生欢迎，每年报名的学生都超过定额，不得不进行抽签。不作为服务性学习科目进行修课，而是作为志愿者参加活动的学生也很多。也有学生在完成修课后作为志愿者继续前往学习帮助教室。

四、结语

本文主要分析了日本服务性学习相关政策的动向及部分大学所推行的具有开创性且富有成效的服务性学习案例。从推广范围来看，服务性学习在日本的发展依然是有限的。但是，自 2000 年以来，日本各地出现了与地区合作以为地区做贡献为目标的教育项目，基于同一时期风行的学生志愿活动的项目也在发展成长。本文还发现，许多日本大学在校内设置专门机构以推进服务性学

① 逸見敏郎.子どもの未来を切り開く大学生—生活困窮世帯の中学生の学習支援［M］// 逸見敏郎，原田晃樹，藤枝聡，立教大学 RSL センター.東京：北樹出版，2017：162–173.
② 刈屋早央里.大学における地域貢献活動に関する考察—小・中学生を対象とした取組に着目して—［D］.東京：東京大学，2019.

习或与之类似的活动，以便开展多种多样的服务性学习活动。

当然，服务性学习方面需要研究的问题也不少。第一，从宏观上看，普及服务性学习这件事情本身就是重要的课题。第二，从日本大学推行服务性学习的案例看，服务性学习项目的推进，需要经费与人员支持。第三，为了理论化与概念化服务性学习的目标能够统一，如何建立研究者和实践者之间的合作关系也是一个课题。如何使那些尚处于萌芽阶段的措施得以持续并固定为中长期事业也是一个课题。针对这一课题，在实现组织化和确保专业人才、推广课程并确保其一贯性的基础上，加强对服务性学习怀有热情的教师之间的协作成为关键。

尽管本文未能充分论述，但是与地区紧密合作对推进服务性学习而言是不可或缺的。大学与地方政府、产业、市民团体形成合作关系非常重要。此外，大学推行的措施及学生的参与对推动地区发展，进而形成可持续发展的合作关系也是至关重要的。

（作者简介：福留东土，东京大学教育学研究科教授。译者简介：孟硕洋，东京大学教育学研究科博士研究生）

日本产学合作中大学角色的演化 [①]

　　《辞海》把"产学合作"解释为"企业（产）和高等院校（学）之间基于科学研究、产品开发、技术创新和人才培养等而开展的合作活动。通常是以企业为技术需求方与以高等学校为技术提供方在技术方面的合作"。[②] 可见，产学合作主要分为基于科学研究、产品开发、技术创新的研究性产学合作及基于人才培养的教学性产学合作两种类型，本研究指的是前者。研究性产学合作是高等教育和科学技术近代化的产物，因为"从一开始，大学就被认为是重视公益、创造新知识的公共部门，它开展科学研究主要依赖公共费用的支持。而对于企业来说，科学研究的本质仍是追求自身利益的手段。所以'产'与'学'在利益方面是相左的"。[③]19 世纪初，德国教育家洪堡率先提出发展科学是大学的职能，但其目的仅在于通过对"纯粹科学"的研究促进教学和人才培养，并没有试图探索知识的应用价值抑或传播给企业。19 世纪中叶以后，受功利主义思潮影响，特别是第二次科技革命之后，大学科学研究的目的就不仅仅局限于"纯粹科学"；20 世纪初，以美国威斯康星思想 [④] 的出现为标志，学术的

① 原文刊发于《中国高教研究》2011 年第 8 期，有删改。
② 辞海编辑委员会.辞海［M］.上海：上海辞书出版社，2009：242.
③ 青木昌彦，澤昭裕.大学改革：課題と争点［M］.東京：東洋経済新報社，2001：380.
④ 威斯康星思想是美国威斯康星大学校长范·海斯于 20 世纪初提出的办学思想，明确"服务社会"与培养人才、发展科学一样，都是大学的重要职能。

"应用性""产业化"理念开始在大学扎根。为了实现这一学术发展理念，大学与产业合作开发科学技术就成为历史发展的必然，而日本大学则是这一理念忠实的探索者和实践者。因此有日本学者说："如果回顾具有 100 多年历史的日本大学，人们会发现几乎在整个大学发展史中，产学合作一直被特别有意识地推进。"① "有意识地推进"是指日本开创了在世界综合性大学设置工学院的先河，并始终把产学合作作为大学办学的重要理念。追溯日本产学合作的历史演变过程可以发现，日本的产学合作主要经历了三次重大政策转型，大学在产学合作中的角色功能表现出三种典型特征。

一、"模仿立国"政策下的大学与产业联姻：大学以移植知识为手段

进入近代以后，日本就重视发展科学技术，"南蛮学"的兴起、"兰学"的形成及"东洋道德西洋技艺"理念的确立反映了日本科学技术发展过程。"科学技术立国"是近代以来日本国家发展的核心战略，而且在不同时期提出了"模仿""创新"等不同的战略理念与政策主题。明治维新的核心目标之一就是发展近代科学技术，其主要产物——1877 年成立的东京大学，是世界上最早在综合性大学设立工学院的大学。② 东京大学初创时期设置的学科有化学、物理学、数学、生物学、天文学、工学、地质学、采矿冶金、造船等③，近代科学特别是工学的门类相当完备。当时，欧美各国认为工学比法学、理学、医学低一等，而日本明治政府却把工学放在了与理学、医学同等的地位，并通过提高高级技术人员的社会地位，向民间提供大量的技术人员，促进了日本产业的发展。④ 1886 年，日本政府颁布的《帝国大学令》提出，"帝国大学以教授适应国家需要之学术技艺并研究其蕴奥为目的"。《帝国大学令》第十条还规定，

---

① 馬場靖憲，後藤晃．産学連携の実証研究［M］．東京：東京大学出版会，2007：4.
② 阿曽沼明裕．戦後国立大学における研究費補助［M］．東京：多賀出版，2003：103.
③ 胡建华．战后日本大学史［M］．南京：南京大学出版社，2001：7.
④ 日本科学技术政策史研究会．日本科学技术政策史［M］．北京：中国科学技术出版社，1997：13.

"分科大学为法科大学、医科大学、工科大学、文科大学及理科大学"，这在制度和组织上为日本大学移植西方科学技术奠定了基础。对于明治维新后日本如何实现近代化、追赶西方发达国家这一问题，日本明治政府提出要发展科学技术；而对于如何发展科学技术，是消化、吸收西方现成的科学技术，还是自力更生这一问题，明治政府提出"把学术作为产业振兴的一个方法"[1]。因此，日本大学在成立之初，相对于科学研究而言，更注重吸收欧美国家的先进技术并向民间进行技术转移。[2]

日本大学发挥技术移植的功能主要体现在大学成为国外先进技术供给与本土企业需求之间的桥梁。大学教师成为科学技术交流的载体，发挥着技术理解、技术筛选、技术应用、技术本土化的功能；产学合作的主要形式是大学与企业共同研究、教师在企业兼职及人才在大学与企业之间流动等。从第二次世界大战前产学合作的情况来看，共同研究和技术转移仅仅停留在教师个人层面上。[3] 日本大学之所以能发挥技术移植的功能，主要归功于日本政府的推动作用。日本政府把发展科学技术作为强国战略，把大学作为实施这一战略的有力工具，使日本大学（主要是国立和公立大学）形成了在国家领导下"国家化大学"的功能定位。这种"国家化大学"的重要特点是，将纯粹学术理念与"以应用和实用为学问生命"[4] 理念的有机融合，将基础研究与实用研究的有机融合，将为国家培养人才与移植西方发达科学技术的有机融合。在技术移植过程中，产业发展需求也发挥了一定的拉动作用，制造业与加工业是第二次世界大战前日本的支柱产业，这些支柱产业对技术创新需求比较低，主要是引进、消化、吸收西方发达国家的先进科学技术，而大学作为引进外来先进技术的前沿窗口自然也就成为产业界与西方先进科学技术之间的桥梁。

---

① 玉井克哉，宫田由纪夫.日本の産学連携［M］.東京：玉川大学出版部，2007：9.
② 馬場靖憲，後藤晃.産学連携の実証研究［M］.東京：東京大学出版会，2007：4.
③ 同①10.
④ 永井道雄.日本的大学：产业社会里大学的作用［M］.李永连，李夏青，译.北京：教育科学出版社，1982：8，22.

二、"科学技术创新立国"政策下的大学与产业合作：大学以创造知识为目的

第二次世界大战后，随着日本经济的复兴，科学技术再一次得到重视。1953 年，日本经济审议会在《关于经济自立意见书》中提出日本"经济自立"的目标，并首次把"科学技术自立"作为实现"经济自立"的途径之一；1958 年，日本政府在《科学技术白皮书》中明确提出科学技术发展将"从依赖国外到自主发展"的重大战略转型；1966 年，日本创设"通产省大学工程制度""科学技术振兴调整费制度"等，把促进自主技术开发作为大学与产业合作的目标；1983 年，《大学与民间合作研究》出台，标志着日本产学合作从非制度性的合作转向制度性合作；1986 年，日本内阁通过《科学技术政策大纲》，确定了"科学技术创新立国"的政策，"发展创造性的、丰富多样的科学技术"①是这一政策的核心理念；同年《研究交流促进法》的颁布及 1987 年《关于产学官以及与国外研究交流相关制度运用的基本方针》的实施，使以创造新技术为主旨的产学合作在政策层面得到有力支持，随后一些大学建立了与产业合作的"共同研究中心"。到 20 世纪 90 年代初，日本大学构建了系统的产学合作制度，如共同研究制度、受托研究制度、受托研究员制度、奖学捐赠制度、共同研究中心和公益性研究助成法人制度、企业税收优惠制度等，使"大学与企业形成了分栖共存的生态环境"。②从内容构成来看，这些制度主要分为知识产权制度和知识转移制度。知识产权制度的核心是研究经费投资体制与知识产权归属制度，知识转移制度的核心是大学技术转移组织制度。这些制度紧紧围绕如何促进知识创新与转移这一主题，使"分栖"的双方实现"共存"。产学合作产出的专利、论文数据的变化可以再现 20 世纪 80 年代后"科学技术创新立国"政策下日本产学合作的成果：日本企业研究人员发表学术论

---

① 科学技術庁.科学技術白書（平成 7 年）[M].東京：大蔵省印刷局，1995：84.
② 玉井克哉，宫田由紀夫.日本の産学連携[M].東京：玉川大学出版部，2007：12.

文数量 1981 年为 3433 篇，至 1994 年达到 10450 篇。大学与企业共同研究及大学受托研究数量的迅速增加，反映出大学和企业越来越紧密的合作关系（表 1）。从历史发展角度来看，日本大学在产学合作中所呈现的从移植技术向创造知识的角色功能转型，反映了日本民族特别是日本大学学习域外文化的"拿来主义"[①] 向创新主义嬗变的特性。因此，永井道雄说："首先是模仿，以后有机会就创造……成了日本大学的政策、日本的教育政策。"[②]

表 1　20 世纪八九十年代日本产学合作情况 [③]

年度	共同研究				受托研究	
	实施大学 / 所	实施研究 / 项	大学参与研究者数 / 人	大学接受总额 / 亿日元	大学接受总额 / 亿日元	实施研究 / 项
1983	21	56	66	6.8	26.0	1286
1984	35	160	184	7.5	28.1	1294
1985	45	216	254	12.9	34.9	1700
1986	54	272	325	18.4	35.5	1695
1987	57	396	465	21.0	39.3	1814
1988	76	583	700	25.8	41.1	1919
1989	80	705	842	33.7	47.4	2025
1990	81	869	1031	37.5	51.7	2203
1991	89	1139	1288	45.1	50.1	2121
1992	—	1241	1398	49.5	53.2	2189
1993	90	1392	1527	50.3	69.1	2432
1994	—	1488	1602	50.3	65.7	2586
1995	96	1704	1843	50.3	141.1	3027
1996	—	2001	2192	54.2	232.6	3714
1997	127	2362	2394	55.0	232.6	4499

---

① 鲁迅 . 且介亭杂文·且介亭杂文二集 [M]. 杭州：浙江人民出版社，2002：31.

② 永井道雄 . 日本的大学：产业社会里大学的作用 [M]. 李永连，李夏青，译 . 北京：教育科学出版社，1982：54.

③ 阿曽沼明裕 . 戦後国立大学における研究費補助 [M]. 東京：多賀出版，2003：403.

三、"能力立国"政策下的大学与产业融合：大学以创造能力为中心

日本产学合作划时代的变革是 1995 年《科学技术基本法》的颁布和 1996年《科学技术基本计划》的施行。[①]《科学技术基本法》最为重要的一个理念是"能力立国"——通过研发机构及研究人员之间的相互交流实现研究人员多样性知识和能力的融合是获得创新性研发的源泉。这是日本政府面对泡沫经济崩溃、反思"迷茫的十年"后对产学合作战略的重新思考与定位——通过不同形式的合作提升研发人员的创造能力，从而创造引领世界的科学技术。这一政策转变促进了日本大学产学合作战略目标的革命性变革——从以创造知识为中心的合作走向以创造能力为中心的合作，促进大学与产业融合。为了实现以创造能力为中心的政策理念，从 20 世纪 90 年代中期开始，日本政府出台了一系列政策与法规（表 2）。从目标来看，"所有的政策和计划都强调了促进创造力提高和新产业发展的必要性"[②]，强调"产学联合根本上是把人作为资产的质量提升与创新能力提高"[③]。从内容来看，这些政策围绕创新能力提升提出了若干具有可操作性措施，如能力至上合作研发原则、技术转移组织（technology licensing organization，TLO）设置制度、中小企业技术革新制度、技术研发人才和技术经营人才并重的培养制度、风险型企业培育制度、大学与企业共同培养专业学位制度、共同研究和委托研究相关税额控制制度、产学共同研究项目、大学教师专利转让及大学技术风险企业设立的辅助金制度等，为世界各国解决产学合作难题提供了新的范式。围绕产学合作，这些政策的设计与实施不仅体现了生产、供给及转移技术的"知识主义"价值观，而且秉持提升产业和大学及其研发人员创新能力的"能力主义"价值观。这种对"能力主义"价值

---

① 玉井克哉，宫田由纪夫 . 日本の産学連携［M］. 東京：玉川大学出版部，2007：36.

② 刘易斯·布兰斯科姆，儿玉文雄，理查德·佛罗里达 . 知识产业化：美日两国大学与产业之间的纽带［M］. 尹宏毅，苏峻，译 . 北京：新华出版社，2003：28.

③ 原山優子 . 産学連携：「革新力」を高める制度設計に向けて［M］. 東京：東洋経済新報社，2003：はしがき Ⅳ.

观的追求突破了以往以生产、供给、转移知识等外在目标为导向的产学合作，而把提升产业和大学及其研发人员的研发能力等内在目标作为导向，促进产学主体从合作走向融合。

表2　日本产学合作转型期主要政策变迁

年度	主要政策	促进产学合作转型的理念与核心内容
1995	颁布《科学技术基本法》，制定第一期《科学技术基本计划》	科学技术的振兴必须促进各领域研究开发能力的均衡发展和提升，基础研究、应用研究、开发研究之间和谐发展，国立研究机构、大学、民间机构等之间充满活力的合作；通过研发机构及研究人员等之间的相互交流实现研究人员多样性知识的融合是获得创新性研发的源泉。必须制定促进研究人员之间的交流、研究机构的共同研发、研发机构设施的共同利用等方面的政策；通过5年一期的《科学技术基本计划》制定具体的促进能力提升的产学合作政策
1998	颁布《大学技术转移促进法》（TLO法）	推动大学设置"技术转移组织"（TLO）
1998	修订《研究交流促进法》	提升研究设施共同利用程度；将国有土地廉价用于产学合作
1999	颁布《中小企业技术革新制度》	通过减免专利转让费、设置研发专项资金等给予经费支持；建立政府、大学、企业、担保公司等多方参与的风险分担机制；降低设立股份公司的准入门槛等
1999	颁布《产业活力再生特别措法》	通过大学等技术研究成果的专利权及使用专利权限的让渡、促进大学研发技术向民间企业转移等途径提高企业活力
1999	设立"日本工程教育认证委员会（JABEE）"并制定"日本工程教育认证基准"	以培养工程技术人才为目标的办学理念、课程设置、学分导向、教学大纲等都应以社会需求为导向；培养工程技术研发人才与工程技术经营人才并重；鼓励大学个性化办学
2000	颁布《产业技术能力强化法》	允许设置TLO的国立大学的设施无偿使用；允许大学教师在TLO、科研成果活用型企业、股份公司等校内外企业兼职
2001	颁布《大学3年孵化1000个风险型公司计划》	提出大学孵化风险型公司主要操作模式：大学利用研发成果直接创办的风险公司；共同研究、委托研究、学生研发、利用学校设施等与大学进行技术开发合作的风险公司
2003	修订《学校教育法》	创设研究生专业学位制度，人才培养目标从过去的"研究者养成＋高级专业职业人才养成"向"高级专门职业人才"转型，设置专业硕士和专业博士两个层次的专业学位，强化人才的技术创新能力和技术转移能力；通过学部、学科设置的弹性化适应社会发展，特别是科学技术发展

年度	主要政策	促进产学合作转型的理念与核心内容
2004	颁布《国立大学法人法》	教职员身份非公务员化；办学经费管理的自主性；批准大学向 TLO 出资
2006	制定第三期《科学技术基本计划》	大学推动成立风险型企业 1000 家以上
2007	实施《世界顶尖研究中心计划》（WPI）	加强产学官等机构合作体系的构建；推动研发成果在机构之间横向推广
2016	实施《强化产学官共同研究指南》	围绕产学合作改革大学、公共研发机构的内部管理体制，破除制约产学合作的体制机制障碍
2016	制定第五期《科学技术基本计划》	打造世界上最适宜创新的国家；通过多样性人才的交流促进科学技术创新的持续产出

　　日本产学合作政策第三次转型以来，以创造能力为中心的产学合作的显著标志是产学合作中产业方面的主体和合作目标的变化。产学合作中产业方面的主体从过去以大企业为中心逐渐转变为以与地域关系紧密的中小企业，特别是风险型中小企业为中心；产学合作的主要目标主要是提高这些企业的创新能力和抗风险能力。为了达成这些目标，"研究成果的早期达成""人才的活用""信息的获得"等成为产学合作的核心主题。日本学者马场靖宪等以东京大学工学院、生物学院、医学院等学院的科研人员为对象进行调查，调查结果充分反映了政策转型之后日本产学合作主体、合作目标及合作主题等方面产生的重大变化（表3、表4）。而产学合作提高企业创新能力的一个显著特征是企业不仅获得了新技术，而且"通过产学合作所衍生的学习能力提高了企业对科学论文中科学发现与科学知识的接受能力，提高了利用其他组织或媒体传播信息的能力"。[①] 概言之，企业创新能力的提升主要表现在三个方面：一是提高了企业识别科学知识所蕴含的应用价值的能力；二是提高了企业对科学知识进行技术化应用的能力；三是提高了企业对科学知识、技术知识进行产品化开

---

① 馬場靖憲、後藤晃．産学連携の実証研究［M］．東京：東京大学出版会，2007：67．

发的能力。以创造能力为中心的政策目标得到了产业和大学的高度认同，这在日本科学技术政策研究所的调查中得到进一步验证。调查发现，69% 的企业经营者"不知道什么样的专利有用"，企业经营者期望大学能在解决企业发展面临的研究开发能力与知识储备不足[①]这两个常见问题上发挥作用。因此，大学教师应该"发挥中立性的学术研究者职能"，"供给基础性、专业性、前沿性知识"[②]，助力企业提高创新能力。

表3 与产业具有合作关系的东京大学教师[③]

合作企业类型	1998 年教师数 / 人	2003 年教师数 / 人	增长率 /%
大型企业	65	79	21.5
中小型企业（含风险型企业）	30	51	70.0

表4 东京大学教师的合作主题[④]

合作主题	与大型企业合作教师的占比 /%	与中小型企业（含风险型企业）合作教师的占比 /%
获得研究经费	51	32
合作研究的快速实现	31	39
研究设备的利用	13	9
人才的活用	17	26
信息的获得	24	23

一般而言，大学向企业转移技术比较容易，但提高企业的创新能力并不是一件简单的事情，前提是大学首先要提高自身的创新能力。因此，大学提升研究人员的创新能力成为产学合作政策转型后首先面临的难题。日本学者马场靖宪等以光催化剂研究领域为例进行了深入研究[⑤]，该研究对日本大学与企业研究人员共同申请的专利数、SCI 论文数与被引用数等指标进行统计分析后，

① 青木昌彦，澤昭裕 . 大学改革：課題と争点［M］. 東京：東洋経済新報社，2001：376.
② 同① 130–131.
③ 表中的"大型企业"系指从业人数超过 300 人的企业，300 人以下的称为"中小型企业（含风险型企业）"。见：馬場靖憲，後藤晃 . 産学連携の実証研究［M］. 東京：東京大学出版会，2007：22.
④ 馬場靖憲，後藤晃 . 産学連携の実証研究［M］. 東京：東京大学出版会，2007：99.
⑤ 同④ .

得到两个发现。第一，从共同研究获得的成果数量来看，共同发表论文的数量远远超过共同申请专利的数量；而从共同研究的价值来看，与共同申请的专利相比，共同发表论文对大学科研的影响力更大。在产学合作过程中，共同发表论文与共同申请专利对大学科研都具有重要意义，但通过共同发表论文对产学合作的成效提高明显，特别是把被引用次数作为评估指标时，差异更加显著，即通过共同发表论文开展产学合作成效明显提高，而通过共同申请专利开展产学合作的成效呈下降趋势。[①] 第二，通过论文所包含的应用性成果体现论文的应用价值。光催化剂研究领域通过产学合作共同发表论文的重要价值在于，它"不仅提高了光催化剂领域基础研究的发展，而且与企业的应用研究，如除臭、防污、防腐等提高生活空间舒适度的技术需求有机结合起来"。[②] 由此我们不难发现，大学在产学合作中需要提升的创新能力主要是三个方面：一是基于"应用论"即根据企业需要决定生产什么知识；二是基于"认识论"即根据科学逻辑决定如何生产知识；三是结合"应用论"和"认识论"的双重目的实现科学知识的技术化应用。三个方面归结到一点就是把科研定位于"巴斯德象限"的能力，即大学科研既要"寻求扩展认识的边界"，又要"受到应用目的的影响"[③]。

四、结论与启示

（一）日本"产""学"两界为何能够合作

大学和产业存在制度与文化的不同[④]，大学的角色定位主要是培养人才与发展科学，企业的角色定位主要是面向市场开发技术与生产产品，大学和企业本质属性、角色定位的差异决定了它们存在着难以融合的边界。在日本大

---

① 馬場靖憲，後藤晃 . 産学連携の実証研究［M］. 東京：東京大学出版会，2007：116–117.

② 同① 114–115.

③ D. E. 司托克斯 . 基础科学与技术创新：巴斯德象限［M］. 周春彦，谷春立，译 . 北京：科学出版社，1999：67.

④ 玉井克哉，宮田由紀夫 . 日本の産学連携［M］. 東京：玉川大学出版部，2007：28.

学与产业合作的历史演化过程中,"产""学""政"三者在博弈与调适基础上形成了制度性契约,即日本政府通过政策从根本上推动了产学合作机制的形成和变革,而这背后则是民族文化这一基础性力量。大学的科学研究、学科建设、人才培养紧密结合社会需求,从而形成服务社会的文化;企业加强研发投入,把知识作为第一生产力,不断提高产品的科技含量,通过产学合作不断提升自身研发能力的企业文化;日本政府把科学技术作为强国的重要战略,发挥政策的引导作用,根据国家和区域创新体系的发展态势适时调整政策,形成了政府的政策文化。"产""学""政"三者的文化习性及在此基础上形成的产学合作的制度性契约促成了日本企业与大学长期而富有成效的合作。正如日本学者青木昌彦所言,产学合作的方式是一个国家历史发展和制度的反映。[①]

(二)日本产学合作为何促进创新

约瑟夫·熊彼特(J. A. Schumpeter)在代表作《经济发展理论》中指出,资本主义经济特别是 19 世纪末美国经济的强劲发展源于"生产要素的新组合"。[②]"生产要素的新组合"在本质上就是建立一种新的生产函数,把一种过去没有或未曾利用的生产要素和生产条件引入了生产体系。日本通过产学合作构建的国家创新体系在本质上就是通过学术生产要素的重新组合实现学术生产力的发展。产学合作之所以能促进知识创新,其关键就是日本大学和企业之间的学术交流形成的前沿创新与转化循环之间的互动,不仅推动科学研究从基础到应用的技术化拓展,而且根据应用需求实现从应用到基础的科学化还原,产学合作形成了独具特色的"创新工艺学"。如果运用司托克斯(D. E. Stokes)的象限理论来解读这一创新工艺流程,科学研究在"象限"内外部漂移。产学合作过程中,大学通过参与企业的应用研究提高大学基础科学研究能力;与此同时,大学在基础科学方面的研究能力和取得的成果也促进了企业和大学自身

---

① 青木昌彦,澤昭裕.大学改革:課題と争点［M］.東京:東洋経済新報社,2001:131.
② 熊彼特.经济发展理论［M］.何畏,易家详,译.北京:商务印书馆,1990:74.

应用研究能力的提升。日本大学不断获得诺贝尔自然科学奖和产出大量专利充分说明日本产学合作产生的创新效应。

（三）日本大学在产学合作中的角色功能为何不断飞跃

日本产学合作的演化主要有三方面原因。第一，大学在产学合作中的角色功能变迁根本上是企业需求的反映。在 20 世纪 80 年代以前，企业研发能力薄弱决定企业有知识需求，决定大学在产学合作中的知识供给功能。当企业积累了大量科研资源之后，企业面临的难题是如何把基础科学成果运用到技术开发与产品开发中。因此，大学在产学合作中面临的核心问题便是"研究什么"和"如何研究"，即提升企业研发能力的问题。第二，日本政府的政策导向对大学的角色功能变迁发挥了重要推动作用。大学是国家创新体系的重要组成部分，日本政府不仅希望大学发挥"认识"上的功能，保持国家基础研究优势，同时还希望大学发挥"应用"上的功能。这一点在日本政府对大学科研经费投入的策略方面有所体现。日本政府对大学科研经费投入实行的是"均等"与"竞争"并行的政策。一方面是"均等"的政策设计，日本近代大学制度建立以来一直实施以"教师人均经常费"为主要资助项目的科研经费拨款方式，这种拨款方式对"最坏的科研人员和最坏的大学与最好的科研人员和大学给予同样多的资助"[1]，这种拨款方式为科研人员基于"认识论"的长线课题研究奠定了经费基础。另一方面是"竞争"的政策设计，日本政府以竞争性经费项目为主要资助项目，运用竞争的方式对大学科研活动进行资助。从竞争性经费项目种类演变历程来看，应用研究和开发研究项目占了大部分。第三，大学究竟应该为企业提供什么？知识还是能力？日本大学在产学合作中的角色功能从"引进知识"到"创造知识"再到"创造能力"的演进实际上是大学不断回归本质的过程，而"创造能力"就是亚伯拉罕·弗莱克斯纳（Abraham Flexner）所总

---

① 伯顿·克拉克.探究的场所：现代大学的科研和研究生教育［M］.王承绪，译.杭州：浙江教育出版社，2001：196.

结的大学服务社会的经典范式——"巴斯德式服务",即"真正学术性的、科学的、适度的服务"。①

（作者简介：丁建洋，盐城工学院经济管理学院教授）

---

① 亚伯拉罕·弗莱克斯纳. 现代大学论：美英德大学研究［M］. 徐辉，陈晓菲，译. 杭州：浙江教育出版社，2001：113.

日本区域性产学研集群发展

——以东京湾区"零排放创新举措"为例

为解决目前世界关注的气候变化问题，2020年1月，日本内阁府组织的综合科学技术创新战略推进会出台《革新的环境创新战略》，东京湾区"零排放创新举措"是其中一项举措。东京湾区内聚集了各类与能源和环境相关的企业、大学、研究机构，便于区域一体化和产学研协同创新，因此，该举措将东京湾区作为重点发展区域，以期将东京湾区建设成为世界领先的温室效应气体零排放区域。于是，东京湾区成立了"零排放创新举措"协议会。东京湾沿岸80家企业、5所大学、27个研究机构和19个政府机构等131家单位参加了协议会，以期共同开展研发和产业创新，到21世纪中叶实现大幅度削减温室效应气体排放的目标。本文以东京湾区"零排放创新举措"的实施为切入点，探讨东京湾区产学研集群发展概况、特点及其对我国湾区建设和产学研集群发展的启示。

一、东京湾区"零排放创新举措"的提出背景

（一）东京湾区战略地位显著

东京湾区是日本最大的工业城市群和世界重要的商贸中心、交通中心和金融中心，素有"产业之城"的美誉。东京湾区由"一都三县"，即东京都与

周边 3 县——神奈川县、千叶县和埼玉县组成，主要有东京都、横滨市、千叶县、川崎市、横须贺市 5 个核心城区，常住人口 3800 万人，占日本总人口的 30%，是日本人口密度最大的区域。东京湾区的经济总量占日本国内生产总值（GDP）的 1/3、工业产值的 3/4[①]，是日本最大的工业区。此外，东京湾区人均 GDP 多年以来一直是全日本人均 GDP 的 1.2 倍左右，是日本经济发展的领头羊。东京湾区的产业以传统制造业为主，金融、信息技术企业等服务型和知识型企业的占比也在逐渐增加。东京湾区在发展过程中逐步形成了向西以横滨地区为中心的京滨工业区和向东以千叶县为中心的京叶工业区。[②] 其中，京滨工业区以电子信息、精密机械制造为主，工业产值占全日本的 40%，是东京湾区产业研发中心。京叶工业区以石油、钢铁等工业为主，是世界最大规模的液化石油气储备基地、日本最大的材料与能源生产基地。这些产业使得东京湾区成为日本的金融中枢和能源基地。

东京湾区除了拥有上述成熟的产业体系外，沿岸还分布着各类与能源和环境相关的企业和研究机构，如京滨工业区集聚了一大批日本知名企业及其下设的具有技术更新和研发功能的研究所，还有电力、煤气、石油等能源供应商的研究所，同时也汇聚了微软公司、华为公司等世界知名企业的研发中心。此外，分布在东京湾区的东京大学、东京工业大学、早稻田大学、庆应大学、筑波大学、东京都市大学、横滨国立大学等为东京湾区提供了高素质人才资源和智力资源，促进了东京湾区的发展和繁荣。日本政府非常推崇"官产学研"合作，即政府、企业、大学和研究机构四方的合作，致力于打造完整的"官产学研"合作链条。日本政府希望这些分布在东京湾区的企业、产业、研究机构和大学在能源与环境领域的基础研究、技术开发、实证研究、科研成果转化、商务等方面展开紧密合作，将东京湾区建设成为世界上最大规模的温室效应气体零排放示范区域。

---

① 谢志海．日本首都圈和东京湾区的发展历程与动因及其启示［J］．上海城市管理，2020（29）：14–20.

② 胡俊凯．东京湾启示录：世界性大湾区的成功秘诀［EB/OL］．（2017–06–21）［2020–09–25］．http://china.chinadaily.com.cn/2017–06/21/content_29830976.htm.

（二）东京湾区环境污染严重

东京湾区产业和人口密集，垃圾围城、交通拥堵、噪声及大气污染、水体污染等公共环境问题严重，自然环境承受巨大压力。东京湾区是日本能源的集中消费区域，二氧化碳排放量约占全日本的 30%。[1] 根据日本国土交通省《东京湾环境恢复与建设规划》的分析，东京湾周边的大气污染从 1955 年就开始就比较严重。20 世纪世界环境八大公害事件中有 4 件发生在日本，东京湾区京滨工业区因化工厂二氧化硫严重超标而出现的哮喘病事件就是其中一件。[2]

东京湾区港口云集，拥有横滨港、东京港、千叶港、川崎港、木更津港、横须贺港等六大港口，同时还有大量的产业专用码头，年吞吐量超过 5 亿吨。这些港口、码头及临港工业区的钢铁、化工、船舶等工业企业排放的废水、废气和固体废弃物，长期污染当地环境，使东京湾区大气污染严重、海水水质富营养化、重金属沉积物增加，赤潮和绿潮频繁发生，海洋生物资源退化，传统海洋水产业面临危机。

此外，东京湾区内有很大一部分工业用地是以填海造陆的方式获得的，破坏了当地的海洋生态和海岸生物的生存环境，而且这种破坏对生态平衡和生物多样性的负面影响至今依然存在。

（三）日本政府重视环境与发展的协调

如何平衡经济发展和生态环境的关系，引起了日本政府的重视。2000 年，日本中央政府相关部门同东京都和湾区内各县市政府机关及相关研究机构成立了统一的环境协调机构"东京湾再生推进协议机构"，旨在通过"官产学研"合作机制应对工业污染问题。同时，东京湾区内的"一都三县"也都很重视环境治理与可持续发展。例如，有着"彩之国"称号的埼玉县，发展目标是建

---

① 钟达文. 东京，污染后的自我救赎［N］. 广州日报，2018-06-05.
② 同①.

立"环境优先"和"重视生活"的绿色都市。基于此目标，该县以培养社会适应力强的多样性人才、加强大学之间的联系、加强大学与地方社会的合作为目标，集合县内 16 所私立大学成立"彩之国高校联盟"。该高校联盟致力于加强"官产学研"合作，开展环境治理与维护、绿色经济与社会相关的研发，力图构建可持续发展的循环型社会。

2019 年 6 月，根据 2016 年签署的应对气候变化的协定——《巴黎协定》中的长期发展战略，为了在能源和环境领域拿出向世界推广的、切实可行的环境保护和治理措施，日本政府决定制定《革新的环境创新战略》[1]。该战略提出，至 2050 年日本实现国内碳排放削减 80%，并能在 21 世纪后半叶实现"脱碳社会"。[2] 东京湾区因其重要的经济文化战略位置及显著的环境污染问题成为该战略的重点发展区域。为减少东京湾区及周边地区的温室气体的排放，日本政府提倡发挥东京湾区产学研合作的优势，利用产业基础上的"环境和发展双方良性循环"的模式来解决环境问题，并特别提出了东京湾区"零排放创新举措"。

二、东京湾区实施"零排放创新举措"的优势

东京湾区分布着大学和研究所集群、中小企业集群、信息技术研究据点群、信息技术商业群，拥有优质的高等教育、科学研究、科技人才、产业经济、政策红利等资源。许多与能源和环境相关的研究所、大学、企业、行政机关等机构都集中于此。这些使东京湾区成为日本政府推行"零排放创新举措"的首选之地。

---

[1] 東京湾岸ゼロエミッションイノベーション協議会. 革新的環境イノベーション戦略［EB/OL］.（2020-01-21）［2020-09-25］. https://www.kantei.go.jp/jp/singi/tougou-innovation/pdf/kankyousenryaku2020.pdf.

[2] 東京湾岸ゼロエミッションイノベーション協議会. 東京湾岸ゼロエミッションイノベーション概要 / 設立趣旨 / 主な活動内容［EB/OL］.（2020-01-20）［2020-09-18］. https://unit.aist.go.jp/gzr/zero_emission_bay/about.html.

（一）大学和研究所密集，成为"零排放创新举措"推行的智库

在日本，东京湾区是大学高度集聚的地方。大量的高学历、高素质人才集中于此，为科技创新和研发提供了智力保障。据统计，东京湾区内的大学数量约占日本大学总量的1/3，其中不仅包括东京大学、早稻田大学、庆应大学、筑波大学等著名综合性大学，还包括一些专业性很强的大学，如日本国内顶尖的医科学校东京医科齿科大学、专攻工程技术与自然科学的理工科大学东京工业大学、主攻海洋研究与教育的东京海洋大学等。东京湾区的中心城市东京都集中了日本约30%的大学、30%的教师和40%的大学生，拥有日本40%的学术机构和60%的研究人员。①

2014年，日本政府出台了旨在推进高等教育国际化和建设世界一流大学的"超级全球大学创成支援项目"，该项目共纳入37所大学重点培养，其中有18所大学位于东京湾区，共占日本"超级全球大学创成支援项目"入选大学的48.6%。37所大学分"顶尖型"（A类）和"全球化引领型"（B类）。在13所A类大学中，位于东京湾区有6所，分别是位于东京都的东京大学、东京工业大学、庆应大学、早稻田大学、东京医科齿科大学和位于东京都周边筑波科学城的筑波大学；在24所B类大学中，位于东京湾区的有12所，分别是东京外国语大学、东京艺术大学、芝浦工业学院、国际基督教大学、东京国际大学、上智大学、东洋大学、法政大学、明治大学、创价大学、立教大学、千叶大学。

除大学集群外，东京湾区内的学术研究机构数量约占全日本的40%，研究人员超过60%。例如，东京湾区建有亚洲最大的科学城——筑波科学城，云集日本国立物质材料研究所、日本产业技术综合研究所等多家大型科研院所。筑波科学城的规模仅次于美国硅谷，是世界第二大高科技研发基地。筑波科学城距离东京都约60千米，有43家国家研究所，约占日本主要科研机构的40%，

① 欧小军.世界一流大湾区高水平大学集群发展研究：以纽约、旧金山、东京三大湾区为例［J］. 四川理工学院学报，2018，33（3）：83-100.

科研人员占全日本的40%，其中外籍研究人员超过5000人。筑波科学城对日本网罗国际科技人才、促进国际科技交流和科技成果转化起到了积极的推动作用。

（二）能源产业和知名企业云集，为举措实施提供操作平台

东京湾区以产业著名，定位是亚太地区航运枢纽、国际金融中心及制造业创新基地。在庞大港口群的带动下，东京湾区的现代物流、装备制造和高新技术等产业十分发达。东京湾区还有日本经济最发达、工业最密集的工业区——京滨、京叶两大工业区[①]。

东京湾区集中了日本30%以上的银行总部和90%以上的全球百强企业。资本金超过10亿日元的大企业中有超过一半将总部设在东京湾区，并且一些年销售额超过100亿日元的著名企业也都聚集于此，使东京湾区成为日本制造业的核心区域，仅东京都就集聚了全日本超过25%的民间研究机构和50%的顶级技术型公司。[②]同时，东京湾区也聚集了世界各国的大型企业，有利于日本企业学习和引进最尖端的技术和服务。这种开放的政策和集聚的产业布局，对东京湾区"零排放创新举措"的实施至关重要。

（三）政府倡导产学研协作，支撑科技成果转化

随着高等教育从"象牙塔"走向社会，日本大学服务社会的功能更加凸显。东京湾区的大学集群对湾区经济产业的发展具有支持和引导作用，有助于把大学的学术资本和学术成果转化为现实生产力，是强有力的智力支撑和保障；而东京湾区经济产业集群的发展反过来又推动大学的人才培养和科学研究，实现共赢共享。日本大学向东京湾区企业输送了大量的科技创新人才，同时大学和研究所在湾区的密集分布也为产学研结合和产业发展奠定了基础。

东京湾区的工业区建立了专业的"官产学研"协作平台。日本政府将原

---

① 李奇霖. 东京湾区崛起的启示［EB/OL］．（2019–09–29）［2020–09–27］．http://finance.sina.com.cn/zl/bank/2019–09–29/zl–iicezzrq9082162.shtml?cre=zhuanlanpc&mod=g&loc=8&r=0&rfunc=58&tj=none.
② 同①．

来隶属于多个省厅的大学和研究所调整为独立法人机构，赋予大学和科研机构独立的行政权力，建立了更有竞争活力的创新体系。作为独立法人机构，这些大学和研究所不仅在人才培养上为产业服务，而且在产学合作中也拥有更大的资源支配权。

日本政府制定政策，营造环境，鼓励企业创新，每年东京湾区企业研发经费的投入约占全日本研发经费的 80%。此外，日本政府还颁布了一系列法律法规促进大学研究成果转化和助推科技创新的产业化发展。例如，1998 年颁布的《大学技术转移促进法》规定，大学设置技术转移组织（technology licensing organization，TLO），负责选择和评估具有产业潜力的科技成果，帮助大学和企业完成科技成果转移。东京湾区内的东京大学、东京工业大学、早稻田大学等大学均设有 TLO。以东京大学为例，在 TLO 的帮助下，该大学每年面向企业办理的专利许可和技术转让 200 余项，至 2015 年东京大学 TLO 机构的运营收益超过 40 亿日元。①

（四）建立东京湾区高校联盟，激发合作共赢式的"联盟效应"

日本政府于 2008 年开始实施"战略性大学联盟支援计划"，旨在推进国立大学、公立大学、私立大学之间的合作。在该计划的支持下，东京湾区内的大学联手，成立了多个东京湾区高校联盟，如"东京湾多摩地区高校联盟""八王子市高校联盟""东京都私立短期高校联盟""东京都四医疗系高校联盟""东京跨学科生命科学联盟"等。这些联盟主要分为两大类型：区域型高校联盟和领域型高校联盟。区域型高校联盟主要致力于推进大学与所在区域的政府、企业、经济财团、非营利性组织之间的合作；领域型高校联盟主要推进某个专门领域中大学高校、学会、企业、经济财团之间的协作。这两种类型的高校联盟通过大学之间教育资源的交流与互换等方式，一方面推动大学的发展，另一方面不断激发联盟成员的积极性与凝聚力，共同解决社会问题，共同

---

① 李晓慧，贺德方，彭洁.日本高校科技成果转化模式及启示［J］.科技导报，2018，36（2）：8-12.

培养社会所需人才。

东京湾区高校联盟积极推动大学参与当地社会发展。例如，"八王子市高校联盟"的参与成员除了 25 所大学外，还包括八王子市政府和五大社会团体（八王子商会、八王子市学园都市推进会、八王子学生委员会、大学研讨会公益财团、八王子市学园城市文化基金会）。"东京湾多摩地区高校联盟"是日本国内唯一致力于的"官产学研"合作的地区高校联盟。该联盟包括 27 所大学、8 个市的市政府、20 家企业机关、9 家赞助企业、13 家特别企业[①]。联盟成员单位的多样性有助于大学与地方公共团体、企业、非营利性组织等开展合作，推动大学参与当地的社会性服务事业，促进实验室里科研成果的转化，创造就业机会和提高本地区就业率，提升大学的区域服务能力。

三、东京湾区实施"零排放创新举措"的概况与特色

（一）集聚多方力量形成合力

东京湾区实施"零排放创新举措"，需要依靠整个湾区的市民、社会组织、学者、企业等的配合、协作。为此，东京湾区成立了统一的协调机构，即东京湾区"零排放创新举措"协议会。该协议会的构成具有开放性和多元性，会长由东京工业大学特任教授柏木孝夫担任，131 名会员来自内阁官房、文部科学省、农林水产省、经济产业省、国土交通省、环境省，以及东京都、神奈川县、千叶县、福岛县、横滨市、川崎市、千叶市、筑波市等 19 个地方政府机构，东京湾沿岸的 80 家企业，东京大学、筑波大学、东京海洋大学、东京工业大学、东京理科大学等 5 所大学，日本产业技术综合研究所、日本国立物质材料研究所、日本国立环境研究所等 27 个研究机构。[②]会员单位开展了形

---

① 卓泽林，罗萍. 日本东京湾区高校联盟建设的动力、运行机制及其启示［J］. 大学教育科学，2021（4）：32–38，96.
② 経済産業省. 産業技術総合研究所が東京湾岸ゼロエミッションイノベーション協議会を設立します［EB/OL］．（2020–06–02）［2020–09–28］. https://www.meti.go.jp/press/2020/06/20200602003/20200602003.html.

式多样的合作，有大学之间的合作创新、大学与当地企业的产教融合、大学与研究机构的抱团创新，以及大学、研究机构、企业、政府等多方联动的合作。东京湾区"零排放创新举措"协议会负责策划项目、制定政策、推广宣传、监测进展、审查评价成果等，是东京湾区"零排放创新举措"的总指挥部。东京湾区的大学和研究机构为湾区的经济、科技发展提供高水平的研究成果和高素质的人才，是东京湾区创新发展的动力站；东京湾区的企业将大学和研究机构的研究成果转化成现实生产力；政府机关为研究成果的转化提供政策导向和支持，与企业、大学和研究机构形成良性互动的循环系统，促进东京湾区"零排放创新举措"的可持续发展。[①]

（二）成立专门研究中心作为产业研发的智库

为了配合"零排放创新举措"的落地，东京湾区"零排放创新举措"协议会依托位于筑波科学城的日本产业技术综合研究所成立了零排放国际共同研究中心，与周边多个研究机构、大学和企业合作，成为推动产业研发的智库。

该中心由诺贝尔化学奖获得者吉野彰担任主任，有 117 名研究人员，下设 10 个研究组，即有机太阳能电池组、多功能太阳能电池组、热电变换组、电气化学设备组、人工光合成研究组、氢能制造与储藏研究组、能源前景研究组、二氧化碳资源化研究组、资源循环技术研究组、环境评价研究组。[②] 这 10 个研究组聚焦于东京湾区的能源发展与环境研究，如新能源开发、再生环境保护、碳循环研究等。此外，该研究中心还联合周边区域的优势科技资源开展蓄电池开发研究，以期将东京湾区建设成全球首个使用新能源的实证研究基地。

为加快科研成果的市场化、产业化应用，东京湾区"零排放创新举措"

---

① 陈晓清，朱安新，沈文洁.东京湾区产学研集群发展研究及其启示：以东京湾区零排放创新举措的实施为例［J］. 世界教育信息，2021（2）：38-44.
② 産総研.ゼロエミッション国際共同研究センター紹介［EB/OL］.（2020-03-24）［2020-09-28］. https://unit.aist.go.jp/gzr/outline/index.html.

提出"种子技术研发—实用化开发—产业化应用"的链条式生态创新研发体系。零排放国际共同研究中心与东京湾区的大学、研究机构合作开展研究，共享人才、教育、科研资源，成为新能源种子技术的培育基地。同时，零排放国际共同研究中心还与东京湾区的各类企业合作，对研发的革新技术开展实证研究，并根据企业需求及时进行技术研发方面的调整，打通知识链与产业链的创新通道，成为连接大学集群与产业集群的桥梁。

（三）强化产业界、金融界、学术界精英的国际合作

东京湾区"零排放创新举措"的实施必须引入全球最先进的研发技术和环境领域的国际标准，以期将零排放社会的概念和脱碳技术普及到发展中国家，带动全球绿色经济和金融市场的发展。这就要求东京湾区与世界各国开展共同研究与交流，扩大零排放研究成果和绿色金融的影响力。

为了推行"零排放创新举措"，日本政府每年定期召开应对全球变暖问题的国际研讨会，邀请国内外产业界、金融界、学术界的精英人士参会，交流创新技术研发信息，探讨国际合作的可能性，推进研发成果的应用等。此类研讨会议统称"绿色创新峰会"，包括五大常规性会议：跨国跨机构的氢能利用政策研讨会议、强化各国产学研合作网络的"碳再生"产学研国际会议、联合二十国集团（G20）的研究机构共同针对二氧化碳减排问题的RD20（Research and Development 20 for Clean Energy Technologies）会议、集结全球企业和金融机构共同筹措环境研究资金的TCFD（Task Force on Climate-related Financial Disclosures）峰会、联合70个国家和地区的1000多名专家学者共同探讨气候变化问题的ICEF（Innovation for Cool Earth Forum）会议。[①] 各国科学家、金融家、企业家、政府官员通过这些会议展开对脱碳技术和零排放社会建设的全球性讨论，推动脱碳技术的普及及全球绿色经济的发展。

---

① 東京湾岸ゼロエミッションイノベーション協議会.革新的環境イノベーション戦略［EB/OL］.（2020-01-21）［2020-09-25］. https://www.kantei.go.jp/jp/singi/tougou-innovation/pdf/kankyousenryaku2020.pdf.

四、东京湾区"零排放创新举措"对我国产学研集群发展的启示

东京湾区与我国的京津冀地区、长三角地带、粤港澳大湾区的一体化发展有着诸多相似之处。东京湾区"零排放创新举措"对我国正在推进的产学研集群发展和区域一体化建设有着重要的启示作用。

（一）重视和鼓励企业对大学的研发投入，将科学研究瞄准市场需求

东京湾区"零排放创新举措"强调处理好环境、社会、经济三方关系，构筑与环境协调发展的"地域循环共生圈"社会。东京湾区"零排放创新举措"的实施不仅需要大学和研究所的智库支持，还需要政府、企业等各方面社会资源的扶持。东京湾区"零排放创新举措"所关联的技术研发需要引进昂贵的设备设施，而且是一个长期过程，所需要的研究经费已不再是大学或研究机构能独自负担的。因此，东京湾区"零排放创新举措"非常重视政府和民间企业对环境技术研发的投入，特别是对科技创新型企业的研发投入。企业比其他集资主体更了解市场趋势，可以通过投资、融资、税收优惠等方式拓宽研发经费的集资渠道，引导大学和研究所的科学研究直面市场需求，加快科研成果的市场化和产业化应用。

（二）发挥湾区地理优势，加强大学集群、产业集群和城市集群三方的互动合作

东京湾区之所以成为"零排放创新举措"实施的首选区域，是因为这里大学、研究所和高新技术企业集聚，有利于产学研合作，促进人才培养的融合与协同，以及大学和研究院所的科技人员向企业流动。同时，东京湾区大学集群与城市集群的互动也有利于激发大学和城市的活力，优化湾区的资源配置。例如，大学为东京湾区的城市输送人才，促进城市的创新发展；反过来，优越

的城市环境、舒适的生活条件与发达的经济水平又吸引了大批人才。在大学与城市双向交流的促进下，东京湾区的经济发展和高等教育之间形成良性互动，使东京湾区实现了可持续发展。

（三）依靠区域间合作搭建高水平国际化交流平台，促进湾区的对外交流

"零排放创新举措"的实施需要多国多领域合作。东京湾区港口云集，对外交流频繁；而且东京湾区的核心城市东京市、横滨市本身就是国际化大都市，它们浓厚的国际化氛围辐射周边区域，提升了整个东京湾区的开放性和国际性，使东京湾区能够敏锐地捕捉到世界政治经济的变化趋势，进而使东京湾区的建设紧跟甚至引领世界潮流。综上所述，开放的经济结构和发达的国内外交流网络不仅能够提高大学的国际化水平，培养和吸纳更多的国际人才，而且能够通过地区合作和国际合作向外输送和向内引进教育、人才、信息、资金等重要资源，提升湾区产学研集群发展的潜力。同时，开放的国际化市场可以激发湾区企业创新和变革的活力，跨区域合作也可以为湾区企业带来更多的发展机遇。

（四）制定可持续发展的政策，提高大学集群与产业集群的可迁移性

产学研的集群发展离不开政策支持。一方面，政府可以通过制定政策法规支持大学、研究所、企业和政府开展多方面协作，形成强大合力，在共享人才、教育、科研、金融资源的基础上，促进知识链和产业链之间的联结和流动，帮助大学把学术资本和学术成果转化为现实生产力；另一方面，政府也可以通过制定有效的经济和金融政策鼓励科技创新企业发展，为企业提供多种经费来源和硬件支持，引导和推动企业进行技术创新。此外，制定政策时要重视生态环境与经济发展的协调，不能一味追求集群式经济发展而忽略了环境保护，应在协调好各区域产业分工的基础上控制资源过度集中造成的压力和负面影响，实现绿色发展。

（五）建设高校联盟，推进湾区产学研的协同创新与集群式发展

东京湾区"零排放创新举措"强调和重视湾区高校联盟对区域经济发展的促进作用。东京湾区高校联盟对运行机制的创新与完善有效激活了产学研区域协作，实现了合作共赢。首先，东京湾区高校联盟有着明确的发展目标和严格的制度规范，并且成员校的共建共享意识强烈。例如，湾区高校联盟共同组织入学考试、定期开展教职员工研修会、制定教育设施共用制度等。其次，东京湾区高校联盟的组织结构和评价机制较为完善。东京湾区高校联盟组建运营委员会等机构，制定了入会、退会、会员职责与义务等相关章程和规则，成员校加入联盟需要遵守相关制度，权责分明，确保联盟良性发展。东京湾区高校联盟设立严格的评价制度，由专门的评价委员会对各个大学开展中期评价和最终评价工作，每年还会拟制评价报告书，将评价结果公布于众。再次，东京湾区高校联盟通过一系列的制度设计，将官产学研紧密联系起来，使大学融入区域经济、社会发展过程中。例如，东京湾区的多个高校联盟与地区政府、社会团体、企业等开展合作，努力提升地区高等教育水平，创造就业机会和提高就业率，促进湾区经济和社会发展。

随着国家区域经济一体化的兴起，区域高等教育也从独立发展迈向协同创新、集群式发展的道路。[①] 在促进产学研集群发展过程中，我国应注意发挥高校联盟的力量，加强与企业的合作，提升高校联盟的区域服务能力。高校联盟建设需明确联盟的发展目标，建立规范的联盟运行机制和评价制度，加强对区域经济社会发展的策应和投入。

（作者简介：陈晓清，南京大学陶行知教师教育学院副院长、副研究员；朱安新，南京大学社会学院副教授、社会学系副主任）

---

① 袁义.国内外高校联盟发展的比较研究［J］.上海教育评估研究，2014，3（2）：37-41.

国际化战略篇

日本世界一流大学建设政策

　　美国教育学家阿尔特巴赫（Philip G. Altbach）曾经指出，在世界知识系统中，美国、英国、法国、德国等工业化国家的研究型大学是知识"中心"，而广大第三世界国家的大学都处于边缘地位。[①] 随着全球化、信息化的不断深入，知识系统结构也在逐渐发生变化，各国都希望推动本国的大学从边缘向中心移动，通过扩大知识生产来推动本国社会经济的发展，在国际竞争中占据有利位置。在各国政府的主导下，加强大学的学术竞争力、提升国际排名的政策措施不断出台，建设世界一流大学已成为高等教育领域的世界性潮流。[②]

　　20世纪90年代初和90年代末我国先后提出了"211工程"和"985工程"，2015年又公布了"双一流"建设的总体方案，并于2017年正式启动。一系列重大政策的出台表明，30年来我国一直将建设世界一流大学作为高等教育工作的目标。在政策和经费支持下，我国大学的教学科研水平取得了长足的进步，许多大学的国际排名也大幅提升。

　　长期以来，日本的高等教育一直处于亚洲领先水平，以东京大学为首的诸多大学在国际上具有很高的知名度。由于各国竞相加大对高等教育的投入，

---

① P. G. 阿尔特巴赫. 作为中心与边缘的大学 [J]. 蒋凯，译. 高等教育研究，2001（4）：21-27.
② 刘宝存，张伟. 国际比较视野下的创建世界一流大学政策研究 [J]. 比较教育研究，2016，38（6）：1-8.

发展高水平大学，日本政府感受到前所未有的挑战，因此也开始制定具有本国特色的世界一流大学建设政策。在政策实施的 30 年中，日本大学在资源配置、学科结构、科研产出等方面都取得了一定的成果，说明这些政策也对日本高等教育的发展产生了深远的影响。

本文对日本建设世界一流大学的相关政策进行梳理，在此基础上考察历次政策的共同点和不同点，并分析影响政策内容及其实施效果的主要因素。根据政策的影响范围和执行力度，本文选取研究生院重点化改革、两个卓越中心（COE）计划（21 世纪 COE 计划和全球 COE 计划）、"超级全球大学创成支援项目"和"国际卓越研究大学"支援法等不同时期出台的主要政策进行介绍。

一、日本世界一流大学建设政策的演变

20 世纪 90 年代初，在日本文部省的支持下，日本主要研究型大学开始了旨在强化研究生教育、提升科研实力的研究生院重点化改革。2001 年，文部科学省提出"远山计划"，确立了建设世界一流大学的总体构想，随后开展的两个 COE 计划都是这一构想的具体落实方案。继 COE 计划之后，日本政府又推出了"超级全球大学创成支援项目"。2022 年，日本国会通过《关于强化国际卓越研究大学的研究以及研究成果活用的体制的法律案》（简称"国际卓越研究大学"支援法），日本世界一流大学建设达到了新的高度。

（一）研究生院重点化改革

日本研究生院重点化改革是指将原来以本科学院为基础的大学教学科研组织改为以研究生院为中心的组织，研究生院在师资和设施设备上摆脱了对本科学院的依附。作为改革的一项主要措施，教师的人事管理由隶属于本科学院变为隶属于研究生院，研究生院的教学和科研工作成为其主要职责。1991 年，东京大学研究生院法学政治学研究科率先开展了研究生院重点化改革。1992 年京都大学研究生院法学研究科、1993 年北海道大学研究生院理学研究科等也相继开展研究生院重点化改革。截至 2000 年，东京大学、京都大学、东京

工业大学、筑波大学、神户大学等著名研究型大学的全部或部分学科都完成了研究生院重点化改革。

日本主要研究型大学实施研究生院重点化改革是有其必然性的。20 世纪 80 年代，日本的社会经济发展水平达到巅峰，各大学的办学条件都有了明显的改善，高等教育机构开始将赶超欧美发达国家作为发展目标。此时，日本的高等教育规模已与欧美主要发达国家不分伯仲，但研究生教育规模却明显偏小。排名日本第一的东京大学于 1987 年设立研究生院问题恳谈会，并在多次讨论后率先提出了旨在推动学校重心向研究生院转移的"东京大学研究生院重点化构想"，以此推动研究生教育，缩小与国际顶尖大学之间的差距。虽然研究生院重点化改革并不推动原有教师的实质性流动，但根据日本文部省的拨款制度，研究生院所属教师的人均经常费高于本科学院，实施研究生院重点化的学科能够获得更多的财政拨款。

对研究生院重点化改革的构想，日本文部省予以肯定，并在经费方面给予支持。1991 年，日本大学审议会的咨询报告《关于研究生院的完善充实》提出了扩充研究生院的方针，同年的另一份咨询报告《关于研究生院的规模扩大》则提出了研究生人数翻倍的目标。研究生院重点化改革能够增加大学的经费收入，并扩大研究生招生规模，对研究型大学和日本政府来说，是一个能够实现双赢的改革举措。1991—2000 年，日本大学的研究生规模扩大 31.1 倍，实施研究生院重点化改革的大学获得的政府拨款也增加了 25%。

（二）"远山计划"与 COE 计划

20 世纪 90 年代末，日本国内的新自由主义思潮再次抬头。2001 年小泉纯一郎出任日本首相后，全方位的市场化改革在各领域展开，文部科学省也推出了国立大学法人化等一系列重大改革举措。[①]

2001 年，时任日本文部科学大臣的远山敦子针对日本高等教育的发展状

---

① 张季风. "小泉改革"剖析［J］. 当代亚太，2004（7）：24–30.

况，提出了《大学结构改革方针》，即"远山计划"，以增强大学自身的活力和国际竞争力。该计划借鉴了当时欧美国家流行的新自由主义教育理念，意图通过引入市场机制促进大学间的自由竞争。该计划主要内容包括：①国立大学的重组、合并；②引入民间经营方式，实现国立大学法人化；③建立第三方评估机制，建设30所世界一流大学。

1998年，日本文部省大学审议会的咨询报告《关于21世纪的大学蓝图和今后的改革方案》就提出了建设世界一流大学的设想。该咨询报告指出："为了积极开展达到世界一流的高水平教学科研……，有必要规划建设作为卓越教学科研基地的研究生院。为此，应以专业（部分领域为研究科）为单位，根据客观公正的评估，在一定时期内，对科研经费、设施设备经费等资源进行集中或重点分配。"[①]"远山计划"中关于30所世界一流大学的建设方案基本上继承了上述设想，强调通过竞争和评估，对30所国立大学、公立大学或私立大学给予重点资助，使其达到世界最高水平。

"远山计划"主要是通过21世纪COE计划和全球COE计划落实的。2002年，21世纪COE计划正式启动，其目标是对日本大学的优势学科领域给予重点资助，建设世界最高水平的科研教学基地，一方面推动科研水平的提高，另一方面培养引领世界的创新型人才。日本政府希望通过重点扶持和营造竞争性环境这两个手段强化国立大学、公立大学、私立大学相互之间的竞争，建设充满活力的、具备国际竞争力的世界一流大学。[②]

21世纪COE计划资助的重点学科领域包括生命科学，化学及材料科学，数学、物理及地球科学，信息及电气电子学，人文科学，边缘交叉学科及新领域等10个学科群，2004年又增加了革新性学术领域。申请对象原则上为具备研究生院博士课程的学科点，兼顾其他学科及附属研究机构。申请需由各大学

---

① 大学審議会.21世紀の大学像と今後の改革方策について：競争的環境の中で個性が輝く大学（答申）[EB/OL].（1998-10-26）[2022-07-07]. http://m-ac.jp/education/administration/mext/shingikai/1998_10_toshin/whole/index_j.html.

② 日本学術振興会.21世紀COEプログラム[EB/OL].[2022-07-05]. https://www.jsps.go.jp/j-21coe/.

校长在对本校建设世界级科研教学基地进行统筹规划后提交。申请获批后能够获得政府财政连续 5 年的资助，资助金额为每年 1 亿 ~5 亿日元，项目实施 2 年后进行中期评估。21 世纪 COE 计划的项目委员会负责评审项目申请，实际工作由下设的分专业领域审查评价部会承担。评审内容主要包括科研教学活动成果和将来的展望、基地建设计划、大学对未来的构想，审查评价部会在此基础上对大学发展潜力进行评估。2002—2008 年，共有 93 所大学的 274 个项目获批，申请通过率为 19.6%，日本政府投入经费达 1760 亿日元。

21 世纪 COE 计划在推进大学改革、培养优秀青年学者、开拓新兴学术领域和提高科研水平等方面取得了一定的进展。[①] 在此基础上，文部科学省于 2007 年又启动了名为"全球 COE 计划"的新一轮资助计划。全球 COE 计划基本继承了 21 世纪 COE 计划的理念，并以进一步丰富和强化研究生院的教学科研功能、利用世界一流的研究基础、培养引领世界的创造性人才为目标，对建设世界一流的教学科研基地进行重点扶持，进而推动建设具有强大国际竞争力的大学。与有关 21 世纪 COE 计划的阐述相比，全球 COE 计划将"科研教学基地"的表述改为"教学科研基地"，也就是说后者相对更加重视大学对高素质创新人才的培养。[②]2007—2009 年，共有 140 个项目获批，申请通过率为 18.9%，日本政府投入经费达 1342 亿日元。与 21 世纪 COE 计划相比，全球 COE 计划的资助力度有所下降。

（三）超级全球大学创成支援项目

全球 COE 计划的最后一批资助经费在 2013 年拨付完毕，新的世界一流大学建设政策被提上了议事日程。2013 年，日本安倍政府提出了《日本再兴战略》，明确指出要"将日本的大学建设成世界顶尖级水平的大学"，"国家的参与方式转变为对为达到世界水平而努力的大学进行重点扶持，最大限度地挖掘

① 李润华.日本创建世界一流大学重点科研基地政策变迁［J］.外国教育研究，2010，37（8）：75-80.
② 熊庆年.日本建设世界一流大学的战略路径［J］.中国高等教育，2007（18）：61-63.

大学的潜力"。①不同于COE计划中较为模糊的目标设定，该战略明确将"今后10年内有10所以上的大学进入世界大学排行榜的前100名"定为政策目标。②

根据《日本再兴战略》，2014年，日本文部科学省开始实施"超级全球大学创成支援项目"。关于该项目，文部科学省指出："为了提升日本高等教育的国际竞争力和培养全球型人才，要支持一批大学深度推进国际化，包括为开展并加强与世界顶尖水平大学之间的交流与合作而进行的人事及教务系统改革等，同时也支持一批大学以培养学生全球化应对能力为目的而进行的体制强化"。③该项目将所资助的大学分为两类，分别为开展世界水平教学科研的"顶尖型"（A类）大学和引领日本社会全球化的"全球化引领型"（B类）大学，日本国立大学、公立大学、私立大学均可申报该项目。A类大学是指有实力进入世界排名前100名，教学科研达到世界水平的大学；B类大学是指在以往所取得成绩的基础上大胆尝试先导性措施、引领日本社会全球化的大学。针对A类和B类大学，该项目分别资助10项和20项，资助年限最长不超过10年，A类大学每年的资助金额为5亿日元，B类大学每年的资助金额根据学校的招生规模确定，每年招生规模超过1000人的大学为3亿日元，低于1000人的大学为2亿日元。日本文部科学省在项目开始后的第4年、第7年对获得资助的大学进行评估，项目到期后进行结项评估。根据中期评估的结果，日本文部科学省将对后续的资助金额进行调整，甚至中止资助。

在"超级全球大学"遴选过程中，日本学术振兴会负责的"超级全球大学创成支援项目"委员会通过书面审查、面谈等方式，筛选出候选学校，向文部科学省推荐，由文部科学省最终确定通过与否。经过遴选，有13所大学

---

① 内阁府 . 日本再興戦略 [EB/OL]. （2013-06-14）[2022-07-17]. https://www.kantei.go.jp/jp/singi/keizaisaisei/pdf/saikou_jpn.pdf.

② 内阁府 . 日本再興戦略 [EB/OL]. （2013-06-14）[2022-07-17]. https://www.kantei.go.jp/jp/singi/keizaisaisei/pdf/saikou_jpn.pdf.

③ 文部科学省 . スーパーグローバル大学創成支援 [EB/OL]. [2022-05-23]. https://www.mext.go.jp/a_menu/koutou/kaikaku/sekaitenkai/1360288.htm.

入选 A 类大学，24 所大学入选 B 类大学。13 所 A 类大学中，包括东京大学、京都大学、东北大学、大阪大学、名古屋大学、九州大学、北海道大学等 7 所旧制帝国大学，东京工业大学、东京医科齿科大学、筑波大学、广岛大学等 4 所历史悠久的国立大学，以及庆应义塾大学、早稻田大学等 2 所著名的私立大学。换言之，这 13 所大学被认为有实力进入世界排名前 100 名，因而成为新一轮世界一流大学建设政策的资助对象。

（四）"国际卓越研究大学"支援法

由于"超级全球大学创成支援项目"将于 2023 年到期，日本政府于 2021 年开始规划新一轮的世界一流大学建设政策。2022 年 4 月 28 日、5 月 18 日，经众议院和参议院分别审议表决后，岸田政府提出的《关于强化国际卓越研究大学的研究以及研究成果活用的体制的法律案》（简称"国际卓越研究大学"支援法）正式获得通过。根据该法案，日本政府将出资在科学技术振兴机构建立 10 万亿日元规模的大学基金，并于 2024 年开始将基金的收益拨付给有望成为世界顶尖水平研究型大学的学校。

实际上，日本政府所描绘的"国际卓越研究大学"就是以英美两国的顶尖大学为蓝本的。这些大学往往拥有高达数万亿日元的基金，每年来自基金的收益就超过 1000 亿日元，而日本各大学的基金都只有数百亿日元，经费相对匮乏。为了能够缩小与国外顶尖大学之间的差距，日本政府决定通过制度创新加大财政支持的力度，弥补国内顶尖研究型大学经费方面的不足。[①] 日本政府的大学基金预计每年将能获得约 3000 亿日元的收益，如果分散使用，将无法对特定大学进行重点资助，可能导致世界一流大学的建设受挫，因此这部分经费的使用将严格限定对象。按照日本政府的规划，"国际卓越研究大学"的数量将被控制在 5~7 所，每所大学每年将获得数百亿日元的资助。[②]

---

① 文部科学省 . 国际卓越研究大学の认定、国际卓越研究大学研究等体制强化计画の认可等［EB/OL］.［2022-05-27］. https://www.mext.go.jp/a_menu/hyouka/kekka/1421037_00006.htm.
② 藤波優，桜井林太郎，嘉幡久敬 .10 兆円大学ファンド、「選択と集中」懸念：国际卓越研究大法成立［EB/OL］.（2022-05-18）［2022-05-27］. https://www.asahi.com/articles/ASQ5L55LZQ5KULBH007.html.

"国际卓越研究大学"的认定仍然采用公开申报的形式。各大学对自身开展国际水平的卓越研究及研究成果推广应用的前景进行评估,然后向文部科学大臣提交申报书。文部科学大臣对其申请进行认定后,大学需要制订加强科研体制的改革方案并获得文部科学大臣的认可。如果该改革方案被认为未达到标准,文部科学大臣有权取消对该大学的认定。此外,获得认定的大学有义务定期向文部科学大臣汇报改革方案实施状况,并根据文部科学大臣的要求,提交相关报告。另外,世界级的优秀科研成果、每年 3% 的自主收入递增幅度、将经营与科研相分离的治理制度改革等都是资格认定的主要条件。①

"国际卓越研究大学"支援法的制定和颁布执行意味着日本建设世界一流大学的政策迈上了一个新的台阶。不同于此前的政策,这次"国际卓越研究大学"建设政策以法律的形式出台,表明日本政府开始在制度层面对少数顶尖大学进行重点扶持,因此可推测这一政策具有较强的延续性,并将成为今后较长的一段时间内建设世界一流大学各种相关政策的基础。值得注意的是,对日本政府来说,出资设立基金仅是一个过渡性的措施;从长远来看,推动大学治理制度改革,使大学通过运营、充实自身的基金以获得稳定的经费,才是政府的最终目标。

二、各项政策的差异性与延续性

从 20 世纪 90 年代至今,日本世界一流大学建设持续进行了约 30 年,也出台了一系列相关政策。在这些政策中,既存在"一以贯之的延续",也能看到"因势利导的转变"。② 本节将从差异性和延续性两个方面对各项政策的内容和性质进行分析,从而进一步理解日本建设世界一流大学政策的实质。

---

① 藤波優,桜井林太郎,嘉幡久敬 .10 兆円大学ファンド、「選択と集中」懸念:国際卓越研究大法成立［EB/OL］.（2022–05–18）［2022–05–27］. https://www.asahi.com/articles/ASQ5L55LZQ5KULBH007. html.
② 郭伟,崔佳,赵明媚,等 . 日本世界一流大学建设:变迁、特征与启示［J］. 中国高教研究,2020（9）:91–97.

（一）政策的差异性

从政策的制定过程来看，2000 年之前的日本研究生院重点化改革是由大学方面推动的；与此相对，2000 年以后的世界一流大学建设的相关政策都是由日本文部科学省主导的。对大学来说，前者是内生的需求，后者是外部的影响。研究生院重点化改革是研究型大学为了获得更多的资源、提高自身的科研水平而主动对原有的制度进行改革；而日本政府提出"远山计划"则主要是受到了中国、韩国等东亚邻国建设世界一流大学政策的影响。国际竞争的加剧、国内经济的长期低迷使日本政府对发展前景充满危机感，希望通过科技进步推动生产力的发展、提高国际竞争力，因而更加重视大学教学科研水平的提高。与后来的"远山计划"和 COE 计划、"超级全球大学创成支援项目"和"国际卓越研究大学"支援法等相比，研究生院重点化改革是非竞争性的，也没有时限规定，而且未设定明确的目标，不需要接受政府的评估。这一改革举措有利于提高研究生教育水平和大学的科研水平，推动大学国际排名的提升，同时主导权仍然掌握在各大学手中。但是，随着政府主导的各项世界一流大学建设政策的实施，大学逐渐成为政府实现政策目标的工具，在教学和科研方面的自主权不断减少。

与我国相关政策的变化趋势相反，日本世界一流大学建设政策是从支持学科向支持学校转变的。在实施研究生院重点化改革和两个 COE 计划期间，日本政府的资助对象是各大学的优势学科；但从"超级全球大学创成支援项目"开始，日本政府更重视大学的整体实力。优势学科相对比较分散，因此获得资助的学校数量较多，但多数学校并不具备成为世界一流大学的实力。支持学科向支持大学的转变也意味着，政府已经将政策重点转向了整体实力更强的大规模综合性大学。

虽然这一转变对单科大学和小规模大学不利，但日本著名综合性大学对学科传统非常重视，学科结构变化较少，各学科的水平较为接近，因此获得重点资助的大学一般在学科建设方面不存在太大的短板，资助大学与资助学科之间的契合度较高，也能够在一定程度上维持相对公平。同时，从资助学科转变为资助大学也符合日本文部科学省一直以来要求各国立大学加强校长的经营管理权、开拓符合自身特点的办学之路这一思路，使以校长为首的学校决策层能够更好地对学科结构进行统筹规划。

（二）政策的延续性

在日本的各项世界一流大学建设政策中，其遴选制度一直保持不变。日本文部科学省并不直接指定资助对象，而是由各大学提出申请，经过专家评委的评审，最终予以确定。也就是说，即使是顶尖的研究型大学，如果不提交申请、不接受评审，也没有获得政府专项资助的机会。从理论上看，任何一所大学通过公平竞争，都有机会成为世界一流大学建设政策的资助对象。在各大学提交申请后，文部科学省将委托专家团队对申报材料进行评估，最终确定项目的资助对象。评审结果对各大学所获得的经费会产生很大的影响，获得经费和未获得经费大学之间的差距会被进一步拉大，因此在推动世界一流大学的建设中，日本政府对程序上的公平非常重视。

从研究生院重点化改革到最新的"国际卓越研究大学"支援法，在有关一流大学建设的诸多政策中，重视科研，以研究生院为主要资助对象这一方针也是一以贯之的。在主要的世界大学排行榜中，科研水平一直是最重要的指标。事实上，日本高等教育界受到秉持洪堡精神的旧制帝国大学的影响，也一直将科研视作大学的第一要务[1]，认为世界一流大学就应该具有世界一流的科研实力。在日本的研究型大学中，研究生院是承担科研任务的部门，因此在各项世界一流大学建设政策中，世界水平教学科研基地都是以研究生院为基础的。与此相对应，各项建设政策所强调的高水平人才培养也是指提高研究生阶段的人才培养质量，强化各领域的科研后备力量。

实际上，以研究生院为核心的世界一流大学建设是文部科学省对日本高等

---

[1] 金子元久. 大学の教育力［M］. 東京：筑摩書房，2007：108–110.

教育的整体设计。在 2005 年的咨询报告《日本高等教育的未来蓝图》中，日本政府明确指出要根据大学的选择推进功能分化，支持世界水平的教学科研基地建设。[①]2008 年，日本文部科学省公布了第一期《教育振兴基本计划》，该计划将"建设世界最高水准的卓越教学科研基地，从根本上强化研究生教育"作为一项重要的措施。[②]2018 年，日本文部科学省制定并公布第三期《教育振兴基本计划》，提出要"支持建设具备世界最高水平的教学能力和科研能力，并推进多个领域相融合及我国优势领域顶尖教育的卓越研究生院"。[③]由此可见，日本建设世界一流大学政策的实质就是加强研究生院的科研和教育功能。

三、影响世界一流大学建设政策的主要因素

日本的世界一流大学建设政策受到了多种因素的影响，其中高等教育体系、政府财政状况和政府的社会经济发展战略三个方面的因素的影响是最大的。

（一）高等教育体系的结构性特点

日本高等教育体系具有两个较明显的结构性特点。第一，在日本的高等教育体系中，有一个庞大的私立高等教育系统。2021 年的统计数据显示，日本 4 年制大学中私立大学占 77.1%，私立大学在校生人数也占学生总数的74.0%[④]。可以说，正是因为大量私立大学的存在，日本才实现了高等教育的大众化和普及化。第二，日本高等教育体系呈现出一种陡峭金字塔形构造[⑤]。这

---

① 文部科学省.「高等教育の将来像」に向けて取り組むべき施策［EB/OL］.（2055–01–28）［2022–07–13］. https://www.mext.go.jp/b_menu/shingi/chukyo/chukyo0/toushin/attach/1335597.htm.

② 文部科学省. 教育振興基本計画［EB/OL］.（2008–07–01）［2022–05–15］. https://www.mext.go.jp/a_menu/keikaku/detail/__icsFiles/afieldfile/2013/05/15/001_1.pdf.

③ 文部科学省. 教育振興基本計画［EB/OL］.（2018–06–15）［2022–05–16］. https://www.mext.go.jp/content/1406127_002.pdf.

④ 文部科学省. 令和 3 年度学校基本調査調査結果のポイント［EB/OL］.（2021–12–22）［2022–07–10］. https:// www.mext.go.jp/content/20211222-mxt_chousa01-000019664-1.pdf.

⑤ 天野郁夫. 高等教育の日本的構造［M］. 東京：玉川大学出版部，1986：259–260.

一构造源自日本第二次世界大战前的高等教育体系，虽然在第二次世界大战后发生了较大的变化，但传统格局并未发生根本性的改变。陡峭金字塔形构造是指日本各大学的社会声望和教学科研水平存在着较大的差距，以东京大学为首的少数国立大学位于高等教育体系的顶部，而大量名不见经传的私立大学位于金字塔下端和底部。

与上述结构特点对应，日本高等教育体系中存在着国立大学和私立大学功能分化现象。国立大学主要承担科研功能和精英教育功能，而大量普通学生的教育主要是由私立大学承担的。虽然国立大学学生人数远少于私立大学，但研究生教育是国立大学的强项，2021 年约 59.2% 的研究生就读于国立大学。[①] 日本高水平研究型大学主要包括以东京大学和京都大学等为代表的 7 所旧制帝国大学，东京工业大学、东京医科齿科大学、筑波大学、广岛大学等数所历史悠久的国立大学，以及庆应义塾大学、早稻田大学这 2 所著名私立大学。因此，虽然日本各项世界一流大学建设政策的实施都采用了申请加评审的遴选制度，但世界一流大学建设政策的扶持对象较为明确，上述大学一直是政策的主要受益者。在建设世界一流大学的过程中，日本顶尖国立大学、私立大学所获得的经费远多于其他大学，再加上它们在科研领域的学术积累和强大的师资力量，也使科研产出的马太效应凸显，世界一流大学的身份进一步被固化。

据统计，51 所国立大学共获得 204 个 21 世纪 COE 计划项目，也就是 54.8% 的大学获得了 74.5% 的项目，而 35 所私立大学仅获得 60 个项目，即 37.6% 的大学获得了 21.9% 的项目[②]。从各大学获得的 21 世纪 COE 计划项目数量来看，东京大学、京都大学分别获得 28 项、23 项，遥遥领先于其他大学。获得 21 世纪 COE 计划项目数量排名进入前 10 位的大学还有大阪大学、名古屋大学、东北大学、北海道大学、东京工业大学、庆应义塾大学、早稻田大

---

① 文部科学省 . 令和 3 年度学校基本调查调查结果のポイント［EB/OL］.（2021–12–22）［2022–07–10］. https:// www.mext.go.jp/content/20211222–mxt_chousa01–000019664–1.pdf..
② 公立大学共有 7 所学校获得 10 个项目，即 7.5% 的大学获得了 3.6% 的项目。

学、九州大学，均为历史悠久的国立大学或私立大学。上述 8 所大学共获得 146 个 21 世纪 COE 计划项目，占全部项目的 53.3%。在全球 COE 计划的项目中，国立大学共获得 112 个项目，占全部项目的 80%；而私立大学仅获得 25 个项目，占全部项目的 17.9%。全球 COE 计划中获得项目数量排名前 10 位的大学与 21 世纪 COE 计划完全一致，东京大学和京都大学仍以 17 项和 13 项领先。

入选"超级全球大学创成支援项目"的 13 所 A 类大学也都在 COE 计划项目排行榜的前列。"国际卓越研究大学"的申报工作于 2022 年底正式开始，到 2023 年 3 月 31 日截止。据报道，截至 2023 年 3 月，东京大学、名古屋大学、东北大学、大阪大学、早稻田大学、筑波大学等多所顶尖研究型大学表示有申报"国际卓越研究大学"的意向。

（二）政府的财政状况

20 世纪 90 年代初，日本泡沫经济崩溃以后，经济增长乏力，日本政府的财政收支状况逐渐恶化，与此同时来自外部的国际竞争也不断加剧。为了摆脱困境，恢复经济增长，日本政府于 20 世纪 90 年代后期开始推动新的一轮市场化改革。在高等教育领域，日本政府一方面推进国立大学的法人化，另一方面又着力建设世界一流大学。这表明日本政府既要控制高等教育领域的开支，又要利用有限的经费进行重点投入。

根据国际货币基金组织（IMF）的统计，2000 年日本政府的债务总额为 726.1 万亿日元，相当于 GDP 的 1.36 倍，2020 年债务总额升至 1393.8 万亿日元，达到 GDP 的 2.59 倍[①]。日本政府长期依靠大量发行国债来维持预算开支，能够投入世界一流大学建设的经费较为有限。因此，日本政府将"选择与集中"作为世界一流大学建设政策的经费分配指导方针。21 世纪初，随着小泉政府推进各领域的市场化改革，"选择和集中"这一经营学理念逐渐被引入各

---

① 国际货币基金组织（IMF）. 日本の政府债务残高の推移［EB/OL］.（2022–04–21）［2022–07–12］. https://ecodb.net/ country/JP/imf_ggxwd.html.

项政策中。2007 年，这一理念正式出现在日本文部科学省的政策文件中，并成为此后历届日本政府推动高等教育改革的主导思想。

从 21 世纪 COE 计划开始，日本政府在一系列世界一流大学建设政策中都贯彻"选择"的理念，对所资助的学科和大学进行严格的筛选。同时，日本政府在建设世界一流大学的过程中所采取的"集中"策略也呈现出不断强化的趋势。从最初提出的 30 所世界一流大学到 A 类"超级全球大学"，再到目前的"国际卓越研究大学"，重点资助学校的数量从 30 所减少至 13 所后，又进一步减少到 5~7 所，呈逐步下降的趋势。由此可见，在经费有限的情况下，日本政府的资源分配越来越集中于少数几所顶尖大学，以此来提高经费的使用效率。

由于预算有限，日本政府为建设世界一流大学所投入的经费相对较少，对各大学的资助力度也很有限。在实施 COE 计划的 12 年间，日本政府直接投入的经费共计 3102 亿日元，仅相当于我国"985 工程"对清华大学、北京大学、浙江大学这 3 所大学的投入。以东京大学为例，2004 年该校虽然获得了 42 亿日元的资助，占 COE 计划项目总预算的 12.4%，但也仅占该校年度预算的 2%[①]。此外，日本政府为"超级全球大学创成支援项目"中的 A 类大学所提供的资助也仅为每年 5 亿日元，低于 COE 计划的支持力度。

（三）政府的社会经济发展战略

除了高等教育体系和政府财政状况之外，日本政府的社会经济发展战略也深刻地影响着世界一流大学建设政策。虽然日本自民党长期执政，但不同领导人的执政理念有所不同，并会在社会经济发展战略中有所体现。世界一流大学建设政策作为社会经济发展战略中的一个重要内容，必然会受到执政理念的影响。

2001 年，小泉政府提出了"无禁区的结构改革"这一指导方针，将"没

---

① 米澤彰純 . 変動期の高等教育財政:「世界水準大学」政策の行方［J］. 日本教育行政学会年報，2010（36）：41-59.

有改革就没有增长""民间能做的事就交给民间做，地方能做的事就交给地方做"作为社会经济发展战略的基本理念。小泉政府所推进的结构改革以新自由主义为理论基础，重视市场原理，主张减少政府对社会经济部门的过度干预。在世界一流大学建设政策中，这一指导方针具体体现为采取 COE 项目的形式资助顶尖大学研究生院的建设。

2013 年，安倍政府提出了《日本再兴战略》。安倍政府在坚持新自由主义改革路线的同时，表现出积极参与国际事务的姿态，并将恢复日本的实力和国际影响力作为一项重要任务。在关于世界一流大学建设方面，安倍政府提出了在 10 年内有 10 所以上大学进入世界排名前 100 名这一目标，并在随后的"超级全球大学创成支援项目"中纳入了开展世界水平教学科研的 A 类大学和引领日本社会全球化的 B 类大学。

2021 年，岸田政府提出了重视分配、劳动者和政府作用的"新资本主义构想"。作为岸田政府的执政理念，"新资本主义"与小泉政府、安倍政府所推崇的新自由主义有着很大的不同，前者强调"没有分配，就没有下一个增长"，因此重视实现"增长与分配的良性循环"。[①] 在如何增加分配、提高国民收入方面，通过个人资产的运用增加收入也成为重要的途径之一。"国际卓越研究大学"支援法中，政府出资设立大学基金并将其收益分配给少数"国际卓越研究大学"的做法也与"新资本主义"的理念及其实现途径颇为相似。

四、结论

从20世纪90年代初开始，日本一直没有停止过建设世界一流大学的探索。30 年来，相关政策与时俱进，从大学主导过渡到政府主导，从以学科为单位发展到以大学为单位。与此同时，日本政府在遴选资助大学时采用了申请加评审的遴选制度，注重研究生院的科研与教学水平。从最终结果来看，虽然日本文部科学省并未直接指定资助大学，但世界一流大学的培养对象较为固定，很

---

① 小峰隆夫.新しい資本主義」に求めるもの：岸田首相が描くグランドデザイン［EB/OL］.（2022-03-18）［2022-07-14］. https://www.nippon.com/ja/in-depth/d00804/.

好地兼顾了效率与公平。另外，日本建设世界一流大学的一系列政策是立足于高等教育体系的结构性特点和政府财政状况，根据日本政府的社会经济发展战略制定的。虽然这样的政策经常受到社会各界的质疑，但总体上不失为现实和理念相结合的产物，具有较高可行性。

建设世界一流大学既是国家发展战略的重要一环，同时也是高等教育体系的一次重大变革，对社会和大学都会产生重大影响，因此在制定相关政策的时候，既要考虑实施手段和政策目标，也要尊重大学自身的发展规律。世界一流大学的建设必然会导致两极分化的现象，但对政府来说，培养高水平的人才，增加高质量的科研成果，在日趋激烈的国际竞争中推动本国社会经济的发展，也都是非常合理的选择。日本所采用的申请加评审的遴选制度既兼顾了机会均等，又能够促进大学之间的良性竞争，是值得我们学习和借鉴的。

此外，虽然政策目标是建设世界一流大学，但日本并未直接使用"世界一流大学"这一提法，而使用了"世界水准大学"一词。在主导思想和具体做法方面，日本政府推动本国大学成为世界一流大学有着与我国相似的迫切性，但类似"一流"这样明显具有排序性质的表述很容易固化大学之间的等级分化，对高等教育整体的发展带来消极影响，同时还有可能引发大学之间的恶性竞争。在有关政策的表述方面，日本也有其独到之处。

（作者简介：窦心浩，上海外国语大学日本文化经济学院教授；何丽臣，上海外国语大学日本文化经济学院硕士研究生；夏天一，上海外国语大学国际教育学院硕士研究生）

日本高等教育国际化及启示

——以外国留学生接收政策为例

第二次世界大战后，日本高等教育的国际化是随着日本国家的国际化发展态势、世界范围内的国际化趋势而不断发展的。高等教育国际化包括接收外国留学生、派遣日本大学生赴海外留学、对外教育援助等内容。由于篇幅的限制，本文仅从接收外国留学生这一侧面，考察日本高等教育国际化政策的演变历程，以及为实现国际化而采取的教育发展措施和辅助促进措施，从而揭示日本高等教育国际化的特征及启示。

一、第二次世界大战后高等教育中留学生政策的演变

在高等教育国际化中，留学生政策是一个主要方面。第二次世界大战后，日本的外国留学生接收政策，大致经历了"重启""国策化""战略化"三个阶段。

（一）留学生政策的"重启"

第二次世界大战后日本留学生政策的"重启"得益于国际社会"人力资本""教育开发"等理论的兴起。20 世纪 50 年代末至 60 年代初，美国芝加哥大学教授西奥多·舒尔茨等提出了"人力资本"理论，认为教育是一种人力资本投资："在过去 30 年间，教育作为经济发展的源泉，其作用远远超过被视为

实际价值的建筑物、设施、库存物资等物力资本"。①1960 年，联合国教育、科学及文化组织首次明确提出，教育是文化及社会发展的推动力，同时也是经济开发的一个重要因素。②在上述国际背景下，1963 年日本政府在教育改革报告《经济发展中人的能力开发的课题与对策》中将"国际交流"列为"发展人的能力"的四大内容之一："今后，伴随着国际交流的活跃，有必要从国际视野培养、利用人的能力。"③1970 年，日本内阁批准《新经济社会发展计划》，将"国际化教育"列为"教育与提高人的能力"的主要措施之一。④1970 年的日本教育白皮书《我国的文教政策》中指出："随着国际社会的联系日益密切，教育领域的国际合作越来越重要。在发展中各国，以我国的经验为基础开展积极的合作成为今后的课题。"⑤1980 年的日本教育白皮书《我国的文教政策》阐释高等教育"国际化"的内涵时首次提到"接收留学生"，日本政府对私立大学经费补助的项目中也包括接收外国留学生。⑥

外国留学生规模的变化可以从一个侧面反映日本高等教育国际化发展的情况。1969 年，在日本的外国留学生共计 4005 人，均来自东南亚及中近东。⑦此后，来日本的外国留学生人数不断增加，1970 年 4400 人，1980 年 6500 人，10 年间增加了约 48%。

外国留学生按照经费来源主要分为两大类：一是国费留学生，由日本政府支付奖学金，1970 年 600 人，1980 年 1400 人，10 年间增加了 133%；二是自费留学生，由外国政府支付奖学金或留学生自己支付学费，1970 年 3900 人，1980 年 5200 人，10 年间增加了 33%。从留学生受教育层次来看，1980 年 6500 名外国留学生中，本科生约占 60%，研究生约占 40%；在国费留学生

---

① 清水義弘，訳.教育の経済価値［M］.T.W.シュルツ.東京：日本経済新聞社，1964：107.
② ユネスコ.教育計画：その経済社会との関係［M］.木田宏，訳.東京：第一法規出版株式会社，1966：9.
③ 経済審議会.経済発展における人的能力開発の課題と対策［M］.東京：大蔵省印刷局，1963：8.
④ 宮原誠一.日本現代教育史 3［M］.東京：三省堂，1974：31.
⑤ 文部省.我が国の教育水準（昭和 45 年度）［M］.東京：大蔵省印刷局，1970：214，218.
⑥ 文部省.我が国の教育水準（昭和 55 年度）［M］.東京：大蔵省印刷局，1981：202-203.
⑦ 同⑤44-45.

中，研究生更多，1980年本科生60人，研究生675人^①。从留学生所学专业来看，在国费留学生中，理科类约占60%，文科类约占40%，但本科中文科类居多，而研究生中理科类居多；在自费留学生中，本科生及研究生均为文科类居多。从外国留学生的来源地来看，在国费留学生中，本科生的80%、研究生的60%来自亚洲地区；在自费留学生中，大部分本科生、研究生均来自亚洲。^②

另外，从各国大学中的外国留学生占比来看，1970年，日本大学中外国留学生占比仅为0.5%，远远低于英国、法国、联邦德国等西方发达国家（表1）。从长期来看，1964—1974年，法国、联邦德国、英国本科生中外国留学生所占比例为4%~9%，而在日本，这一比例为0.5%。^③

表1　1970年各国大学本科生中外国留学生人数及所占比例^④

国别	本科学生总数 / 人	外国留学生 / 人	外国留学生比例 /%
日本	1344358	6788	0.5
英国	192436	7295	3.8
法国	539016	33384	6.2
联邦德国	410490	23308	5.7

（二）留学生政策的"国策化"

1984年8月至1987年8月，日本内阁设置的首相咨询机构——临时教育审议会审议通过的教育改革报告提出了"新国际化"的概念。该报告指出，现在日本经济的繁荣，与世界各国密切的经济交流有关，同时也带来了人员交流的日益活跃。随着人员交流的增多，便会产生所谓的文化摩擦，当这种摩

---

① 不包括研修生和无正式学籍的一年短期留学生。
② 文部省. 我が国の教育水準（昭和55年度）[M]. 東京：大蔵省印刷局，1981：218–219.
③ 文部省. 我が国の教育水準（昭和50年度）[M]. 東京：大蔵省印刷局，1976：44–45.
④ 同② 234.

擦成为国际社会的常态时，便要求用一种新的方式将其转变为使日本社会产生活力的能量。该报告还指出，今天的日本应在继"物""钱""信息"之后实现"人"的国际化。①日本政府有这样的预见，是因为它看到了国际教育服务贸易的悄然兴起。1982年，美国坦普尔大学在日本建立了第一所分校；1986年以后，日美贸易扩大发展委员会开始积极推动美国大学在日本建立分校。②基于这一趋势，日本政府提出："迎接国际化时代，以国际化的视点推行教育改革，是关乎我国存立与发展的重要问题"。③于是，临时教育审议会的最终报告确立了教育改革的三大理念："个性原则""向终身学习体系过渡""适应变化（国际化、信息化）"。教育"国际化"被列为基本国策之一。

关于留学生政策，日本文部省基于1983年发布的《关于面向21世纪的留学生政策建议》（1983年8月），制定了接收留学生10万人的计划，计划到21世纪初接收留学生10万人。1987年10月，日本内阁根据临时教育审议会的咨询报告制定了《当前有关教育改革的具体方案》，其中有关留学生的政策指出："要应对留学生的增加，充实完善留学生接收体制，包括优化大学的教育指导体制、建设宿舍、资助自费留学生等。进而，要加强对外国人的日语教育。"④1988年4月，日本政府设立了留学生交流推进阁僚恳谈会，以便大学和政府统一步调，进一步完善留学生接收体制，从而实现在21世纪初接收留学生10万人的目标。1991年5月，日本大学审议会在咨询报告《1993年度以后高等教育的计划性整备》中强调："鉴于高等教育的国际化发展、外国留学生的进一步增加，要提供适合文化及社会背景迥异的外国留学生的教育方式。⑤1991年11月，日本大学审议会在咨询报告《研究生院量的扩大》中进一步提出要"扩大接收留学生"。⑥

---

① 文部省.教育改革に関する答申：臨時教育審議会第一次~第四次（最終）答申［M］.東京：大蔵省印刷局，1988：129，234.

② 塚原修一.高等教育市場の国際化［M］.東京：玉川大学出版部，2008：190.

③ 同① 15，273，280.

④ 文部省.我が国の教育水準（昭和50年度）［M］.東京：大蔵省印刷局，1976：224.

⑤ 同④ 306-307.

⑥ 文部省.我が国の教育水準（昭和50年度）［M］.東京：大蔵省印刷局，1976：306-307.

1992 年 7 月，日本文部省下设的"面向 21 世纪留学生政策调查研究协力者会议"提交了咨询报告《综合推进展望 21 世纪的留学生交流》。[①] 该咨询报告制定了新的留学生政策。第一，现在日本的外国留学生 90% 来自亚洲。今后，在重视为发展中国家培养人才的同时，也要面向发达国家，以更加广阔的视野、接收多样的留学生。第二，根据留学目的，设定多样化的课程，包括实务研修在内的综合性人才培养项目。第三，关于留学生的接收，各大学应主动积极应对，重要的是各大学要制定中长期留学生接收计划，并积极地宣传。第四，接收留学生时，不仅考虑量的增加，还要考虑质的提升，同时要进一步完善留学生服务组织。[②]

1995 年 4 月，日本文部大臣在向中央教育审议会提出的咨询《展望 21 世纪日本教育的方式》中提出："在国际化的推进中，……我国的大学，要作为世界重要的教育研究据点，继续稳步地前进。……重要的是推进教师及学生的相互交流、完善留学生接收体制。"[③]1997 年，日本文部省制定了《教育改革项目》，将"推进留学生交流"列为"推进国际化"的具体措施之一。[④]1997 年 1 月，日本文部省设立了留学生政策恳谈会，重点探讨了几个问题：①基于日本高等教育全球化的视角优化教育体制；②推行综合政策，改善留学生与日本大学的对接机制，振兴日语教育；③日本中央政府、地方政府、民间合作，以多种方式支援留学生生活。

从 20 世纪 80 年代末开始，在日本大学学习的外国留学生数量大幅度增加（表 2），1988 年的留学生人数是 5 年前的 2 倍[⑤]。

---

① 文部省. 教育改革に関する答申：臨時教育審議会第一次～第四次（最終）答申［M］. 東京：大蔵省印刷局，1988：129，234.

② 文部省. 我が国の文教施策（平成 4 年度）［M］. 東京：大蔵省印刷局，1992：507.

③ 文部省. 我が国の文教施策（平成 7 年度）［M］. 東京：大蔵省印刷局，1996：161-124.

④ 文部省. 我が国の文教施策（平成 9 年度）［M］. 東京：大蔵省印刷局，1997：185，190.

⑤ 文部省. 我が国の文教施策（平成元年度）［M］. 東京：大蔵省印刷局，1989：470.

表2　1988—1996年各类外国留学生人数及比例 [1]

年度	留学生总数/人	国费生/人	外国政府奖学生/人	自费生/人	亚洲生源占比/%
1988	25643	4118	976	20594	90
1989	31251	4465	934	25852	90
1990	41347	4961	1026	35360	90
1991	45006	5219	1072	38775	90
1992	48561	5699	1058	41804	90
1993	52405	6408	1214	44783	90
1996	52921	8051	1297	43573	90

从各国留学生规模来看，1989年全球留学生总计约100万人，其中美国36万人、法国12万人、联邦德国8万人、英国6万人、日本3万人；1991年日本留学生4.9万人，与西方发达国家（美国40.8万人，法国13.6万人）相比，差距还是比较大。[2][3]另外，1999年，在日本的留学生人数仅占高等教育机构在校生人数的2.6%，远远低于欧美发达国家（表3）。

表3　1999年前后主要国家的留学生接收状况 [4]

国别	高等教育机构在校生人数/千人	留学生/人	国费留学生/人	留学生占高等教育机构在校生人数比例/%
美国	8582	547867	3553	6.4
英国	1260	224660	4663	17.8
德国	1801	187027	6233	10.4
法国	2090	140849	11537	6.7
澳大利亚	726	107622	3387	14.8
日本	3697	95550	9009	2.6

---

① 根据日本文部省1990—1993年、2000年《我国的文教政策》提供的相关数据整理而成。

② 文部省.我が国の文教施策（平成元年度）[M].東京：大蔵省印刷局，1989：470.

③ 文部省.我が国の文教施策（平成5年度）[M].東京：大蔵省印刷局，1993：469.

④ 数据来源于日本文部科学省的调查，其中美国、德国、法国为1998年数据，英国为1999年数据，澳大利亚为2000年数据，日本为2002年数据。

（三）留学生政策的"战略化"

2000 年 1 月，日本政府成立直属内阁的"教育改革国民会议"。同年 12 月，该会议提交了《教育改革国民会议报告》，开启了教育领域新一轮的结构改革，2004 年 4 月实行国立大学法人化，2006 年 12 月修改《教育基本法》。

与此同时，作为高等教育"国际化"重要标志的留学生政策，也被日本政府提升到国家战略的高度。1999 年 3 月，日本文部省留学生政策恳谈会提交了咨询报告《做出对知识的国际性贡献与新留学生政策的开展》，宣布不仅要增加留学生的数量，而且要进一步提高留学生的质量、改善留学环境。2002 年 11 月，日本中央教育审议会大学分科会之下设置了留学生部会，该部会于 2003 年 12 月提出了新的留学生政策建议，如优化海外留学信息提供与咨询功能，要求各个大学制定明确的留学生接收方针，实施留学生的在籍管理。2007 年 5 月"亚洲门户战略会议"提交的《亚洲门户构想》、2007 年 6 月"教育再生会议"提交的《教育再生会议第二次报告》均提出，不仅要把接收留学生作为具有国家战略高度的教育政策，而且也要作为外交政策及产业政策来制定和推进。因此，日本中央教育审议会大学分科会下设了留学生工作组。2008 年 1 月，日本首相在施政方针演说中提出了"留学生 30 万人"计划。2008 年 7 月，文部科学省与外务省、法务省、厚生劳动省、经济产业省、国土交通省一起，共同制定了"留学生 30 万人计划"要点，即以 2020 年接收留学生 30 万人为目标，从激发赴日留学兴趣的入学考试、入学、入国等入口，到被大学、社会接收、就业等，日本相关省厅及机构合作，共同推进计划。①

2010 年 6 月，日本内阁会议通过《新成长战略》，正式提出到 2020 年接收高质量外国留学生 30 万人的计划。另外，2011 年 6 月发布的《全球人才育成推进会议中期报告》指出："要作为一项国家战略培养'全球人才'，推进战略性的留学生交流。2013 年 6 月，日本内阁会议通过的《日本再兴战略》确定了日

---

① 文部科学省 . 文部科学白書（平成 20 年度）[M]. 東京：日経印刷株式会社，2009：27.

本接收留学生的国家战略目标，即到 2020 年更加战略性地接收外国留学生 30
万人①。同年 6 月，日本内阁会议批准了第二期《教育振兴基本计划》，该计划确
定的教育改革成果目标之五为"全球人才"，即到 2020 年，接收外国留学生 30
万人；主要措施包括制定为了世界发展的外国留学生接收战略（报告书），设定
接收外国留学生的重点来源地等。2013 年 12 月，日本文部科学省制定了《融入
世界成长的外国留学生接收战略》，设定了接收留学生的重点来源地、重点专业
领域。2016 年 6 月，日本内阁会议制定了《日本再兴战略》（2016 年修改版），
提出了外国留学生在日本的就业率从 30% 提高到 50% 的目标。②2020 年，日
本《文部科学白书》再次重申："获得优秀的外国留学生用于日本的发展，提高
个人能力、培育活跃于全球化社会的人才，已成为一项紧迫的课题。"③2021 年 3
月，日本《文部科学白书》分析了接收外国留学生 30 万人的计划所定目标的实
现状况，包括提高大学教育研究的国际竞争力、对外国的知识性贡献等。④

根据日本《文部科学白书》，截至 2020 年 5 月 1 日，在日本的外国留学
生共 279597 人，其中在高等教育机构的外国留学生 218783 人⑤，约占留学生
总数的 78.2%。2021 年，日本大学本科学生共 2625688 人，其中外国留学生
86791 人，约占学生总数的 3.3%。

从本科留学生的来源地来看，留学生人数居前 10 位的国家及地区均为发
展中国家（或地区），如中国、韩国、越南、尼泊尔、中国台湾、印度尼西亚、
马来西亚、泰国、巴西、蒙古；而来自美国、法国、德国、加拿大、英国等发
达国家的留学生人数较少（表 4）。

从留学生所属专业领域来看，在本科阶段，社会科学、工学、人文科学
的留学生人数最多；而在研究生阶段，工学、社会科学、其他学科的留学生人
数最多（表 5）。

---

① 文部科学省 . 文部科学白書（平成 25 年度）［M］. 東京：日経印刷株式会社，2014：364.
② 文部科学省 . 文部科学白書（平成 28 年度）［M］. 東京：日経印刷株式会社，2017：378.
③ 文部科学省 . 文部科学白書（令和 2 年度）［M］. 東京：日経印刷株式会社，2021：179.
④ 同③ 314.
⑤ 同③ 314.

表 4 2021 年各国家（或地区）、各专业留学生人数（大学）①

（单位：人）

国家（或地区）	总数	院系在籍生	人文科学	社会科学	理学	工学	农学	医学保健	商船	家政	教育	艺术	其他	专设科·附设科	课程选修生·旁听生·研修生
合计	86791	80429	9998	38266	1747	11446	1116	2251	7	867	1319	5240	8172	1404	4958
中国	45818	42668	5427	19429	1127	6484	570	681	4	601	801	3418	4126	456	2694
韩国	13716	13496	1799	5185	310	1764	223	998	3	123	212	1357	1522	35	185
越南	9489	9177	1018	6381	50	743	99	76	—	37	67	56	650	192	120
尼泊尔	2604	2515	200	1921	1	123	14	14	—	1	41	20	180	85	4
中国台湾	2148	1874	202	729	23	173	28	286	—	25	24	149	235	48	226
印度尼西亚	1980	1647	93	955	47	262	56	12	—	15	13	47	147	40	293
马来西亚	1401	1367	96	278	39	689	25	9	—	14	12	50	155	13	21
泰国	893	782	71	425	25	128	29	7	—	3	4	23	67	11	100
巴西	821	780	232	213	10	126	10	20	—	10	25	27	107	8	33
蒙古	763	739	50	284	5	270	8	28	—	5	6	5	78	8	16
菲律宾	638	546	186	166	7	53	4	13	—	7	20	6	84	56	36
美国	636	458	48	171	19	31	6	6	—	2	10	9	156	106	72
斯里兰卡	545	464	47	284	3	44	2	—	—	2	5	3	74	67	14
孟加拉国	486	467	19	323	5	51	4	2	—	1	—	2	60	9	10
缅甸	473	448	58	236	5	50	4	23	—	6	4	9	53	12	13
秘鲁	373	367	105	115	9	47	1	23	—	5	8	5	49	—	6
乌兹别克斯坦	335	330	23	231	1	17	4	1	—	—	2	1	50	1	4
印度	299	266	28	121	7	72	5	—	—	—	1	—	32	11	22

① 文部科学省·学校基本調査：高等教育機関（令和 3 年度）[M]. 東京：株式会社ブルー・ホップ，2022：144-147.

续表

国家（或地区）	总数	院系在籍生	人文科学	社会科学	理学	工学	农学	医学保健	商船	家政	教育	艺术	其他	专设科·附设科	课程选修生·旁听生·研修生
法国	233	68	17	30	1	2	1	2	—	—	1	—	14	5	160
德国	215	54	7	24	3	2	—	1	—	—	1	2	14	8	153
俄罗斯	174	98	19	36	3	5	1	2	—	2	2	10	18	4	72
加拿大	173	87	26	22	2	9	—	5	—	—	1	5	17	52	34
英国	152	63	10	21	—	1	—	—	—	1	1	4	25	15	74
柬埔寨	150	134	12	63	3	28	2	12	—	—	2	—	12	2	14
新加坡	142	130	21	41	8	12	3	1	—	—	1	5	37	2	10
文莱	136	—	—	—	—	—	—	—	—	—	1	—	—	—	136
墨西哥	110	51	3	14	—	24	3	—	—	—	—	—	7	35	24
巴基斯坦	110	102	14	47	2	17	—	1	—	—	1	—	19	7	1
……	……	……	……	……	……	……	……	……	……	……	……	……	……	……	……

表 5 2021 年各阶段、各专业留学生人数①

（单位：人）

阶段	总数	院系在籍生	人文科学	社会科学	理学	工学	农学	医学保健	商船	家政	教育	艺术	其他	专设科·附设科	课程选修生·旁听生·研修生
本科	86791	80429	9998	38266	1747	11446	1116	2251	7	867	1319	5240	8172	1404	4958
研究生	57466	53350	4788	10828	2681	14790	2542	4006	30	135	1386	2001	10163	—	4116
合计	144257	133779	14786	49094	4428	26236	3658	6257	37	1002	2705	7241	18335	1404	9074

① 文部科学省·学校基本調査：高等教育機関（令和3年度）[M]. 東京：株式会社ブルーホッブ，2022：144-147.

二、促进接收外国留学生的教育政策

日本大学通过加强日语教育，实施短期留学推进制度、英语短期留学生项目、英语授课并授予学位制度及其他留学生项目等措施，不断推进外国留学生的接收与培养工作。

（一）加强大学的日语教育

从 20 世纪 80 年代初至 20 世纪末，日本大学特别重视对留学生的日语教育，加强对日语教师的培养。

一是加强对留学生的日语教育。20 世纪 80 年代初，日本就开始采取各种措施以优化对外国留学生的日语教育。如果是国费留学生，本科生在东京外国语大学附属日语学校学习 1 年日语，研究生则在大阪外国语大学留学生附设科学习半年日语。如果是自费留学生，大多在入学前进入民间的日语学校学习日语 1 年；私立大学则在本校的留学生别科向报考本校的留学生实施日语教育。另外，日本大学允许外国留学生把学习日语、日本概况等课程作为一般教育科目，以代替外语科目，这样既可以减轻外国留学生的学习负担，也有利于加强日语教育。1979 年日本文部省建立了"日本语和日本文化研修留学生制度"，专门接收留学生学习日语及日本文化。

二是加强对日语教师的培养。20 世纪 80 年代初，日语教师的培养多由私立大学承担。截至 1988 年 11 月，培养日语教师的私立大学共有 30 所。从 1985 年开始，国立大学也开始着手培养日语教师。统计数据显示，1989 年有 14 所国立大学、1990 年有 16 所国立大学（17 个学科或研究科）、1991 年有 16 所国立大学（18 个学科或研究科）在培养日语教师（表 6）。①②③

---

① 文部省 . 我が国の文教施策（平成元年度）［M］. 東京：大蔵省印刷局，1989：483.
② 文部省 . 我が国の文教施策（平成 2 年度）［M］. 東京：大蔵省印刷局，1990：484.
③ 文部省 . 我が国の文教施策（平成 3 年度）［M］. 東京：大蔵省印刷局，1991：538.

表6　1985—1992 年国立大学培养日语教师的学科或课程设置 [①]

大　学	学科或课程	招收名额 / 人	设置年度	备　注
筑波大学	日本语和日本文化学类	40	1985	主专攻
东京外国语大学	日本语学科	45	1985	主专攻
大阪大学	日本学科	35	1986	主专攻
广岛大学	日本语教育学科	40	1986	主专攻
大阪外国语大学	日本语学科	40	1987	主专攻
爱知教育大学	综合科学课程日本语教育课程	30	1987	主专攻
名古屋大学	研究生院文学研究科日本语文化专业（硕士）	12	1988	研究生
名古屋大学	研究生院文学研究科日本语言文化专业（博士课程）	6	1990	研究生
东北大学	日本语学科	40	1988	主专攻
东北大学	研究生院文学研究科日本语学专业（硕士课程）	12	1992	研究生
琉球大学	综合科学课程日本语教育课程	20	1989	主专攻
御茶水女子大学	日本语教育基础课程	—	1986	副专攻
御茶水女子大学	人文科学研究科日本语言文化专业（硕士课程）	12	1991	研究生
横滨国立大学	日本语教育基础课程	—	1986	副专攻
东京学艺大学	国际文化教育课程日本研究专攻	—	1988	副专攻
京都教育大学	综合科学课程语言文化课程	—	1988	副专攻
香川大学	综合科学课程语言文化课程	—	1988	副专攻
静冈大学	教育学部综合教育课程国际文化教育课程	—	1989	副专攻
广岛大学	研究生院教育学研究科日本语教育学专业（硕士课程）	12	1990	研究生
广岛大学	研究生院教育学研究科日本语教育学专业（博士课程）	6	1992	研究生

　　从日本国立大学、公立大学、私立大学设置专门培养日语教师课程的数量看，1991 年大学本科课程 74 个，研究生课程 11 个，短期大学课程 12 个；1993 年大学本科课程 84 个，研究生课程 16 个，短期大学课程 11 个；1995 年

---

① 根据日本文部省 1989—1992 年《我国的文教政策》提供的相关数据整理而成。

大学本科课程 108 个，研究生课程 18 个，短期大学课程 25 个；1998 年大学本科课程 154 个，研究生课程 25 个，短期大学课程 37 个。①②③④

（二）实施短期留学推进制度

1992 年，日本有 3 所大学新设置了"夏季短期留学生接收制度"，招收对日本有兴趣的外国学生，利用暑假赴日进行体验性留学。⑤

1994 年 6 月，日本首相私人咨询机构——国际文化交流恳谈会提交咨询报告，建议建立短期留学制度。日本文部省于 1994 年新设立了短期交换留学生接收支援制度，以便推进对短期留学生的接收，1994 年支援对象国为韩国。1994 年 6 月，日本政府设立推进短期留学调查研究协力者会议，该会议于 1995 年 3 月提交咨询报告，建议在 21 世纪初基于学生交流协定接收短期留学生至少 5000 人。⑥1995 年，为推进"和平友好交流计划"，日本建立了短期留学推进制度，即在保留本国学籍的情况下，允许亚太地区各国在学的本科生、研究生赴日本短期留学 1 年。根据短期留学推进制度，1995 年，日本接收了短期留学生 1669 人；1996 年，留学生来源地从亚太地区扩大到全世界，接收了短期留学生 1897 人；1997 年，接收了短期留学生 1975 人。⑦⑧⑨此后，短期留学生人数有增有减。1999 年接收了短期留学生 1659 人⑩，2000 年接收了 1818 人，2001 年接收了 1829 人，2002 年接收了 1760 人，2003 年接收了 2092 人，2004 年接收了 1927 人，2005 年接收了 1734 人，2006 年接收了 1576 人。

---

① 文部省．我が国の文教施策（平成 5 年度）[M]．東京：大蔵省印刷局，1993：81.
② 文部省．我が国の文教施策（平成 6 年度）[M]．東京：大蔵省印刷局，1994：364.
③ 文部省．我が国の文教施策（平成 10 年度）[M]．東京：大蔵省印刷局，1998：506.
④ 文部省．我が国の文教施策（平成 11 年度）[M]．東京：大蔵省印刷局，1999：506.
⑤ 文部省．我が国の文教施策（平成 4 年度）[M]．東京：大蔵省印刷局，1992：505.
⑥ 文部省．我が国の文教施策（平成 7 年度）[M]．東京：大蔵省印刷局，1995：408.
⑦ 文部省．我が国の文教施策（平成 8 年度）[M]．東京：大蔵省印刷局，1996：424.
⑧ 文部省．我が国の文教施策（平成 9 年度）[M]．東京：大蔵省印刷局，1997：486.
⑨ 同③ 500.
⑩ 文部科学省．我が国の文教施策（平成 12 年度）[M]．東京：大蔵省印刷局，2000：298.

日本从 2009 年开始实施留学生交流支援制度（3 个月以上、1 年以内的短期接收、短期派遣），2011 年接收（3 个月以上项目）留学生 2888 人。2011 年，日本开始支援未满 3 个月的短期接收项目，当年便接收了 3982 名留学生。①

（三）开设英语短期留学生项目

日本国立大学为了接收一年短期本科留学生，开设了英语短期留学生项目（本科生）。1995 年有 3 所大学、1996 年有 5 所大学、1995 年有 11 所大学、1998 年有 14 所大学、1999 年有 20 所大学开设了此项目。②③④ 至 2009 年时，已有 30 所大学开设了此项目（表 7）。日本私立大学也纷纷开设了英语特别课程，并将大学的部分课程改为用英语授课。

表 7　开设英语短期留学生项目的日本大学数量⑤

年度	国立大学 / 所	私立大学 / 所
2001	21	20
2002	22	22
2003	24	24
2004	27	32
2005	28	31
2006	30	36
2007	30	36
2009	30	36

另外，日本从 2002 年起开设年轻领导者项目（YLP）（研究生），接收亚洲各国将来有望成为领导者的青年行政官员赴日本留学，涉及行政、地方行

---

① 文部科学省 . 文部科学白書（平成 24 年度）[M]. 東京：日経印刷株式会社，2013：335.
② 文部省 . 我が国の文教施策（平成 8 年度）[M]. 東京：大蔵省印刷局，1996：425.
③ 文部省 . 我が国の文教施策（平成 9 年度）[M]. 東京：大蔵省印刷局，1997：486.
④ 文部省 . 我が国の文教施策（平成 10 年度）[M]. 東京：大蔵省印刷局，1998：495.
⑤ 根据日本 2001—2009 年《文部科学白书》提供的相关数据整理而成。

政、医疗卫生、商务、法律5个专业领域，均以英语授课，时间1年，授予硕士学位。

（四）英语授课并授予学位制度

早在1989年，日本政府便开始计划在部分国立大学开设英语授课的课程，允许留学生用英语等外语撰写学位论文、授予学位。1998年，日本有23所国立大学的研究生院为留学生开设了英语授课并授予学位的课程。其中，九州大学研究生院法学研究科开设了国际经济商务法特别课程，用英语授课，留学生学习一年即可获得硕士学位。[①]1999年，日本有31所国立大学的研究生院为留学生开设了43个英语授课并授予学位的专业。[②]至2005年，日本有43所大学开设了74个英语授课并授予学位的专业（表8）。

表8　可英语授课并授予学位的日本大学及专业数量[③]

年度	国立大学、私立大学 / 所	英语授课并授予学位的专业 / 个
2001	55	68
2002	39	66
2003	40	67
2004	44	74
2005	43	74

三、促进接收外国留学生的配套政策

早在20世纪80年代初，日本政府便通过提供留学信息、奖学金、宿舍及组织留学生活动等辅助措施，促进对外国留学生的接收与培养。

---

① 文部省．我が国の文教施策（平成10年度）［M］．東京：大蔵省印刷局，1998：495.
② 文部省．我が国の文教施策（平成11年度）［M］．東京：大蔵省印刷局，1999：495.
③ 根据日本2001—2009年《文部科学白书》提供的相关数据整理而成。

（一）赴日留学的预备措施

日本政府通过在海外提供留学信息和咨询、实施留学考试等方式吸引更多的外国学生赴日留学。

1. 提供留学信息和咨询

日本政府通过日本国际教育协会的留学信息中心，根据海内外的需求，印制有关日本大学的英文简介寄送到海外，向海外提供留学信息。1989 年，日本在中国、马来西亚、泰国、印度尼西亚 4 个国家举办了"日本留学说明会"，有 15 所日本大学参加说明会，向外国学生直接提供教育研究信息及留学咨询[1][2]。1994 年增加了在美国的"日本留学说明会"，1996 年又增加了在澳大利亚的"日本留学说明会"。从 1996 年 4 月开始，日本国际教育协会通过网站提供留学信息。

日本学生支援机构还在日本国内的东京都、神户市，以及国外的马来西亚、泰国、印度尼西亚、韩国等设立了"留学信息中心"。2005 年，日本学生支援机构网站增加日语、英语、汉语、韩语网页，介绍日本留学的基本情况，包括大学信息、奖学金、入学及生活支援等信息。2009 年，日本在韩国、中国台湾等 16 个国家（或地区）的 26 个城市举办了"日本留学展""日本留学研讨会"，组织日本的大学参加，提供赴日本留学的信息。从 2010 年开始，日本学生支援机构与相关机构合作，共同建立网站，面向有日本留学意向者进一步提供留学相关信息。

此外，日本"远山计划"中的 30 所世界一流大学在 7 个国家的 8 个城市设置了"海外大学共同利用事务所"，日本所有的大学均可以该事务所为窗口，提供本大学的信息、举办留学说明会等。

2020 年，日本进一步在海外重点地区设置基地，宣传日本大学的教育研究、毕业后就业情况等日本留学的优势，以便加快接收日本企业所需的外国留

---

① 文部省 . 我が国の文教施策（平成元年度）[M]．東京：大蔵省印刷局，1989：473.
② 文部省 . 我が国の文教施策（平成 2 年度）[M]．東京：大蔵省印刷局，1990：547.

学生、促进优秀外国留学生在日本就业。同时，日本在国内设立本部，支援各
个海外基地的活动，从招收留学到归国后的跟踪服务，实现了全方位的外国留
学生支援体制。2021 年，因为新冠病毒感染疫情，日本以线上"日本留学展"
的形式继续招收国外留学生。

2. 实施留学考试

20 世纪 80 年代，日本文部省通过日本国际教育协会实施了自费外国留
学生统一考试及日本语能力考试，并敦促各个大学招生时参考此类考试成绩。
1989 年，文部省开始调查研究在海外实施自费外国留学生统一考试的情况，
使外国留学生不必赴日便可参加日本大学的入学考试。1993 年和 1994 年，日
本在马来西亚、泰国、印度尼西亚试行了自费外国留学生统一考试。1995 年，
日本在马来西亚、泰国正式实施自费外国留学生考试。

2001 年，日本政府计划实施新的日本留学考试，以取代自费外国留学生
统一考试与日本语能力考试，考察日语、数学及理科等基础学力。2001 年 11
月举行试行考试，2002 年开始正式实施日本留学考试（表 9），每年 2 次，在
日本国内 7 个地域（北海道地方、东北地方、关东地方、中部地方、近畿地
方、中国地方①、九州地方）、海外 10 个城市（以亚洲地区为中心）实施，考
试成绩优秀者，可以申请自费外国留学生学习奖励费。截至 2020 年，拟赴日
本留学的学生可在日本国内的 16 个都道府县、在海外以亚洲为中心的 18 个城
市参加留学考试。

表 9　2002—2020 年日本留学考试总体情况 [2]

年度	报考总数 / 人	日本国内人数 / 人	日本国外人数 / 人	利用考试成绩的大学数 / 所	利用考试成绩的短期大学数 / 所	免赴日录取大学数 / 所	免赴日录取短期大学数 / 所
2002	26121	24689	1432	—	—	—	—
2003	35111	31903	3208	367	96	42	10

① 日本的中国地方位于本州岛西部，包括鸟取县、岛根岛、山口县、冈山县和广岛县。
② 根据日本 2003—2020 年《文部科学白书》提供的相关数据整理而成。

续表

年度	报考总数/人	日本国内人数/人	日本国外人数/人	利用考试成绩的大学数/所	利用考试成绩的短期大学数/所	免赴日录取大学数/所	免赴日录取短期大学数/所
2005	30120	25526	4594	386	95	59	11
2006	—	—	—	398	84	62	10
2007	37061	30784	6277	398	85	62	9
2009	44396	37051	7345	397	88	66	8
2010	46691	39198	7493	396	85	70	9
2011	38171	31850	6321	401	87	73	10
2013	31110	26053	5057	409	79	74	9
2014	33165	27924	5241	416	81	78	10
2016	45479	37557	7922	441	84	85	9
2017	51099	41616	9483	441	87	85	9
2020	24637	19642	4992	874	—	185	—

日本语能力考试从 1983 年开始由日本国际教育协会在日本国内实施，从 1984 年开始在海外实施。该考试分为 1~4 级，1 级为最高级。作为申请日本大学的外语成绩，日本语能力考试成绩可以提供给考生所报考的日本大学，以便各大学招收自费外国留学生时参考（表 10）。

表 10　1988—1992 年日本语能力考试（1 级）考场及合格人数 [1]

年度	考　场	合格总数/人	日本国内合格人数/人	海外合格人数/人
1988	日本 2 个（东京都、大阪府）海外（21 个国家、41 个考场）	2918	1866	1052
1989	日本 3 个（东京都、大阪府、福冈县）海外（21 个国家、41 个考场）	4972	3468	1504

[1] 根据日本文部省 1989—1993 年《我国的文教政策》提供的相关数据整理而成。

年度	考　场	合格总数 / 人	日本国内 合格人数 / 人	海外合格 人数 / 人
1990	日本 4 个（东京都、名古屋市、大阪府、福冈县） 海外（21 个国家、46 个考场）	7182	5107	2075
1991	日本 4 个（东京都、名古屋市、大阪府、福冈县） 海外（23 个国家及地区、49 个考场）	12000	8337	3663
1992	日本（12 个考场） 海外（25 个国家及地区、52 个考场）	16620	11043	5577

（二）确保稳定的学习与生活

日本政府及各大学、地方政府及民间团体等还通过完善留学生事务管理、增加国费留学生、资助自费留学生、提供宿舍、组织交流活动、鼓励留学生在日本就业等措施，为外国留学生提供方便的留学环境。

1. 完善大学的留学生事务管理

日本文部省向国立大学提供留学生特别指导费，同时配备专门的教育教师、"日语和日本概况"任课教师、留学生事务专职管理人员等。对私立大学，日本文部科学省则按照留学生人数下拨留学生特别补助经费（表 11）。

表 11　1989—1992 年日本国立大学留学生事务专职管理人员及经费①

年度	国立大学留学生事务专职管理人员 / 人	私立大学留学生特别补助经费 / 日元
1989	59	17 亿 2471 万
1990	63	20 亿 442 万
1991	61	24 亿 5700 万
1992	66	33 亿 2800 万

2. 增加国费留学生

日本从 1954 年开始实施国费留学生（文部省奖学金留学生）制度，由日

---

① 根据日本文部省 1989—1993 年《我国的文教政策》提供的相关数据整理而成。

本政府向外国学生支付奖学金到日本留学。^① 截至 1988 年 5 月，日本从全球 100 多个国家接收了 4118 名国费留学生。^② 之后 10 年，国费留学生稳步增加（表 12）。

表 12　1989—1998 年日本接收国费留学生人数 ^③

年度	接收人数 / 人	比前一年增加人数 / 人	年度	接收人数 / 人	比前一年增加人数 / 人
1989	2505	230	1994	3695	250
1990	2735	230	1995	3945	250
1991	2965	230	1996	4195	250
1992	3195	230	1997	4445	250
1993	3445	250	1998	4545	100

国费留学生分为研究留学生、本科留学生、教师研修留学生、日本语和日本文化研修留学生、高等专门学校留学生、专门学校留学生 6 类（表 13）。不同类别的留学生留学时间不同，本科留学生的留学时间最长，日本语和日本文化研修留学生的留学时间最短。

表 13　日本国费留学生的种类 ^④

类　　别	教育内容	留学时间 / 年
研究留学生	在大学的研究生院学习专业	2
本科留学生	在大学的本科各系接受教育	5
教师研修留学生	在大学的教师培养学系研修	1.5
日本语和日本文化研修留学生	在大学学习日语及日本事情	1
高等专门学校留学生	编入高等专门学校的 3 年级接受教育	3.5
专修学校留学生	在专修学校的专门课程接受教育	2.5

---

① 文部省 . 我が国の文教施策（平成元年度）［M］. 東京：大蔵省印刷局，1989：475.

② 同①.

③ 根据日本文部省 1989—1998 年《我国的文教政策》提供的相关数据整理而成。

④ 同①.

2002 年，日本共接收国费留学生 5235 人（比前一年增加 250 人）。[①] 从 2006 年开始，日本政府实施国费外国留学生（研究留学生）优先配置特别项目，即从实施留学生接收项目的具有国际魅力的大学中，优先筛选部分留学生作为国费留学生（研究留学生）。2006 年选定了 42 所大学的 81 个项目，从中筛选了 551 名国费留学生，2009 年和 2011 年均选定了 44 所大学的 109 个项目。[②③④] 1954—2020 年，日本共接收了约 160 个国家（或地区）的超过 10 万名国费留学生，仅 2020 年便接收了 8761 人。[⑤]

3. 资助自费留学生

从 1971 年开始，日本政府给予自费留学生医疗费补助；从 1978 年开始，日本又设立了学习奖励费支付制度，即选拔研究生层次的优秀自费留学生成为国费留学生，向大学本科 3 年级以上成绩优秀的自费留学生支付学习奖励费。日本大学 80% 的留学生为自费生，日本文部省采取的自费留学生资助措施包括补助 80% 的医疗费、支付学习奖励费、减免学费、选拔优秀自费留学生成为国费留学生等。1989 年，日本政府继续向减免留学生学费的学校法人提供资助（最多支付学费的 30%），同时将学习奖励费支付制度改为针对自费留学生的育英奖学制度，并大幅增加资助金额（表 14）。

表 14　1989—1992 年日本政府资助的自费留学生人数及资助金额[⑥]

年度	资助人数/人	资助金额/（万日元/月）		年度	资助人数/人	资助金额/（万日元/月）	
		本科	研究生			本科	研究生
1988	500	4.0	6.0	1992	6300	4.6	6.7
1989	2500	4.5	6.5	1993	7100	4.7	6.8
1990	3700	4.5	6.5	1996	8400	4.7	6.8
1991	5000	4.55	6.6	1997	8540	4.7	6.8

① 文部科学省.文部科学白書（平成 14 年度）[M].東京：財務省印刷局，2003：317.
② 文部科学省.文部科学白書（平成 19 年度）[M].東京：日経印刷株式会社，2008：316-317.
③ 文部科学省.文部科学白書（平成 21 年度）[M].東京：佐伯印刷株式会社，2010：318.
④ 文部科学省.文部科学白書（平成 23 年度）[M].東京：日経印刷株式会社，2012：309.
⑤ 文部科学省.文部科学白書（令和 2 年度）[M].東京：日経印刷株式会社，2021：315-316.
⑥ 根据日本文部省 1989—1997 年《我国的文教政策》提供的相关数据整理而成。

1995 年，日本政府推出了"和平友好交流计划"，设立了自费外国留学生和平友好特别奖励费。1997 年亚洲金融危机后，日本文部省继续资助留学生，对 1997 年年底考入日本大学者，一次性支付补助金 5 万日元；并在 1998 年原计划资助 8540 人的基础上，临时增加了金融危机发生国的留学生约 6000 人，从 1998 年 7 月开始支付补助金（本科生每月 4.9 万日元、研究生每月 7 万日元）。① 日本外务省为了支持马来西亚、泰国等国政府向日本派遣留学生，于 1998 年对这些国家提供了紧急无偿资助；1999 年，又启动了特别利息的日元借款活动。亚太大学交流会（UMAP）成立于 1991 年，旨在促进亚太地区学生、教育者、研究者之间的交流。1998 年 UMAP 在日本设立了国际事务局，从 1999 年秋季开始进行学分互换。2000 年，UMAP 国际事务局利用日本出资设立的 UMAP 留学生支援信托基金，实施 UMAP 留学生支援奖学金项目，向亚洲各国新赴日留学的留学生支付一次性补助金。从 2000 年开始，日本政府对就读于日语教育机构的、有志于报考日本大学的学生支付学习奖励费。

从 1989 年开始，日本政府就鼓励民间奖学团体、地方政府向留学生提供奖学金。从 1998 年 4 月开始，日本国际教育协会实施"冠名留学生奖学金事业"，即向留学生支付的奖学金可以冠以支援企业及个人的名称。

4. 提供留学生宿舍

日本政府为了解决外国留学生的住宿问题，在国立大学不断建设留学生宿舍，容纳间数逐渐增加（表 15）。

表 15　建设留学生宿舍的国立大学数量、容纳间数 ②

年度	国立大学 / 所	容纳间数 / 间	年度	国立大学 / 所	容纳间数 / 间
1988	36	2596	1996	—	5900
1989	39	2802	1997	—	6050
1990	43	3023	1998	—	6326

① 文部省 . 我が国の文教施策（平成 10 年度）[M]. 東京：大蔵省印刷局，1998：494.
② 根据日本文部省 1989—1993 年《我国的文教政策》和 2001—2003 年《文部科学白书》提供的相关数据整理而成。

续表

年度	国立大学/所	容纳间数/间	年度	国立大学/所	容纳间数/间
1991	45	3251	1999	—	6572
1992	—	—	2000	—	6844
1993	52	3949	2001	—	6916
1994	70	5325	2002	—	7049
1995	—	5589	—	—	—

20 世纪 80 年代末，日本将企业的职工宿舍、公寓等用作留学生宿舍，并鼓励地方政府建设留学生宿舍。1989 年，日本建立了指定宿舍制度，即指定适当的民间住宅、公寓用作留学生宿舍；奖励地方政府、民间团体建设留学生宿舍；向留学生支援企业协力推进协会提供资助，鼓励企业将职工宿舍用作留学生宿舍。1989 年，日本国际教育协会建设祖师谷留学生会馆，并对公益法人建造运营的留学生宿舍，实行税制上的优惠措施。① 随后，日本学生支援机构向建设留学生宿舍的地方政府支付留学生宿舍建设奖励金；同时，实施指定宿舍制度，向自有住宅用于外国留学生专用宿舍的家庭支付指定契约金，留学生支援企业协力推进协会向将企业员工宿舍用于留学生宿舍的民间企业提供补助，日本国际教育支援协会实施留学生住宅综合补偿制度，对遭受火灾、爆炸等灾害的住宅进行补偿。从 2011 年开始，大学借用民间住宅用于留学生宿舍时，日本学生支援机构对其实施"留学生借用宿舍支援"项目。2016 年 7 月，日本文部科学省制定了《实现留学生 30 万人留学生住宿环境支援方式研讨会报告书》，支持大学采取各种措施优化留学生的住宿环境。

5. 组织各种留学生活动

日本政府鼓励各个地方以当地的大学为中心，实施官民一体的留学生接收体制。截至 1989 年 8 月，大阪府、兵库县、广岛县等 11 个地区设立了"留

---

① 文部省. 我が国の文教施策（平成 2 年度）[M]. 東京：大蔵省印刷局，1990：550.

学生交流推进会议"，由当地的大学、地方政府、经济团体、志愿者团体等参加，举办与当地密切相关的活动。日本政府 1989 年的预算里有专门的预算经费资助此类活动，并计划继续向各个地方扩大。① 截至 1991 年 5 月，大阪府、兵库县、广岛县等 46 个地区设置了留学生交流推进会议。截至 1992 年，几乎所有的地区都设置了留学生交流推进会议。日本中央政府下拨财政预算，资助各个地方举办各种有特色的留学生活动。从 1998 年开始，日本国际教育协会实施了"留学生交流示范地区推进事业"，进一步组织地方官民共同推进留学生交流，并指定积极推进留学生交流的地区为留学生交流示范地区，为其实施的留学生交流事业提供经费支持，推进该地区留学生接收的综合环境建设，同时对其他地区产生带动作用。2000 年，北海道等 8 个地区被指定为留学生交流示范地区。② 从 2012 年开始，日本实施"留学生交流基地建设事业"，资助建立城市建设示范区，由大学、地方政府、经济团体、非营利组织等合作支持留学生，促进留学生与日本学生及当地居民的交流，2012 年资助了 7 个基地、2013 年资助 3 个基地，合计共 10 个基地。③

6. 支援留学生在日就业

为了吸引更多的外国留学生，并为日本社会提供全球性的优秀人才，日本政府及民间经济团体采取积极措施，促进外国留学生在日本就业。为了完善留学生的就业支援政策，日本文部科学省与经济产业省合作，从 2007 年开始实施"亚洲人才资金构想"，选择产学合作、商务日语教育、实习、就业支援等项目，约有 500 名留学生参加。④ 日本学生支援机构向希望在日本企业就业的外国留学生提供就业、录用等方面的信息，同时提供外国留学生就业指导辅导（学校方面与企业方面交换信息），以及外国留学生就业活动准备研讨会（2012 年开始实施，向在日学习的外国留学生提供有关留学生就业、录用活动

① 文部省.我が国の文教施策（平成元年度）[M].東京：大蔵省印刷局，1989：478.
② 文部省.我が国の文教施策（平成 12 年度）[M].東京：大蔵省印刷局，2000：298.
③ 文部科学省.文部科学白書（平成 25 年度）[M].東京：日経印刷株式会社，2014：368.
④ 文部科学省.文部科学白書（平成 19 年度）[M].東京：日経印刷株式会社，2008：317.

的有益信息，帮助留学生实现理想的就业）。^①从 2015 年开始，日本实施住宿环境、就业支援等接收环境完善事业，推动日本大学的外国留学生住宿环境改善、留学生与日本学生交流、留学生在日本就业等。^②

2016 年，新一版《日本再兴战略》提出外国留学生在日本的就业率要从 30% 提高到 50%，各个大学要尽快制定针对留学生的特别项目，包括日语教育、中长期实习、职业教育等。日本学生支援机构实施了职业、就业指导，向留学生提供就业信息，并促进学校与企业的信息交流。因此，日本文部科学省从 2017 年开始实施留学生就业促进项目，如商务日语教育、职业教育、中长期实习等，支持各大学与地方政府、产业界合作，建立有利于留学生就业所需技能的环境。2017 年，日本文部科学省资助 12 个机构实施该项目，2020 年又追加了 3 个机构。^③

四、日本高等教育国际化的启示

以外国留学生政策为重要组成部分的日本高等教育国际化，具有如下几个特点，可为我国高等教育的国际化发展提供启示。

1. 高等教育国际化的根本经济动因

第二次世界大战后日本高等教育国际化的发展、外国留学生政策的演变，都是知识经济发展的内在需求推动的。20 世纪 60 年代的"人力资本"理论、80 年代的"人"的国际化及 21 世纪之后的知识经济的发展，使高等教育机构成为一个生产知识产品、提供知识服务的直接经济生产部门。因此，高等教育机构在社会经济发展中的地位越来越高，日本政府将高等教育机构定位为"人才培育、知识创造活动的核心"^{④⑤}，强调大学的国际化及国际竞争力的提高已成为极为重要的课题。^⑥

① 文部科学省. 文部科学白書（平成 21 年度）[M]. 東京：佐伯印刷株式会社，2010：318.
② 文部科学省. 文部科学白書（平成 28 年度）[M]. 東京：日経印刷株式会社，2017：380.
③ 文部科学省. 文部科学白書（令和 2 年度）[M]. 東京：日経印刷株式会社，2021：316.
④ 文部科学省. 文部科学白書（平成 20 年度）[M]. 東京：日経印刷株式会社，2009：202.
⑤ 文部科学省. 文部科学白書（平成 28 年度）[M]. 東京：日経印刷株式会社，2017：203.
⑥ 同④.

2. 高等教育国际化的国家战略升级

第二次世界大战后日本高等教育的国际化，经历了一个"重启""国策化""战略化"的演变历程，由普通的教育领域的对外交流，上升为国家政策、国家战略。这一战略升级的过程，说明了高等教育在国家及社会发展中的地位不断上升，也表明日本政府对高等教育国际化的重视。

3. 高等教育国际化的规模成倍增长

日本高等教育机构中的外国留学生人数，1969 年为 4005 人，2003 年超过 10 万人，至 2019 年已超过 30 万人。另外，从日本国费留学生的规模来看，1969 年仅有 612 人，2020 年已有 8761 人；截至 2020 年，日本共接收了约 160 个国家（或地区）的 10 万多名国费留学生。可见，日本高等教育国际化的规模实现了突飞猛进的增长。

4. 高等教育国际化的形式更加丰富

高等教育国际化的形式，由 20 世纪 80 年代之前的国费留学生制度、日语和日本文化教育，拓展到短期留学推进制度、英语短期留学生项目、英语授课并授予学位项目、双学位项目等，教育形式日益丰富，日本的国际竞争力也日益增强。

5. 高等教育国际化的辅助措施更加有力

日本政府为了吸引更多的外国学生赴日留学，采取了提供留学信息和咨询、实施留学考试等措施；针对已经在日本的外国留学生，则采取提供资助、提供宿舍、组织交流活动、促进在日就业等辅助措施。

总之，第二次世界大战后日本高等教育国际化的发展，经历了一个不断升级、持续扩大的过程，符合了人类社会由工业化时代向全球化时代、知识经济时代发展的需求，紧跟并引领了国际高等教育发展的新趋势，其战略根源、政策内容及发展高度，均具有借鉴意义。

（作者简介：臧佩红，南开大学日本研究院副教授）

主要参考文献

图书类

［1］陈学飞.高等教育国际化：跨世纪的大趋势［M］.福州：福建教育出版社，2002.

［2］胡建华.战后日本大学史［M］.南京：南京大学出版社，2001.

［3］天野郁夫.日本高等教育改革：现实与课题［M］.陈武元，译.厦门：厦门大学出版社，2014.

［4］天野郁夫.高等教育的日本模式［M］.陈武元，译.北京：教育科学出版社，2006.

［5］夏鹏翔.日本教师专业化研究［M］.天津：天津人民出版社，2022.

［6］张先恩.科技创新与强国之路［M］.北京：化学工业出版社，2010.

［7］朱永新，王智新.日本教育概览［M］.太原：山西教育出版社，1992.

［8］日本科学技术政策史研究会.日本科学技术政策史［M］.北京：中国科学技术出版社，1997.

［9］ヒュー・ローダー，フィリップ・ブラウン，ジョアンヌ・ディラボー.グローバル化・社会変動と教育1市場と労働の教育社会学［M］.広田照幸，吉田文，本田由紀，編訳.東京：東京大学出版会，2012.

［10］バートン・クラーク.大学院教育の研究［M］.潮木守一，訳.東京：東信堂，1999.

［11］バートン・クラーク.大学院教育の国際比較［M］.有本章，訳.町田：玉川大学出版部，1999.

［12］金子元久.大学の教育力［M］.東京：筑摩書房，2007.

［13］吉田文.大学と教養教育：戦後日本における模索［M］.東京：岩波書店，2013.

［14］江原武一.大学は社会の希望か：大学改革の実態からその先を読む［M］.東京：东信堂，2015.

［15］山本真一.質保証時代の高等教育（経営・政策編）［M］.东京：ジアース教育新社，2013.

［16］北村友人，杉村美紀.激動するアジアの大学改革：グローバル人材を育成するために［M］.東京：上智大学出版，2012.

［17］尾身幸次.科学技術立国論：科学技術基本法解説［M］.東京：読売新聞社.

［18］山﨑準二.日本における教員研修の課題と展望：東アジアの教師はどう育つか［M］.東京：東京学芸大学出版会，2008：104-105.

［19］佐藤学.教育の方法［M］.東京：左右社，2014.

［20］桜井政成，津止正敏.ボランティア教育の新地平—サービス・ラーニングの原理と実践［M］.京都：ミネルヴァ書房，2009.

［21］逸見敏郎，原田晃樹，藤枝聡.立教大学RSLセンター［M］.東京：北樹出版，2017.

［22］青木昌彦，澤昭裕.大学改革：課題と争点［M］.東京：東洋経済新報社，2001.

［23］馬場靖憲，後藤晃.産学連携の実証研究［M］.東京：東京大学出版会，2007.

［24］阿曽沼明裕.戦後国立大学における研究費補助［M］.東京：多賀出版，2003.

［25］玉井克哉，宮田由紀夫.日本の産学連携［M］.東京：玉川大学出版部，2007.

［26］永井道雄.日本的大学：产业社会里大学的作用［M］.李永连，李夏青，译.北京：教育科学出版社，1982：8.

［27］天野郁夫.高等教育の日本的構造［M］.東京：玉川大学出版部，1986.

［28］宮原誠一.日本現代教育史3［M］.東京：三省堂，1974.

［29］塚原修一.高等教育市場の国際化［M］.東京：玉川大学出版部，2008.

［30］佐藤郁哉.50年目の「大学解体」20年後の大学再生［M］.京都：京都大学学術出版会，2018.

［31］T.W.シュル，ッ清水義弘，訳.教育の経済価値［M］.T.W.シュルツ，東京：日本経済新聞社，1964.

［32］経済審議会.経済発展における人的能力開発の課題と対策［M］.東京：大蔵省印刷局，1963.

［33］高等教育研究会.大学審議会全28答申・報告書：大学審議会14年間の活動の軌跡と大学改革［M］.東京：ぎょうせい，2002.

［34］文部省.教育改革に関する答申：臨時教育審議会第一次~第四次（最終）答申［M］.東京：大蔵省印刷局，1988.

［35］文部科学省.学校基本調査：高等教育機関（令和3年度）［M］.東京：株式会社ブルーホップ，2022.

期刊论文

［1］陈武元.日本政府资助私立大学的现状及存在的问题［J］.高等教育研究，1999（4）：103–106.

［2］陈晓清，朱安新，沈文洁.东京湾区产学研集群发展研究及其启示：以东京湾区零排放创新举措的实施为例［J］.世界教育信息，2021（2）：38–44.

［3］丁建洋.从知识本位走向能力本位：大学本质的回归：基于政策的视角看日本大学在产学合作中的特征［J］.中国高教研究，2011（8）：72–76.

［4］郭伟，崔佳，赵明媚，等 . 日本世界一流大学建设：变迁、特征与启示［J］. 中国高教研究，2020（9）：91–97.

［5］胡建华 . 世纪之交的日本战后第三次大学改革［J］. 清华大学教育研究，2001（2）：134–140.

［6］李春生 . 日本大学的科学研究费补助金制度［J］. 辽宁高等教育研究，1996（5）：83–85.

［7］李润华 . 日本创建世界一流大学重点科研基地政策变迁［J］. 外国教育研究，2010，37（8）：75–80.

［8］李晓慧，贺德方，彭洁 . 日本高校科技成果转化模式及启示［J］. 科技导报，2018，36（2）：8–12.

［9］刘牧，阿曾沼明裕 . 日本国立大学借贷融资问题研究［J］. 清华大学教育研究，2012（3）：51–56，74.

［10］刘爽，李曼丽 . 日本大学之通识教育变革（1991–2015）：进步抑或倒退：七所综合性基干大学改革与实践的回顾与反思［J］. 清华大学教育研究，2016（1）：39–46.

［11］刘宝存，张伟 . 国际比较视野下的创建世界一流大学政策研究［J］. 比较教育研究，2016，38（6）：1–8.

［12］刘晓光，郭霞，董维春 . 日本高校社会服务：形式、特点及启示［J］. 现代教育管理，2011（10）：122–125.

［13］蒋妍 . 疫情折射下日本高等教育的问题与归因：基于线上教学的视角［J］. 复旦教育论坛，2021，19（6）：96–103.

［14］蒋妍，林杰 . 日本大学教师发展的理念与实践：京都大学的个案［J］. 北京大学教育评论，2011，9（3）：29–44.

［15］蒋妍，魏红 . 日本研究生教学技能培训探析［J］. 比较教育研究，2017，39（10）：46–51，60.

［16］王玲，张义芳，武夷山 . 日本官产学研合作经验之探究［J］. 世界科技研究与发展，2006，28（4）：91–95.

［17］吴娴 . 日本高校全英语学位课程的研究及对中国的启示［J］. 清华大学教育研究，2017，38（6）：81–88.

［18］夏鹏翔 . 日本教师专业化的历程及启示［J］. 日本学刊，2009（4）：121–132.

［19］熊庆年 . 日本建设世界一流大学的战略路径［J］. 中国高等教育，2007（18）：61–63.

［20］袁义 . 国内外高校联盟发展的比较研究［J］. 上海教育评估研究，2014，3（2）：

37–41.

［21］张德祥.日本师范教育改革的一个尝试［J］.日本研究，1990（4）：84–85.

［22］北戸凱惟.「総合的な学習の時間」を支援する大学のカリキュラム［J］.日本科学教育学会研究会報告，2002，17（3）：35–38.

［23］長沼祥太郎.理科離れの動向に関する一考察：実態および原因に焦点を当てて［J］.科学教育研究，2015（39）：114–123.

［24］沖裕貴.日本のFDの現状と課題［J］.名古屋高等教育研究，2019（19）：17–32.

［25］合田隆史.国立大学の課題［J］.IDE現代の高等教育，2003（8/9）：13.

［26］宮原将平.日本大学的科学研究［J］.刘云翔，译.辽宁高教研究，1985（3/4）：83–84.

［27］黒沼敦子.『行動するリベラルアーツ』をめざしてサービス・ラーニングを全学的に展開［J］.ガイドラン，2016（11）：76–78.

［28］吉田文.大学「教育」は改善したのか［J］.教育学研究，2020，87（2）：178–189.

［29］吉田文.学際的カリキュラムの陥穽：人文・社会系学部の学士課程カリキュラム［J］.名古屋高等教育研究，2008（8）：155–172.

［30］吉田香奈.教養教育のカリキュラムと実施組織に関する一考察：実施組織代表者全国調査（2011年）の分析より［J］.大学論集，2013（44）：195–210.

［31］金子元久.经济增长放缓与高等教育：资本市场的出现［J］.北京大学教育评论，2019，17（1）：62–73，188.

［32］金子元久.大学教师文化的日本特征：传统、现实及变化趋势［J］.北京大学教育评论，2021，19（3）：2–21.

［33］栗田佳代子.大学院生のための教育研修の現状と課題［J］.教育心理学年報，2020（59）：191–208.

［34］米澤彰純.変動期の高等教育財政：「世界水準大学」政策の行方［J］.日本教育行政学会年報，2010（36）：41–59.

［35］橋本鉱市.高等教育学会の10年：組織編成と知識形成［J］.高等教育研究第10集，2007：7–29.

［36］杉谷裕美子.学部調査にみる日本の教養教育の動向［J］.IDE現代の高等教育，2019（5）：35–40.

［37］杉本昌彦.アメリカの工学教育におけるサービスラーニングの導入事例［J］.工学教育，2016（5）：73–78.

［38］山崎慎一，林透，深野政之.日米比較研究から見る総合的な学術能力の開発に資するFDの構築［J］.大学アドミニストレーション研究，2020：59–68.

［39］山田一隆. 米国高等教育におけるサービスラーニング—市民学習と学習成果を
　　　めぐる政策と評価枠組の概観［J］. 政策科学，2016（2）：113–136.

［40］孫京美，村山皓. 大学の留学プログラムと国際交流政策［J］. 立命館人間科学
　　　研究，2008（17）：75–91.

［41］一般教育学会. 大学教育改革に関する各大学の取組状況［J］. 一般教育学会誌，
　　　1994（1）：43–50.

电子文献

［1］大学審議会. 大学教育の改善について［EB/OL］.（1991–02–08）［2020–04–30］.
　　　https://www.mext.go.jp/b_menu/shingi/chukyo/chukyo4/gijiroku/attach/1411733.htm.

［2］大学審議会. 21 世紀の大学像と今後の改革方策について（答申）［EB/OL］.
　　　（1998–10–26）［2020–04–30］.http://m-ac.jp/education/administration/mext/shingikai/
　　　1998_10_toshin/whole/index_j.html.

［3］中央教育審議会. 我が国の高等教育の将来像（答申）［EB/OL］.（2005–01–28）
　　　［2020–04–30］.http://www.mext.go.jp/b_menu/shingi/chukyo/chukyo0/toushin/05013101.htm.

［4］中央教育審議会. 学士課程教育の構築に向けて（答申）［EB/OL］.（2008–12–24）
　　　［2020–04–30］.http://www.mext.go.jp/b_menu/shingi/chukyo/chukyo4/houkoku/080410.htm.

［5］中央教育審議会. 新たな未来を築くための大学教育の質的転換に向けて～生
　　　涯学び続け、主体的に考える力を育成する大学へ～（答申）［EB/OL］.（2012-
　　　08–28）［2020–04–30］. https://www.mext.go.jp/ b_menu/shingi/chukyo/chukyo0/
　　　toushin/1325047.htm.

［6］中央教育審議会. 2040 年に向けた高等教育のグランドデザイン（答申）［EB/
　　　OL］.（2018–11–26）［2020–04–30］. https://www.mext.go.jp/b_menu/shingi/chukyo/
　　　chukyo0/toushin/1411360.htm.

［7］金子元久. 大学教育— 2010 年台の変化：大学生・教員調査の2時点間比較［EB/
　　　OL］.（2020–10–30）［2020–04–30］. https://ump.p.u-tokyo.ac.jp/crump/resource/2%
　　　E5%AD%A6%E7%94%9F%E3%83%BB%E6%95%99%E5%93%A1%E8%AA%BF%E
　　　6%9F%BB%E3%81%AE2.E6%99%82%E7%82%B9%E6%AF%94%E8%BC%83%20
　　　201006.pdf.

［8］中央教育審議会. 新しい時代にふさわしい高大接続の実現に向けた高等学校
　　　教育、大学教育、大学入学者選抜の一体的改革について（答申）［EB/OL］.
　　　（2014–12–22）［2020–04–30］. https://www.mext.go.jp/b_menu/shingi/chukyo/chukyo0/
　　　toushin/__icsFiles/afieldfile/2015/01/14/1354191.pdf.

［9］中央教育審議会.2040年に向けた高等教育のグランドデザイン（答申）［EB/
OL］.（2018-11-26）［2020-04-30］. https://www.mext.go.jp/component/b_menu/
shingi/toushin/__icsFiles/afieldfile/2018/12/20/1411360_1_1_1.pdf.

［10］中央教育審議会.教育マネジメント指針［EB/OL］.（2020-01-22）［2020-02-23］.
https://www.mext.go.jp/content/20200206-mxt_daigakuc03-000004749_001r.pdf.

［11］中央教育審議会.初等中等教育と高等教育との接続の改善について（答申）
［EB/OL］.（1999-12-16）［2020-02-23］. https://www.mext.go.jp/b_menu/shingi/
chuuou/toushin/991201.htm.

［12］中央教育審議会.今後の学校におけるキャリア教育・職業教育の在り方について
（答申）［EB/OL］.（2011-01-31）［2020-02-23］. https://www.mext.go.jp/compone
nt/b_menu/shingi/toushin/__icsFiles/afieldfile/2011/02/01/1301878_1_1.pdf.

［13］中央教育審議会.中長期的な大学教育の在り方に関する第二次報告［EB/OL］.
（2009-08-26）［2020-02-23］.https://www.mext.go.jp/b_menu/shingi/chukyo/chukyo4/
houkoku/1283827.htm.

［14］文部科学省.平成18年度「現代的教育ニーズ取組支援プログラム」全申請・選
定状況一覧表［EB/OL］.（2006-07-27）［2020-02-23］. https://warp.ndl.go.jp/
info：ndljp/pid/286184/www.mext.go.jp/b_menu/houdou/18/07/06072402/001.htm.

［15］文部科学省.平成26年度「産業界のニーズに対応した教育改善・充実体制
整備事業【テーマB】インターンシップ等の取組拡大」の選定状況について
［EB/OL］.（2014-06-05）［2020-02-23］. https://www.mext.go.jp/a_menu/koutou/
kaikaku/sangyou/1347814.htm.

［16］文部科学省.国公私大学を通じた大学教育改革の支援［EB/OL］.（2004-11-11）
［2020-02-23］.https://warp.ndl.go.jp/info：ndljp/pid/283151/www.mext.go.jp/a_menu/
koutou/kaikaku/index.htm.

［17］文部科学省.国公私立大学を通じた大学教育再生の戦略的推進［EB/OL］.
［2020-02-23］. https://www.mext.go.jp/a_menu/koutou/kaikaku/index.htm.

［18］文部科学省.日本の大学では、教育内容・方法等の改善がどれくらい進んでい
るのでしょうか［EB/OL］.［2020-02-23］. https://www.mext.go.jp/a_menu/koutou/
daigaku/04052801/005.htm.

［19］大学審議会.高等教育の一層の改善について（答申）［EB/OL］.（1997-12-18）
［2021-05-31］. https://warp.ndl.go.jp/info: ndljp/pid/11293659/www.mext.go.jp/b_
menu/shingi/old_ chukyo/old_dai.

［20］大学審議会.グローバル化時代に求められる高等教育の在り方について（答申）

［EB/OL］.（2000−11−22）［2020−04−30］. https://warp.ndl.go.jp/info: ndljp/ pid/11293659/ www.mext.go.jp/b_menu/shingi/old_chukyo/old_daigaku_/index/toushin/ 1315960.htm.

［21］大学審議会. 21 世紀の大学像と今後の改革方策について—競争的環境の中で個 性が輝く大学—（答申）［EB/OL］.（1998−10−26）［2020−04−30］. https://warp. ndl.go.jp/info: ndljp/pid/www.mext.go.jp/11293659/b_menu/shingi/old_chukyo/old_ daigaku_index/toushin/1315932.htm.

［22］中央教育審議会. 新しい時代における教養教育の在り方について（答申）［EB/ OL］.（2002−02−21）［2020−04−30］. https://www.mext.go.jp/b_menu/shingi/chukyo/ chukyo0/toushin/020203.htm.

［23］中央教育審議会. 個人の能力と可能性を開花させ、全員参加による課題解決 社会を実現するための教育の多様化と質保証の在り方について（答申）［EB/ OL］.（2016−05−30）［2020−04−30］. https://www.mext.go.jp/b_menu/shingi/chukyo/ chukyo0/toushin/1371814.htm.

［24］文部科学省. 国立大学法人における教養教育に関する実態調査報告書：総括、 FD 関係抜粋［EB/OL］.（2017−09−30）［2020−12−30］. https://www.mext.go.jp/b_ menu/shingi/chukyo/chukyo4/003/gijiroku/attach/1416283.htm.

［25］広島大学高等教育研究開発センター. 高等教育統計データ集（総合データ編） ［EB/OL］.（2017−12−31）［2018−09−10］. https://rihe.hiroshima−u.ac.jp/center−data/ statistics/.

［26］文部科学省，日本学術振興会. 科学研究費助成事業 2015［EB/OL］.（2018−02− 14）［2018−09−10］. http://www.jsps.go.jp/j−grantsinaid/index.html.

［27］文部科学省. 国立大学法人等の決算について［EB/OL］.（2018−03−30）［2018− 09−10］. http://www.mext.go.jp /a_menu /koutou /houjin /detail /1402732.htm.

［28］日本学術振興会. 科学研究費助成事業 2017［EB/OL］.（2018−02−14）［2018− 09−10］.http://www.jsps.go.jp/j−grantsinaid/index.html.

［29］科学技術振興機構. 産学官連携データ集 2016 — 2017［EB/OL］.［2018−09−10］. https://sangakukan.jst.go.jp/top/databook_contents/2016/cover/2016−2017_databook_ ALL.pdf.

［30］文部科学省高等教育局国立大学法人支援課. 国立大学法人運営費交付金を取り 巻く現状について［EB/OL］.（2020−10−30）［2022−05−15］. https://www.mext. go.jp/content/20201104−mxt_hojinka−000010818_4.pdf.

［31］国立大学協会. UMAP の組織・参加資格及び UMAP 加盟対象国・地域［EB/

OL］．［2023-01-30］．https://www.janu.jp/janu/international/umap/umap02/.

［32］文部科学省．スーパーグローバル大学創成支援［EB/OL］．［2022-06-15］．
https://www.mext.go.jp/a_menu/koutou/kaikaku/sekaitenkai/1360288.htm.

［33］日本学生支援機構．2019（令和元）年度外国人留学生在籍状況調査結果［EB/
OL］．［2022-06-15］．https://www.studyinjapan.go.jp/ja/_mt/2021/03/date2019n.pdf.

［34］日本学生支援機構．2019（令和元）年度日本人学生留学状況調査結果［EB/
OL］．［2022-06-15］．https://www.studyinjapan.go.jp/ja/_mt/2021/03/date2019n.pdf.

［35］文部科学省．国立大学改革プラン（概要）［EB/OL］．（2019-06-17）
［2022-06-15］．https://www.mext.go.jp/a_menu/koutou/houjin/__icsFiles/afieldfi
le/2019/06/17/1418116_02.pdf.

［36］文部科学省．研究大学強化促進事業［EB/OL］．［2022-06-15］．https://www.mext.
go.jp/a_menu/kagaku/sokushinhi/.

［37］文部科学省．国立大学経営力戦略［EB/OL］．（2015-06-16）［2022-06-20］．
https://www.mext.go.jp/component/a_menu/education/detail/__icsFiles/afieldfile/2015/
06/24/1359095_02.pdf.

［38］国立大学法人評価委員会国立大学法人分科会指定国立大学法人部会．第4
期中期目標期間に向けた指定国立大学法人構想の展開について［EB/OL］．
（2022-03-29）［2022-06-17］．https://www.mext.go.jp/content/20220329-mxt_
hojinka-000021308_000.pdf.

［39］文部科学省，内閣府，国立大学協会．国立大学法人ガバナンス・コード［EB/
OL］．（2021-04-01）［2022-06-20］．https://www.mext.go.jp/content/20210304-mxt-
hojinka-000006299_1.pdf.

［40］文部科学省高等教育局．2040年を見据えた高等教育の課題と方向性について
［EB/OL］．［2022-06-20］．https://www.soumu.go.jp/main_content/000573858.pdf.

［41］文部科学省高等教育局．令和5年度以降の定員管理に係る私立大学等経常費補
助金の取扱いについて（通知）［EB/OL］．（2022-11-22）［2023-01-30］．https://
www.mext.go.jp/content/20221205-mxt_sigakujo-000025977.pdf.

［42］文部科学省．国立大学法人等の組織及び業務全般の見直しについて（通知）
［EB/OL］．（2021-07-02）［2022-06-24］．https://www.mext.go.jp/content/20210705-
mxt_hojinka-100014178_3.pdf.

［43］文部科学省高等教育局国立大学法人支援課．評価に基づく今後の運営費交付金
の配分の在り方について（検討が必要な主な論点）［EB/OL］．（2021-01-26）
［2022-06-24］．https://www.mext.go.jp/kaigisiryo/mext_00174.html.

［44］国立大学法人評価委員会 . 第 4 期中期目標期間における国立大学法人中期目標大綱について［EB/OL］.（2021-06-30）［2022-06-17］. https://www.mext.go.jp/content/20220311-mxt_hojinka-000021166_19.pdf.

［45］中央教育審議会 . 科学技術教育の振興方策について（答申）（第 14 回）［EB/OL］.（1957-11-11）［2022-05-20］. https://www.mext.go.jp/b_menu/shingi/chuuou/toushin/571101.htm.

［46］文部科学省 . の大学における教育内容等の改革状況について（令和元年度）［EB/OL］.［2021-04-30］. https://www.mext.go.jp/a_menu/koutou/daigaku/04052801/1417336_00008.htm.

［47］中央教育審議会 . 今後の教員養成・免許制度の在り方について（答申）［EB/OL］.［2020-04-30］. https://ssk.econfn.com/eigoyukue/yukue7.pdf.

［48］文部省 . 学制百二十年史［EB/OL］.［2021-02-26］. https://www.mext.go.jp/b_menu/hakusho/html/others/detail/1318221.htm.

［49］文部科学省 . 令和 3 年度国私立教職大学院入学者選抜実施状況の概要［EB/OL］.［2021-12-14］.https://www.mext.go.jp/content/20211013-mxt_kyoikujinzai01-000018394_1.pdf.

［50］文部科学省 . 小学校学習指導要領 . 総則［EB/OL］.［2021-12-14］. https://www.mext.go.jp/a_menu/shotou/new-cs/youryou/syo/sou.htm.

［51］中央教育審議会 . 新しい時代の義務教育を創造する（答申）［EB/OL］.（2005-10-26）［2021-02-26］. https://www.mext.go.jp/b_menu/shingi/chukyo/chukyo0/toushin/1212703.htm.

［52］文部科学省.教職生活の全体を通じた教員の資質能力の総合的な向上方策について［EB/OL］.2012-08-28［2021-02-26］. https://www.mext.go.jp/a_menu/shotou/senkou/1329309.htm.

［53］中央教育審議会 . 幼稚園，小学校，中学校，高等学校及び特別支援学校の学習指導要領等の改善及び必要な方策等について［EB/OL］. 2016-12-21［2021-02-26］. https://www.mext.go.jp/b_menu/shingi/chukyo/chukyo0/toushin/__icsFiles/afieldfile/2017/01/10/1380902_0.pdf.

［54］文部科学省 . 国立又は公立の大学における外国人教員の任用等に関する特別措置［EB/OL］.（1982-08-20）［2022-05-21］. https://www.mext.go.jp/b_menu/hakusho/html/others/detail/1318399.htm.

［55］文部科学省 .「留学生 30 万人計画」骨子の策定について［EB/OL］.（2008-07-20）［2022-05-21］. https://www.mext.go.jp/a_menu/koutou/ryugaku/1420758.htm.

［56］文部科学省 . 高等教育の国際化に関する中央教育審議会の主な答申の概要等
［EB/OL］.（2015–10–01）［2022–05–21］. https://www.mext.go.jp/b_menu/shingi/
chukyo/chukyo4/gijiroku/attach/1412689.htm.

［57］文部科学省 . 海外での研究を希望する日本人の方々［EB/OL］.（2004–07–01）
［2022–05–21］.http://www.mext.go.jp/a_menu/kokusai/ryugaku/kaigai/04061802.htm.

［58］日本学術振興会 . 若手研究者インターナショナル・トレーニング・プログラム
（ITP）［EB/OL］.（2014–02–26）［2022–05–21］. http://www.jsps.go.jp/j–itp/.

［59］日本学術振興会 . 頭脳循環を加速する若手研究者戦略的海外派遣プログラム
［EB/OL］.（2011–04–28）［2022–05–21］. http://www.jsps.go.jp/j–zunoujunkan2/.

［60］日本学術振興会 . 頭脳循環を加速する戦略的国際研究ネットワーク推進プログ
ラム［EB/OL］.（2014–02–26）［2022–05–21］. https://www.jsps.go.jp/j–zunoujunkan3/
index.html.

［61］文部科学省 . 国際研究交流の概況（令和元年度の状況）［EB/OL］.
（2021–07–16）［2022–05–21］. https://www.mext.go.jp/content/20210719–mxt_
kagkoku–000014444_01.pdf.

［62］中央教育審議会 . 新たな留学生政策の展開について（答申）［EB/OL］.（2003–
12–16）［2022–05–21］. http://www.mext.go.jp/b_menu/shingi/chukyo/chukyo0/
toushin/03121801.htm .

［63］文部科学省 . トビタテ! 留学 JAPAN［EB/OL］.（2021–06–14）［2022–05–21］.
https://www.mext. go.jp/a_menu/kokusai/tobitate/index.htm.

［64］内閣府 . 日本再興戦略［EB/OL］.（2013–06–14）［2022–07–17］. https://www.
kantei.go.jp/jp/singi/keizaisaisei/pdf/saikou_jpn.pdf.

［65］文部科学省 .「外国人留学生在籍状況調査」及び「日本人の海外留学者数」等について
［EB/OL］.（2022–04–30）［2022–07–17］. https://www.mext.go.jp/content/20220603–
mxt_gakushi02–100001342_2.pdf.

［66］日本学生支援機構 . 平成 29 年度協定等に基づく日本人学生留学状況調査結
果［EB/OL］.（2019–01–01）［2021–07–01］. https://www.studyinjapan.go.jp/ja/_
mt/2020/08/date2017n.pdf.

［67］文部科学省 . 大学における教育内容等の改革状況について（平成 27 年度）
［EB/OL］.［2022–05–21］. https://www.mext.go.jp/a_menu/koutou/daigaku/04052801/
1398426.htm.

［68］日本学術振興会 . 21 世紀 COE プログラム［EB/OL］.［2022–07–05］. https://
www.jsps.go.jp/j–21coe/.

［69］文部科学省.国際卓越研究大学の認定、国際卓越研究大学研究等体制強化計画の認可等［EB/OL］.［2022-05-27］. https://www.mext.go.jp/a_menu/hyouka/kekka/1421037_00006.htm.

［70］文部科学省.「高等教育の将来像」に向けて取り組むべき施策［EB/OL］.（2055-01-28）［2022-07-13］. https://www.mext.go.jp/b_menu/shingi/chukyo/chukyo0/toushin/attach/1335597.htm.

［71］文部科学省.令和3年度学校基本調査調査結果のポイント［EB/OL］.（2021-12-22）［2022-07-10］. https:// www.mext.go.jp/content/20211222-mxt_chousa01-000019664-1.pdf.

报告

［1］阿曽沼明裕.国立大学ファンディング— 1990年代以降の変化の位置づけ［R］// 国立大学財務・経営センター.国立大学における授業料と基盤的教育研究経費に関する研究.東京：国立大学財務・経営センター研究報告第11号,2009.

［2］浦田広朗.国立大学間の資源配分［R］// 天野郁夫.国立大学の財政・財務に関する総合的研究.東京：国立学校財務センター研究報告第8号,2003.

［3］小林雅之.高等教育機会と高等教育政策—国立大学低授業料政策の意味［R］// 天野郁夫.国立大学の財政・財務に関する総合的研究.東京：国立学校財務センター研究報告第8号,2003.

［4］京都大学高等教育開発推進機構.新入生向け少人数セミナー（ポケット・ゼミ）の現状と課題：平成20年度アンケート調査報告［R］.京都：京都大学,2009.

学位論文

［1］黒沼敦子.大学教育における体験学習プログラムの教育効果—サービス・ラーニングを事例として—［D］.東京：東京大学,2011.

［2］杉本昌彦.日本の工学系大学教育におけるサービスラーニングの位置づけ—アメリカの事例を踏まえて［D］.東京：東京大学,2016.

［3］刈屋早央里.大学における地域貢献活動に関する考察—小・中学生を対象とした取組に着目して—［D］.東京：東京大学,2019.